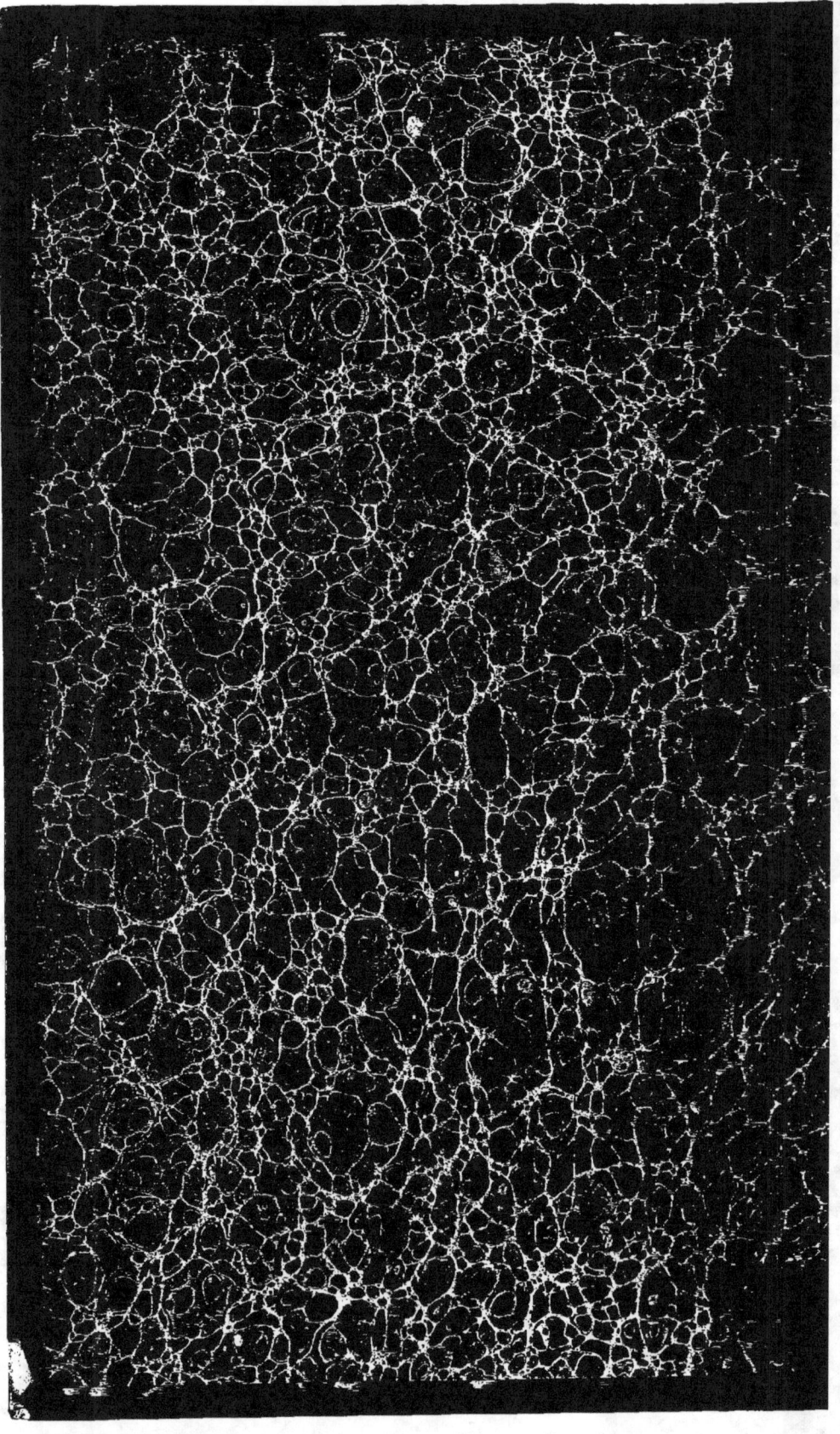

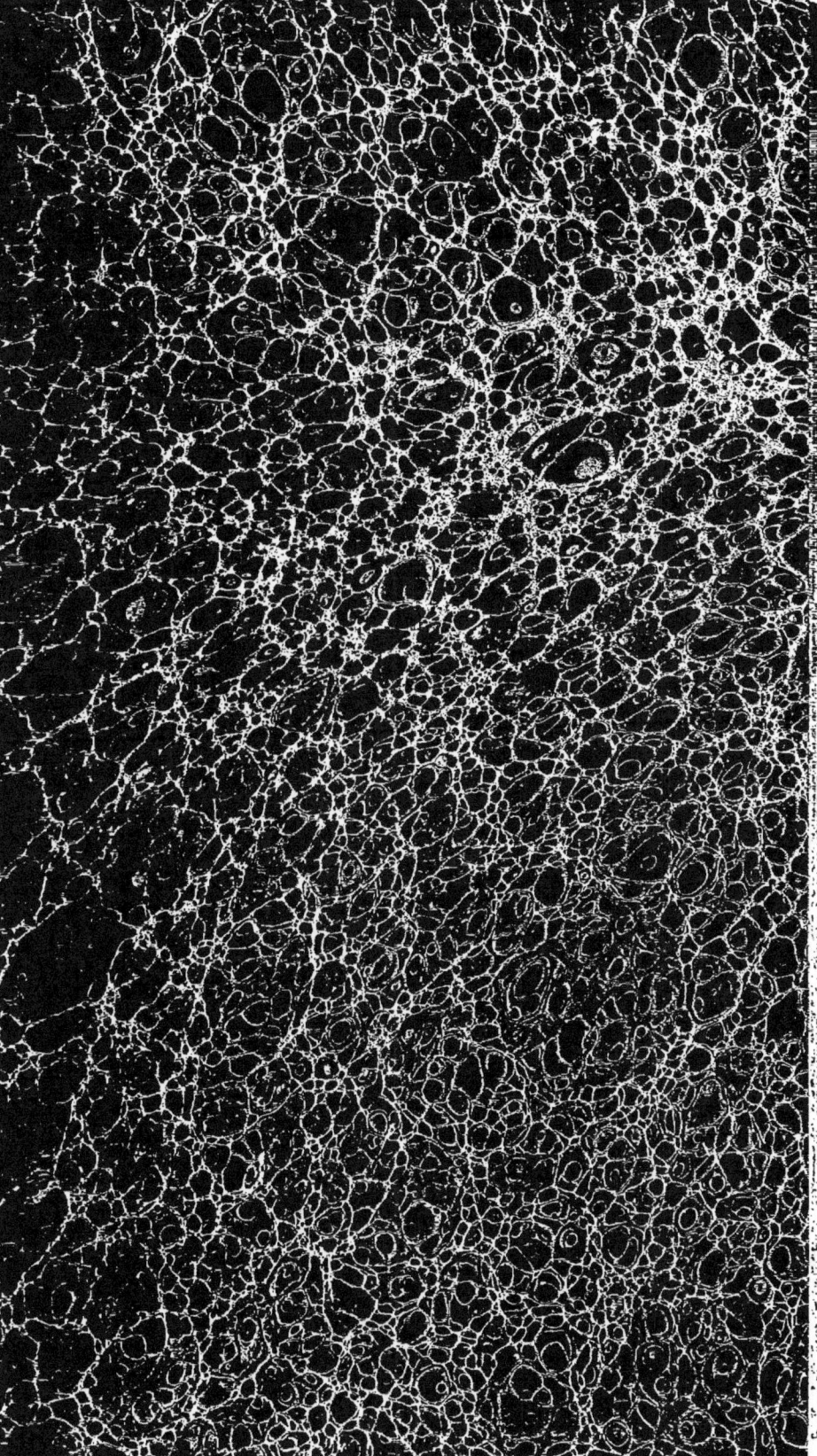

X

21754

CHOIX
DES
ORAISONS FUNÈBRES.

BOSSUET.

PARIS.—IMPRIMERIE DE CASIMIR,
rue de la Vieille-Monnaie, n° 12.

BOSSUET

ORAISONS
FUNÈBRES
DE BOSSUET,

AVEC LES NOTES

DE TOUS LES COMMENTATEURS;

PRÉCÉDÉES

DE L'ESSAI SUR L'ORAISON FUNÈBRE,

PAR M. VILLEMAIN,

MEMBRE DE L'ACADÉMIE FRANÇOISE.

A PARIS,

CHEZ LEQUIEN FILS, LIBRAIRE,

QUAI DES AUGUSTINS, N° 47.

M DCCC XXXIV.

ESSAI

SUR

L'ORAISON FUNÈBRE,

PAR M. VILLEMAIN.

ESSAI

SUR

L'ORAISON FUNÈBRE,

PAR M. VILLEMAIN.

MALGRÉ les travaux et la gloire de tant de grands écrivains, la littérature françoise, formée presque entièrement sur l'antiquité, n'a pas encore reproduit toutes les perfections et toutes les variétés de cet admirable modèle; mais elle a du moins remplacé ce qu'elle ne pouvoit égaler; et partout elle présente, ou d'heureuses imitations, ou d'illustres dédommagements. On regrette l'éloquence des républiques anciennes : et cet art puissant et redoutable, qui ne se renouvelle qu'avec moins d'éclat et d'empire dans les institutions les plus libres des peuples modernes, semble manquer encore au domaine du génie. Mais la religion a fait naître parmi nous un autre genre d'éloquence, qui, considéré seulement sous le rapport du goût, n'est pas moins riche pour le talent, ni moins favorable à ces mouvements de l'ame qui font le grand orateur. Bossuet et Massillon peuvent représenter à nos yeux les deux héros de la tribune antique. Les sujets ont bien changé sans doute ; mais le fond de l'éloquence est resté le même.

Cette école nouvelle a produit deux sortes de compositions : le sermon, qui s'occupe des mystères de la foi et des règles de la morale évangélique ; l'oraison funèbre, qui célèbre et consacre les grandes vertus humaines. Ce second genre d'éloquence, moins sévère que le premier, peut avec plus de convenance servir d'objet à des études oratoires ; il n'est étranger à aucun des intérêts de la terre : il tient à l'histoire par le récit des faits, à la politique par l'observation des grands événements, à la morale par la peinture et le développement des caractères. Les exploits d'un capitaine, les talents d'un homme d'état, la vie d'un roi, en forment la matière habituelle. La religion y domine toujours, comme étant le terme de tout. Nous nous proposons de rassembler quelques réflexions sur le caractère de cette éloquence, à laquelle les lettres françoises doivent quelques-uns de leurs plus beaux monuments.

Nous remonterons aux plus antiques modèles, en nous arrêtant surtout à ceux qui offrent, par le caractère de la composition et du style, une ressemblance avec les ouvrages les plus remarquables que présente notre littérature oratoire.

L'éloge funèbre est sans doute une des plus anciennes formes qu'ait reçues l'éloquence. L'art de la parole, prétend Cicéron, fut inventé par le besoin de réunir les hommes errants, et de calmer ou d'exciter les passions d'une peuplade sauvage ; mais probablement les premiers hommes qui furent obéis par d'autres hommes devoient leur empire à la force plutôt qu'aux artifices de la parole. Dans le vague souvenir des traditions grecques, les Hercule et les Thésée sont plus anciens que tous les orateurs.

La prière pour désarmer un vainqueur, les regrets pour célébrer un héros, voilà quelles furent sans doute les premières occasions, les premières inspirations de l'éloquence. Un de ces hommes qui avoient dominé ou protégé les autres, un de ces guerriers vaillants, nommés généraux ou rois par l'instinct de la foiblesse commune, venoit-il à succomber, l'admiration, la douleur, devoient parler sur son tombeau : on se rappeloit ses actions ; on s'entretenoit de cette vie puissante et glorieuse qui venoit de finir ; c'étoit l'éloge funèbre : et, dans la simplicité superstitieuse des premiers temps, cet hommage suprême devenoit souvent une apothéose.

Les livres saints, premières et sublimes archives de tous les genres de poésie et d'éloquence, nous font entendre la plainte de David sur la mort de Saül et de Jonathas. David célèbre les deux guerriers tombés au champ de bataille : il vante leur courage, leur beauté ; il publie et recommande leur mémoire ; il décrit le deuil du peuple qui les a perdus. Rien n'est à la fois plus solennel et plus spontané que ce témoignage des vivants à la gloire de ceux qui viennent de mourir ; rien ne doit avoir plus naturellement inspiré l'éloquence.

D'après cette disposition du cœur humain qui devoit, dans la plus obscure peuplade, dans la moindre tribu, faire éclater une expression commune de douleur, à la mort du guerrier courageux, du chef bienfaisant, peut-on s'étonner que les récits de l'histoire nous montrent dans une des grandes sociétés le plus anciennement établies l'usage de l'éloge funèbre sur le tombeau des rois? S'il faut en croire Diodore de Sicile, les institutions de l'Égypte soumettoient ces éloges à une difficile épreuve, et leur imposoient une véracité à laquelle l'oraison funèbre, dans les temps modernes, a dérogé plus d'une fois. « Les prêtres, dit cet histo« rien, prononçoient l'éloge du monarque, en rappe« lant tout ce qu'il avoit fait de bien. Les foules de peu« ple réunies pour la pompe funèbre entendoient ces « discours avec faveur, si le monarque avoit bien vécu ; « autrement ils protestoient par leurs murmures : aussi « beaucoup de rois furent-ils, à cause de cette opposi« tion du peuple, privés de la sépulture éclatante éta« blie par la loi. »

Voilà ces fameux jugements d'Égypte, dont Bossuet a parlé avec autant d'admiration que de génie, et qui peut-être n'ont jamais existé que dans l'imagination républicaine des écrivains grecs. Mais, quoi qu'il en soit des formes de ce tribunal, devant lequel comparoissoit la renommée des rois, une telle tradition nous fait voir que, même dans cette Égypte où la domination d'un mystérieux sacerdoce, l'immobilité de chaque homme dans la place où il étoit né, les mœurs, les coutumes, et tout, jusqu'à ce muet langage qui couvroit les monuments, sembloit avoir établi l'empire du silence, et proscrit cet art de la parole, si cher aux nations brillantes de la Grèce, on avoit cependant admis l'éloquence pour animer les tristes solennités de la mort.

S'il en fut ainsi dans la tranquille et monotone Égypte, on conçoit assez que la Grèce républicaine avoit dû consacrer avec plus d'éclat encore les funérailles de ses libres citoyens, et profiter de leur perte même, pour perpétuer leur dévouement et leur courage. Cette heureuse patrie de l'imagination, cette terre de gloire et d'enthousiasme, où dans les assemblées politiques, dans les fêtes, et sur les théâtres, retentissoit un perpétuel concert d'éloquence et de génie, ne pouvoit laisser la sépulture des morts solitaire, et dépouillée de cette vie puissante de la parole humaine. Mais l'orgueil démocratique étoit si jaloux, et le patriotisme si commun, si naturel, que les éloges funèbres s'adressoient moins à la mémoire d'un grand homme isolé, qu'à celle des nombreux citoyens qui avoient péri dans quelque journée glorieuse. Les chefs et les soldats, morts à Marathon, à Salamine, à Platée, en recevant les honneurs d'une sépulture publique, étoient célébrés par la voix d'un orateur qui parloit au nom de la commune patrie. Mais il ne paroit pas que l'éloge particulier d'aucun des grands hommes d'Athènes ait été solennellement prononcé sur sa tombe. Il est vrai que l'ostracisme populaire les laissa rarement mourir au sein de leur patrie.

Croira-t-on que ces éloges, qui embrassoient la renommée de tous les guerriers moissonnés dans un même combat, eussent peu de grandeur et d'intérêt ? En jugera-t-on par l'espèce de froideur qui se fait sentir dans un discours semblable composé par un grand écrivain du dernier siècle ? Aux belles époques de la Grèce, dans ces guerres généreuses qui n'étoient point entreprises pour l'ambition ou l'intérêt d'un homme, dans ces résistances sublimes de quelques cités libres et civilisées contre toutes les forces de l'Asie esclave et barbare, il y avoit un héroïsme, pour ainsi dire, collectif et vulgaire, qui se communiquoit à chacun des guerriers victimes d'une si noble cause. La patrie seule étoit grande dans le sacrifice de ses enfants ; c'étoit son triomphe que l'on célébroit à leurs funérailles. C'étoit le génie d'Athènes qui remplissoit l'éloge de ces héros anonymes que l'orateur enveloppoit dans une commune gloire. On conçoit, on retrouve cette nature d'enthousiasme, en lisant la tragédie des *Perses* d'Eschyle, qui fut l'Homère de la Grèce historique.

Le plus ancien monument qui nous reste de cette éloquence du panégyrique ne remonte pas au siècle des Miltiade, et ne se rapporte pas à d'aussi grands souvenirs. Périclès, célébrant les guerriers athéniens qui avoient péri dans une guerre contre Samos, disoit : « Ces hommes sont devenus immortels comme « les dieux eux-mêmes : car nous ne voyons pas les « dieux en réalité ; mais, par les honneurs qu'on leur « rend et les biens dont ils jouissent, nous jugeons « qu'ils sont immortels. Les mêmes signes existent « dans ceux qui meurent pour la défense de la pa- « trie. » Ce débris, le plus ancien que nous ayons d'un éloge funèbre prononcé chez les Grecs, appartient à une époque de civilisation déjà fort avancée. Je ne sais aussi ; mais il me semble que la foi aux apothéoses est foiblement marquée dans ce passage, quelle que soit la beauté du mouvement qui sert à l'exprimer. L'orateur donne une raison brillante et ingénieuse, pour expliquer une pieuse illusion qui n'existe plus dès qu'on l'explique ainsi. On peut croire seulement, d'après ces paroles, que, dans une époque plus ancienne et plus simple, la solennité des éloges funèbres se lioit à une espèce de culte idolâtrique envers les morts.

Mais, du temps de Périclès, et après lui, à mesure que les guerres furent inspirées par l'ambition, l'intérêt, la rivalité, cette pompe funéraire, que la patrie décernoit à ses guerriers, dut être moins imposante et moins sacrée. Périclès prononça l'éloge des soldats morts au commencement de la guerre du Péloponèse. On ignore si c'étoit dans ce discours que, déplorant la perte de la jeunesse athénienne moissonnée dans le combat, il avoit dit ces touchantes paroles rapportées par Aristote : *L'année a perdu son printemps*. Elles ne se trouvent pas dans la harangue que Thucydide a placée sous le nom de Périclès. Mais il semble que cette harangue est une fiction de l'historien, et qu'elle porte l'empreinte de son style grave et sévère. Elle ne peut donc servir qu'à nous indiquer comment, à l'époque même où écrivit Thucydide, on concevoit le caractère de ces panégyriques funèbres qui furent en usage jusqu'au dernier jour de la liberté grecque. A l'artifice avec lequel ce discours est composé, aux digressions qui le remplissent, à l'espèce de sévérité philosophique et de stoïcisme réfléchi que l'on y sent, il est visible que ce genre d'éloquence commençoit à perdre de son enthousiasme, et devenoit une sorte de cérémonial souvent confié à de médiocres orateurs, et dont le génie s'acquittoit, en éludant à moitié un texte devenu trop vulgaire.

A l'occasion de ce discours prononcé, la première année, et pour les premières victimes de la guerre du Péloponèse, Thucydide[1] a rappelé toutes les pompes

---

[1] Thucyd., Hist., lib. II.

dès long-temps usitées dans ces circonstances. Il décrit la tente dressée trois jours avant les funérailles, et où les ossements des morts étoient exposés à la vue, pour recevoir des libations et des offrandes; les chars sur lesquels on plaçoit les cercueils de cyprès destinés aux guerriers des différentes tribus; le lit funèbre entièrement vide que l'on portoit en mémoire de ceux dont la patrie n'avoit pu recueillir les dépouilles mortelles; la foule des citoyens qui suivoient, les parents en pleurs qui se pressoient autour du monument; et l'orateur choisi entre les citoyens les plus illustres et les plus sages, élevant la voix pour prononcer l'éloge des morts que l'on venoit d'ensevelir.

Rien, sans doute, de plus majestueux que cette pompe, de plus grand que cette tristesse de tout un peuple, de plus patriotique et de plus moral que ces honneurs rendus à ceux qui avoient péri pour la gloire et la liberté commune. De tels usages, un tel culte pour la cendre des morts, expliquent même certaines bizarreries des mœurs antiques, et font concevoir, sans la justifier, cette sentence barbare des Athéniens condamnant dix capitaines au supplice, parce qu'ils n'avoient pu recueillir et rapporter dans Athènes les corps de leurs soldats naufragés. On retrouvoit, il est vrai, dans ce sentiment, plutôt l'orgueil de la liberté démocratique et de la souveraineté populaire, que l'impression générale du respect pour la dignité humaine. De telles solennités, cette religion des tombeaux, cette consécration du sang versé pour la patrie, n'en devoient pas moins inspirer à l'éloquence de pathétiques et sublimes accents. Toutefois ces spectacles souvent renouvelés s'affoiblirent; les idées étoient grandes, mais uniformes; le sacrifice admirable, mais vulgaire. Il y avoit d'ailleurs quelque chose de vague, et l'on peut dire de stérile, dans ces louanges qui ne s'adressoient à personne en particulier, et ne permettoient aucun trait précis et détaillé. Il semble dès-lors que, la première émotion de ce spectacle une fois passée, le spectacle revenant toujours le même, l'éloquence, qui recommençoit une tâche souvent essayée, devoit trouver avec peine un intérêt nouveau.

Ce désavantage est marqué dès le début de la harangue de Périclès; il est plus sensible encore dans l'ordre de composition que suit l'orateur. Son discours, d'une médiocre étendue, est presque tout entier rempli par une digression admirable, sans doute, mais qui ne se rapporte ni au sujet même, ni à la douleur qu'il devoit exciter. Périclès fait un tableau rapide et embelli d'Athènes, de ses institutions, de ses lois, de ses fêtes, de ses mœurs douces et sociales. Il flatte l'orgueil public dans sa jalousie pour Lacédémone, dont il oppose les rudes travaux et la triste discipline aux vertus brillantes et faciles, à la magnificence et à l'industrie d'Athènes. On diroit que, profitant de cette occasion solennelle, il a voulu, dans l'éloge du patriotisme et de la vertu civique, consacrer l'apologie des nouveautés séduisantes et des vices ingénieux qu'on l'accusoit lui-même d'avoir introduits dans sa patrie. Mais ces agréables détours de l'éloquence, cette intention, ce langage, s'éloignent, il faut en convenir, du pathétique simple et touchant que l'on doit chercher dans l'éloge funèbre. Cependant l'orateur revient en finissant au véritable sujet de son discours; et ces paroles indiquent assez qu'il ne l'avoit

pas oublié. « Voilà donc, dit-il, la patrie pour la-
« quelle nos guerriers, résolus de ne point se laisser
« ravir un bien si précieux, sont morts en combattant.
« Pour elle, il est juste que tous ceux qui survivent
« veuillent également tout souffrir. Je me suis long-
« temps arrêté sur Athènes, afin de montrer que le
« combat n'est pas égal entre nous et les hommes qui
« n'ont pas le bonheur de posséder une telle patrie : je
« voulois rendre en même temps visible par des faits
« la gloire des guerriers dont je parle. En effet, ce
« que j'ai célébré dans la gloire d'Athènes est l'ouvrage
« de la vertu de ces mêmes guerriers et de ceux qui
« leur ressemblent. »

L'orateur continue, et rappelle, par des traits rapides, toutes les pensées généreuses qui, dans ces guerriers, accompagnèrent le sacrifice de la vie. « Tels ils
« furent, dit-il, et tels ils devoient être pour la pa-
« trie. Nous, qui vivons encore, souhaitons de porter
« contre l'ennemi une meilleure fortune et le même
« courage, etc. »

« Quand Athènes vous paroîtra grande et glo-
« rieuse, songez qu'une telle grandeur est due tout
« entière à ces hommes qui ont bravé le péril, connu
« le devoir et redouté la honte; à ces hommes qui,
« lorsque le succès leur a manqué, n'ont pas voulu,
« du moins, frustrer la patrie de la gloire de leur
« vertu, et lui ont abandonné cette noble offrande. En
« livrant leur vie pour l'état, ils ont acquis pour eux-
« mêmes une renommée qui ne vieillira pas, et la plus
« éclatante sépulture : je parle moins du lieu où ils
« sont ensevelis, que de cette vaste tombe où leur
« gloire, toujours présente dans toutes les grandes ac-

« tions du courage et de l'éloquence, repose éter-
« nellement mémorable ; car la terre entière est le
« mausolée des hommes illustres ; et ce n'est pas seu-
« lement une colonne et une inscription qui attestent
« leur vertu dans leur patrie : même dans les contrées
« étrangères, leur souvenir immatériel, vivant au fond
« des ames, se conserve par la pensée bien plus que
« par les monuments. Vous, maintenant, à leur exem-
« ple, convaincus que le bonheur est dans la liberté, et
« la liberté dans le courage, n'hésitez pas devant les
« périls de la guerre, etc. »

L'orateur, avec cette stoïque fermeté et ce dévouement sévère à la patrie qui anime son éloquence, s'a-
dresse alors aux familles des guerriers. Dans ce morceau, l'intérêt sort, pour ainsi dire, de la suppression
du pathétique, et de cette violence que l'ame se fait à
elle-même pour étouffer la plus juste douleur, et ne regarder que la gloire ou l'avantage du pays. C'est l'insensibilité lacédémonienne, c'est l'héroïque résignation
des mères de Sparte, que Périclès semble vouloir inspirer aux femmes athéniennes.

« Quant aux parents de nos guerriers qui sont ici
« présents, j'ai pour eux moins de larmes que de con-
« solations. Ils savent que ceux qu'ils ont perdus
« étoient nés sous la loi commune de l'humanité. Je
« leur dirai : C'est un bonheur du moins d'obtenir du
« sort, comme vos enfants, une fin glorieuse, comme
« vous, une glorieuse tristesse, d'avoir bien vécu, et
« d'être morts de même. Je sais qu'il est difficile de
« vous faire oublier des pertes dont vous retrouverez
« souvent le souvenir dans les félicités des autres, et
« dans l'image de ces joies qui jadis vous ont vous-

« mêmes enorgueillis. La douleur n'est pas dans l'ab-
« sence des biens que l'on n'a point connus, mais
« dans la privation du bien dont on a joui. Toutefois
« l'espérance d'une autre postérité doit soutenir ceux
« qui, par leur âge, peuvent encore avoir des enfants.
« De nouvelles naissances feront oublier dans les fa-
« milles les fils qui ne sont plus, et serviront la patrie,
« en repeuplant et défendant ses murailles. Il n'est
« pas possible d'être inspiré par les mêmes sentiments
« de justice et de patriotisme, quand on n'a pas d'en-
« fants à exposer au péril pour le salut commun. Pour
« vous, dont l'âge est avancé, et qui, par un avantage
« désormais irrévocable, avez passé dans le bonheur
« la plus grande part de votre vie, songez que le reste
« sera court, et allégez votre douleur par la gloire de
« vos fils. La passion de la gloire est la seule qui ne
« vieillisse pas; et, dans l'impuissance de l'âge, ce
« n'est pas l'amour du gain, comme on l'a dit quel-
« quefois, qui flatte davantage : c'est le désir d'être
« honoré. Et vous ici présents, fils et frères de nos
« guerriers, une grande lutte vous est imposée; je le
« vois. Tout le monde est prêt à louer celui qui n'est
« plus; tandis que, par des prodiges de vertu, vous
« parviendrez à peine à vous placer, je ne dis pas au
« même niveau, mais à peu de distance. Car l'envie
« s'élève contre les vivants qui la gênent; mais la vertu
« qui n'est plus devant nous est honorée par une bien-
« veillance exempte de rivalité.

« S'il me faut maintenant rappeler la vertu de ces
« femmes qui vont demeurer veuves, je renfermerai
« tout dans un seul conseil; je leur dirai : C'est une
« grande gloire pour vous de ne point être inférieures

« à votre sexe, et de faire en sorte que, soit pour louer
« votre vertu, soit pour blâmer, on ne parle jamais
« de vous parmi les hommes. J'ai dit dans ce discours,
« selon le vœu de la loi, ce que j'ai trouvé convena-
« ble ; les guerriers ensevelis sont eux-mêmes ho-
« norés par un monument ; la patrie nourrira les en-
« fants qu'ils ont laissés, depuis ce jour jusqu'à
« l'époque de leur jeunesse, en leur offrant à eux-
« mêmes et à ceux qui suivront la noble couronne de
« ces honneurs publics. En effet, aux lieux où les
« plus belles récompenses sont proposées à la vertu,
« là naissent les plus grands citoyens. Maintenant,
« après avoir pleuré chacun vos parents, retirez-
« vous. »

On le voit, les idées d'un éternel avenir, les promesses religieuses, sont étrangères à cette éloquence : elle est sublime, mais bornée dans son enthousiasme ; elle est toute patriotique, mais humaine et terrestre : elle n'a point de regards élancés vers le ciel, et ne compte point l'immortalité de l'ame parmi les espérances de la vertu. Faut-il s'étonner dès-lors que la source de cette éloquence se soit promptement tarie, et qu'une sorte de froideur et de stérilité ait souvent glacé les orateurs que l'on chargeoit dans Athènes de mêler leur voix au spectacle des solennités funèbres ordonnées par la patrie ? Les vues de la terre ne suffisent pas au cœur de l'homme. Quelque libres, quelque généreuses que soient les institutions d'un peuple, elles ne sauroient suppléer au défaut ou à l'incertitude du sentiment religieux. Les plus belles convictions du patriotisme ne sauroient elles-mêmes inspirer autant d'enthousiasme que cet espoir de l'immortalité, divin patriotisme de l'ame, qui la ramène et l'élève vers sa céleste demeure.

Cette noble et puissante inspiration ne manque pas moins à un autre discours prononcé dans une semblable solennité par le célèbre Lysias. Du reste, ce discours, que le savant auteur de l'Essai sur les Éloges n'a cité ni désigné nulle part, est un précieux monument, et de l'éloge funèbre chez les Grecs, et du génie de Lysias, et de cet atticisme si difficile à définir et à imiter, qui étoit le bon goût de l'antiquité. On ne sauroit imaginer une diction plus simple et plus pure, une suite d'idées plus régulière et plus naturelle; et si le style seul faisoit l'éloquence, ou plutôt si les plus grandes beautés du style pouvoient naître sans la vive émotion de l'âme, il faudroit nommer cet ouvrage de Lysias un chef-d'œuvre oratoire.

Mais on y sent, avec le défaut de pathétique et d'enthousiasme, la langueur qui résulte des formes convenues du panégyrique : l'occasion cependant n'étoit pas moins grande que celle qui avoit inspiré Thucydide. Après la guerre du Péloponèse, pendant les victoires d'Agésilas en Asie, une ligue s'étoit formée entre Corinthe, Thèbes et Athènes, pour secouer le joug des Spartiates : ce sont les guerriers athéniens, victimes de cette noble entreprise, que Lysias avoit à célébrer. La plus grande partie de son discours est remplie par l'éloge des anciens triomphes d'Athènes, en remontant jusqu'aux exploits de Thésée et à l'invasion fabuleuse des Amazones. Du reste, aucune des pensées politiques qui, sous la plume de Thucydide, viennent animer les louanges données au courage, ne rachète ici la monotonie de cette gloire qui avoit été si souvent célébrée dans Athènes. La fin seule de ce discours est éloquente, parce que l'orateur y saisit un motif vrai de pathétique, en appelant la reconnoissance publique sur les familles des guerriers présentes aux funérailles. « Plus les enfants, « dit-il, se sont montrés courageux, plus les parents « qui leur survivent ont le droit de s'affliger. Quand « pourront-ils oublier leur douleur? Sera-ce dans les « malheurs d'Athènes? Mais alors les autres citoyens « même se souviendront de la perte que ceux-ci dé- « plorent. Sera-ce dans les prospérités de la patrie? « Mais alors ils auront plutôt à s'affliger en voyant « leurs fils morts, et les vivants profiter de la vertu « de ces braves qui ne sont plus. Sera-ce dans les mal- « heurs privés, alors qu'ils verront leurs anciens amis « fuir leur maison solitaire, et leurs ennemis s'enor- « gueillir, à la vue de leur infortune et de leur délais- « sement? Nous n'avons, ce me semble, qu'une ma- « nière d'acquitter notre reconnoissance envers les « guerriers ensevelis dans ce monument, c'est d'ho- « norer leurs pères comme eux-mêmes l'auroient fait, « de chérir leurs enfants comme s'ils étoient les « nôtres, et d'assurer à leurs femmes la protection et « le secours qu'elles auroient trouvés dans eux- « mêmes. Qui pouvons-nous plus justement honorer « que ceux qui reposent ici? A qui, parmi les vivants, « devons-nous de plus légitimes égards qu'aux familles « de ces héros? Elles n'ont recueilli que pour une « foible part, et comme tout le monde, le fruit de « leur courage; elles ont eu tout entière la douleur « de leur perte. Mais je ne pense pas qu'il faille ici « des pleurs. Nous savons que nous sommes nés mor-

« tels. Faut-il donc, quand survient ce que nous
« avions prévu dès long-temps, nous indigner contre
« cette loi, et supporter avec tant de peine les mal-
« heurs de notre nature ? Nous savons que la mort se
« montre la même envers les hommes les plus vils ou
« les plus grands ; elle ne dédaigne pas les lâches, elle
« ne respecte pas les braves ; elle est égale pour tous.
« S'il étoit possible qu'en échappant aux périls de la
« guerre, on devint dès-lors immortel, les vivants
« devroient porter toujours le deuil de ceux qui sont
« morts dans les combats. Mais notre nature est sou-
« mise aux maladies, à la vieillesse ; et la divinité
« qui dispose de nos jours est inexorable. Il faut donc
« regarder comme fortunés ceux qui, bravant le péril
« pour la plus grande et la plus noble cause, ont ainsi
« terminé leur vie, ne laissant plus à la fortune de prise
« sur eux-mêmes, et n'attendant plus la volonté de la
« mort, mais choisissant à leur gré la fin la plus glo-
« rieuse. Aussi leur mémoire ne vieillira pas ; leur
« renommée sera l'envie de tous les hommes. Par la
« loi de leur nature, ils sont pleurés comme mortels ;
« mais, par leurs vertus, ils obtiennent des hymnes
« comme les dieux. On les honore d'une sépulture
« publique ; on ouvre en leur gloire une lice, où com-
« battent la force, le génie, la richesse, afin de montrer
« qu'il est juste que ceux qui ont terminé leurs jours
« dans la guerre reçoivent les mêmes honneurs que les
« immortels. Pour moi, j'admire et j'envie leur mort ;
« et je crois que la naissance n'est un bien que pour
« ceux qui, du milieu de ce corps périssable, ont laissé,
« par leurs vertus, un souvenir éternel d'eux-mêmes.
« Cependant il faut nous conformer aux coutumes an-

« tiques, et, suivant l'usage de nos pères, verser des
« larmes sur ces tombeaux. »

Ce ton simple et élevé, ces accents d'une douleur patriotique, suffisent pour nous donner une idée du caractère habituel qui régnoit dans ces discours. Il est assez curieux maintenant de voir comment un homme de génie, sans monter à la tribune publique, et sans être animé par l'intérêt d'un sujet présent et d'une solennité réelle, sut, dans l'antiquité même, surpasser cette éloquence. On sait le cadre singulier dans lequel Platon a placé un éloge semblable. Socrate récite au jeune Ménexène une improvisation d'Aspasie. On avoit parlé devant cette femme célèbre du choix à faire d'un orateur pour la prochaine solennité des funérailles publiques. Platon suppose qu'aussitôt, et comme pour essayer ce sujet d'éloquence, Aspasie avoit prononcé, devant quelques auditeurs, une harangue qui méritoit d'être retenue par Socrate. J'imagine que par ce détour Platon vouloit tout à la fois exercer librement sa belle imagination, et railler le talent apprêté des orateurs en titre, en les accablant sous un jeu d'esprit de la belle Milésienne.

Quoi qu'il en soit, malgré la forme peu sérieuse dont il a fait usage, il n'a pas négligé les sources de hautes vérités que lui ouvroit la philosophie. L'éloge d'Athènes, qui sembloit un épisode obligé de ces sortes de discours, remplit une partie de la harangue récitée par Socrate; mais la fin est animée par cette vue de l'avenir et ce noble spiritualisme que l'on cherche dans un tel sujet. L'orateur, retraçant les derniers moments des guerriers qui ont péri sur le champ de bataille, rapporte leurs paroles comme recueillies de leurs bouches mourantes, et les adresse, en leur nom, à leurs familles désolées :

« Enfants, ce jour vous montre que vous êtes sortis
« de généreux parents. Il nous étoit permis de vivre
« sans gloire ; nous avons choisi la mort, plutôt que de
« livrer au mépris nous et nos descendants ; plutôt que
« de faire remonter l'infamie sur nos pères et nos aïeux.
« Nous avons pensé qu'avoir déshonoré les siens ce
« n'est pas vivre, et que l'homme coupable d'une telle
« faute ne peut espérer faveur, ni des hommes, ni des
« dieux, ni sur la terre, ni dans un autre monde,
« quand il a quitté la vie. Animés par le souvenir de
« nos discours, vous ferez avec vertu tout ce que vous
« aurez à faire, sachant bien que, sans la vertu, tous
« les avantages et tous les talents n'apportent que
« honte et foiblesse. La richesse n'ajoute pas d'éclat à
« celui qui la possède sans courage ; il est riche pour
« être la proie d'un autre. Ni la beauté, ni la force
« n'ont bonne grace, placées dans un lâche et dans un
« pervers; elles lui siéent mal, en rendant sa bassesse
« plus visible. Toute science séparée de la justice et
« des autres vertus n'est qu'une industrie malfaisante,
« et non pas une sagesse. Ainsi, pour premier, pour
« dernier effort, toujours mettez votre ardeur à vous
« élever par la gloire au-dessus de nous et de ceux
« qui nous ont précédés. Sachez que pour nous, si
« nous vous surpassions en vertu, cette victoire auroit
« de la honte ; que si nous sommes vaincus par vous,
« cette défaite est un bonheur. Eh bien! nous serons
« vaincus; vous serez supérieurs à nous, si vous voulez
« ne point abuser de la gloire de vos aïeux, et ne point
« la dissiper comme un héritage ; convaincus que, dans

« un homme qui se croit quelque chose, il n'est rien
« de plus honteux que de se faire honorer, non pour
« lui-même, mais pour la renommée de ses aïeux. La
« gloire des ancêtres est pour leurs descendants un riche
« et majestueux trésor : consumer soi-même ce dépôt de
« fortune et de renommée, ne point le transmettre à
« d'autres héritiers, faute d'une possession et d'une
« gloire personnelle, c'est un déshonneur indigne d'un
« homme. Remplissez ces devoirs, et, fils chéris, vous
« viendrez vers nous, quand la destinée vous amènera.
« Si vous êtes au contraire oisifs et lâches, vous ne serez
« point reçus avec faveur. Voilà le langage qui s'adresse
« à nos fils.

« Il faut maintenant consoler nos pères et nos mères,
« pour leur apprendre à supporter plus aisément leur
« malheur, au lieu de nous affliger avec eux : car ils ne
« manquent pas de douleur; notre perte leur en donne
« assez. Il faut guérir et calmer cette blessure, en leur
« rappelant que les dieux propices leur ont accordé le
« plus cher de leurs vœux. Car ils n'ont pas demandé
« que leurs enfants fussent immortels [1], mais vertueux
« et illustres; et ils ont obtenu ce bien, le plus grand
« de tous. Il n'est pas facile pour l'homme mortel,
« que, dans la vie, toute chose arrive suivant ses vœux.
« En souffrant ce malheur avec fermeté, ils se mon-
« trent les pères d'enfants généreux auxquels ils res-
« semblent.

« Nous supplions nos pères et nos mères de partager
« de tels sentiments pour le reste de leur vie, et de
« croire que ce n'est point par le désespoir et les larmes

[1] *Non quisquam parens liberis, ut æterni forent, optavit magis quam uti boni honestique vitam exigerent.* SALL.

« qu'ils satisferont nos mânes. S'il reste à ceux qui ne
« sont plus un sentiment de ce que font les vivants, ils
« nous affligeront en se rendant malheureux, et en
« souffrant de notre perte. La modération de leur dou-
« leur seroit au contraire une joie pour nous. Ainsi
« notre destinée aura la plus heureuse issue que peu-
« vent espérer les hommes ; il faut la célébrer plutôt
« que la pleurer. Pour eux, s'ils prennent soin de nos
« femmes et de nos enfants, s'ils mettent là toute leur
« pensée, ils oublieront leur malheur et vivront plus
« heureusement que nous. Voilà ce qu'il faut rapporter
« à nos parents, au nom de leurs fils. Nous recomman-
« dons à la République d'avoir soin de nos enfants et
« de nos pères ; d'élever les uns pour la vertu, de nour-
« rir honorablement la vieillesse des autres. »

A cette fiction oratoire de Platon, il seroit curieux d'opposer l'éloquence de Démosthènes, appliquée dans une occasion réelle à un sujet semblable. Démosthènes nous apprend lui-même qu'il fut choisi par le peuple d'Athènes pour célébrer la mémoire des guerriers morts à Chéronée ; et il tire une noble apologie de cette circonstance que son rival Eschine lui avoit éloquemment reprochée. Mais l'éloge funèbre qui nous reste sous le nom de Démosthènes ne paroissoit point authentique à Denis d'Halicarnasse et à Libanius. Le discours que ce grand orateur avoit certainement prononcé étoit-il assez indigne de son génie pour qu'on eût négligé de le conserver ? Un autre discours fut-il substitué dans la suite par quelque sophiste ? Quoi qu'il en soit, il semble que l'éloquence mâle et vigoureuse de Démosthènes, si bien assortie aux luttes violentes de la tribune et du barreau, n'avoit pas dû

se plier heureusement aux formes du panégyrique. Démosthènes, on le sait, en dépit des parallèles, ne ressemble pas à notre Bossuet; l'enthousiasme de l'un se prend au ciel, et se nourrit d'images et de poésie; l'autre ne quitte pas la terre, et fait sortir toute son éloquence des intérêts et des passions humaines. L'un est inspiré par Homère, l'autre formé par Thucydide. L'un est un prophète, l'autre un citoyen. Bossuet, simple aussi, (un grand homme peut-il ne pas l'être?) prodigue cependant les pompes du langage et de l'harmonie. Son imagination émue s'enchante elle-même de la sublime magnificence de ses paroles. Démosthènes, plus simple, a besoin, avant tout, d'avoir quelque chose à réfuter, quelqu'un à combattre ou à convaincre. Son génie plus sérieux ne s'anime que par le raisonnement et la passion. Ce n'est donc pas chez lui que l'on pouvoit attendre des modèles du genre d'éloquence que Bossuet a porté dans l'oraison funèbre, et qu'il doit tout ensemble à son culte et à son génie. Au reste, cet éloge des guerriers morts à Chéronée, soit qu'on le donne ou qu'on l'ôte à Démosthènes, dont il porte le nom, renferme encore des traits remarquables. Il me paroit difficile que ce soit l'ouvrage d'un rhéteur. On y sent cette élévation des beaux temps de la Grèce. Je croirois même reconnoître Démosthènes dans le passage où l'orateur, en célébrant le courage des guerriers, fait ressortir l'utilité véritable de leur sacrifice, en dépit des revers qui le suivirent : « Il faut,
« dit-il, quand le combat s'engage, que les uns soient
« vaincus, les autres vainqueurs. Mais je n'hésite pas
« à dire que, des deux côtés, ceux qui meurent au
« champ de bataille ne sont pas compris dans la dé-

« faite, et ont tous également la victoire. Pour ceux
« qui survivent, l'honneur du combat se décide comme
« le veulent les dieux ; mais ce qu'il importoit de faire
« pour l'obtenir, tout homme mort à son rang l'a fait ;
« et, si les ennemis n'ont pas envahi notre territoire,
« la cause en fut dans la vertu de ces guerriers. Après
« les avoir éprouvés corps à corps, l'ennemi ne voulut
« point entreprendre une lutte nouvelle contre les conci-
« toyens de ces mêmes hommes, sentant bien qu'il
« alloit trouver des courages semblables, et qu'il n'étoit
« pas sûr de rencontrer la même fortune ! »

Les dernières paroles de ce discours ne sont pas
d'un ton moins fier et moins élevé ; elles s'adressent
aux parents des morts, suivant la forme un peu monotone de ces éloges funèbres. « Il est douloureux
« pour un père, pour une mère, de se voir enlever
« leurs enfants, et de perdre les nourriciers de leur
« vieillesse. Mais il est beau de voir ces mêmes fils ob-
« tenant de la patrie d'immortels hommages, un glo-
« rieux souvenir, et honorés par des sacrifices et des
« fêtes, comme les dieux. Il est cruel pour les fils de
« perdre l'appui de leur père ; mais il est beau pour
« eux d'hériter de la gloire paternelle. Dans ce par-
« tage, ce qui est affligeant vient de la divinité, à la-
« quelle nous devons céder par la loi de notre nature :
« mais ce qui est honorable et beau vient du choix des
« hommes, qui ont voulu noblement mourir. En rap-
« pelant ces pensées, je n'ai point cherché à parler
« beaucoup, mais à dire des choses vraies. Pour vous,
« après avoir pleuré, et rempli le devoir de la justice
« et de la loi, retirez-vous. »

Pour ne point laisser incomplète cette revue de l'éloquence grecque dans un genre où ses formes furent trop peu variées, nous ne pouvons oublier un discours de l'orateur Hypéride, ce célèbre avocat de Phryné, qui montra, dans sa vie politique, le même courage que Démosthènes, et mourut comme lui. Quinze ans après la défaite de Chéronée, les Athéniens, animés par le zèle de leurs orateurs, ayant essayé de délivrer la Grèce, tombée du joug d'Alexandre dans les mains d'Antipater, le général et beaucoup de citoyens d'Athènes furent tués dès le commencement de cette guerre. Hypéride prononça leur éloge dans la cérémonie accoutumée des funérailles publiques. On conçoit combien ce dernier effort de la Grèce pour revivre à la liberté, cette dernière libation du sang athénien pour la patrie commune, devoient inspirer le généreux orateur. Mais que nous reste-t-il de ces sentiments et de cette éloquence? un fragment recueilli au hasard par un scoliaste du moyen âge. Il semble une répétition des idées que nous avons déjà traduites; mais il est peu connu, et porte cette empreinte d'antique simplicité, que l'on ne sauroit trop étudier.

« Il est difficile, disoit en terminant l'orateur, de
« consoler ceux qui sont frappés de telles afflictions. La
« douleur ne s'apaise ni par la raison, ni par la loi.
« Le naturel de chacun et son degré d'attachement
« pour celui qui n'est plus, voilà les bornes de la
« tristesse. Toutefois il faut prendre courage, mo-
« dérer son deuil autant qu'on le peut, et penser
« non-seulement à la mort de ceux que l'on a per-
« dus, mais à la vertu dont ils nous ont transmis
« l'exemple; leur sort est moins digne de regrets que
« leurs actions ne sont dignes de louanges. S'ils n'ont

« pas joui d'une vieillesse toujours soumise à la mort,
« ils ont acquis une gloire sans mélange et un inalté-
« rable bonheur. Parmi ces guerriers, les uns sont
« morts sans postérité ; leur gloire, répandue dans la
« Grèce, sera pour eux comme une immortelle famille ;
« les autres ont laissé des enfants : la bienveillance de
« la patrie servira de tutrice et de gardienne à ces or-
« phelins. Du reste, si la mort est un néant comme ce-
« lui qui a précédé la naissance, ils sont tous désor-
« mais affranchis des maladies, de la douleur, et des
« autres misères qui assiégent la vie humaine. Si, au
« contraire, et comme nous le croyons, après la mort
« le sentiment subsiste, ainsi que la justice divine, sans
« doute ceux qui ont travaillé pour la gloire des dieux
« obtiendront de la divinité le plus heureux partage. »

Cette coutume de célébrer par un hommage public les guerriers morts dans chaque bataille ne fut point connue des beaux siècles de Rome. Cicéron essaya d'en donner l'exemple à une époque où les soldats, détachés de la patrie, n'étoient plus que des instruments passagers d'oppression, que se disputoient quelques chefs ambitieux. Dans la dernière de ses Philippiques il a fait une espèce d'éloge funèbre des guerriers de la légion de Mars, qui avoient péri dans un combat contre Antoine. On voit qu'il essayoit d'encourager par l'admiration et la louange un patriotisme devenu trop rare, et qui bientôt alloit disparoitre sous le triumvirat. Mais un tel discours, prononcé dans le sénat, n'avoit rien du caractère de ces fêtes funèbres qui devoient être si puissantes sur l'imagination des Grecs.

Rome, anciennement aristocratique, avoit de tout temps réservé la solennité de l'éloge funèbre pour les grands, pour les hommes fameux, et même pour les femmes d'une illustre naissance. Ces éloges se prononçoient sur la place publique, du haut de la tribune aux harangues. Cicéron parle avec peu d'estime de ces premiers monuments, dont rien ne s'est conservé jusqu'à nous. César, étant questeur, prononça devant le peuple romain les éloges funèbres de sa tante Julia et de sa femme Cornélie. Dans le premier de ces discours, il avoit rappelé l'illustration de sa famille par des expressions remarquables, que Suétone nous a transmises. « Julia, ma tante, disoit-il, descend des rois par sa « mère; du côté paternel, sa naissance remonte jus- « qu'aux dieux. Les Marcius, auxquels appartenoit sa « mère, tirent leur origine et leur surnom du roi An- « cus, et les Jules, dont notre famille fait partie, des- « cendent de Vénus. Il y a donc dans notre sang et la « sainteté des rois, qui sont le premier pouvoir parmi « les hommes, et la majesté religieuse des dieux, qui « commandent aux rois. »

Un tel langage semble indiquer assez que ces éloges, surtout lorsqu'ils s'adressoient à de grands noms plutôt qu'à des vertus et à des services, étoient devenus dans Rome une sorte d'étiquette pompeuse assez voisine du caractère que l'oraison funèbre a pris quelquefois dans nos temps modernes. Mais ces éloges pouvoient avoir une bien autre importance, lorsqu'il s'agissoit d'honorer la mémoire d'un citoyen dont les actions répondoient à quelque sentiment populaire. César, généreux dictateur, aussi sûr et aussi fier peut-être de son éloquence que de son pouvoir, réfuta, par des écrits, les éloges funèbres que Cicéron et Brutus avoient consacrés à la gloire de Caton. Mais, sans doute, il n'auroit pas permis aux deux orateurs de prononcer ces éloges à la tribune, devant le peuple romain. Suivant les occasions, en effet, cette éloquence du panégyrique, séparée de tout sentiment religieux et toute pleine de passions, pouvoit devenir une arme puissante et terrible. En prononçant l'éloge funèbre de César, Antoine recommença l'esclavage de Rome.

Ces grands effets de l'éloquence cessèrent avec la liberté, dont ils avoient préparé la ruine. L'usage des éloges funèbres, toujours conservé dans Rome, ne fut plus qu'une vaine pompe soumise aux précautions du pouvoir absolu. Le droit de prononcer de tels discours étoit réservé à certains magistrats. L'empereur lui-même faisoit ordinairement l'éloge de son prédécesseur : ainsi Néron fut le panégyriste de Claude. Cependant les empereurs trouvèrent plus sûr de se faire louer de leur vivant. On sait quelle profusion de panégyriques marqua la décadence de la littérature grecque et romaine, et comment la philosophie vint quelquefois ennoblir un genre d'éloquence avili par la bassesse et la servilité. Thomas, dans un ouvrage riche d'érudition et d'élégance littéraire, a fait connoître le caractère de ces écrits, et les mœurs, le génie de cette époque. Mais on regrette que, dans ses curieuses recherches, il ait oublié les noms de Grégoire de Nazianze, de saint Ambroise et des autres orateurs du christianisme naissant, qui, presque tous, ont prononcé des éloges funèbres, souvent imités par Bossuet, et non moins dignes d'être analysés que les harangues de Libanius et de Thémiste.

Le caractère religieux imprimé à ces panégyriques paroît une des causes de leur supériorité : et je ne m'adresse pas ici seulement à la piété, mais au bon goût.

L'éloge d'un homme qui n'est plus a besoin d'être soutenu par les espérances d'une autre vie. Tout finit-il à la mort? N'avez-vous rien à nous apprendre et à nous promettre sur les destinées futures de celui que vous pleurez? A quoi bon tant de vertus, pour arriver au néant? Ah! disoit l'orateur romain, si l'âme n'apercevoit rien dans l'avenir, si elle bornoit à la courte durée de la vie toute l'étendue de ses pensées, elle ne voudroit jamais se fatiguer de tant de soins. Cicéron ne parloit que de l'avenir de son nom, que de cette immortalité qui reste sur la terre. Combien l'immortalité de l'âme ne doit-elle pas offrir aux vertus de l'homme un plus sublime encouragement, un terme plus glorieux! Voulez-vous donc que les éloges funèbres ne servent pas seulement à honorer les morts, et qu'ils puissent offrir une instruction salutaire à tous les hommes, parlez au nom de la religion: alors votre sujet prend un intérêt universel; l'orateur devient un moraliste sacré, qui dans une même mort fait voir la mort et le néant de toutes les grandeurs humaines. Un écrivain de nos jours[1], qui honoroit de grandes places par de grands talents, a fait sentir avec beaucoup de force et de goût cette prééminence nécessaire de l'oraison funèbre chrétienne sur les panégyriques et les éloges ordinaires. Nous citerons ses paroles d'autant plus volontiers, que c'est pour nous la plus facile et la plus digne manière de lui rendre hommage.

« Quand Fléchier, quand Bossuet montoient dans la
« chaire pour louer Turenne ou Condé, la patrie en
« deuil déploroit la perte récente de ces deux héros. Les
« éloges de tout un peuple répondoient à ceux de l'ora-

---

[1] M. de Fontanes.

« teur. Et par combien de spectacles l'orateur lui-même
« étoit enflammé! Ses premiers regards tomboient sur
« les restes d'un grand homme dont la mémoire lui étoit
« confiée par la reconnoissance publique. Les parents,
« les amis de l'illustre mort, ses plus fidèles serviteurs,
« tous ceux qui avoient recueilli ses dernières paroles,
« étoient présents à ses funérailles. Non loin, de vieux
« soldats, compagnons de ses victoires, pleuroient, ap-
« puyés sur les mêmes armes qui triomphèrent de l'Eu-
« rope. Au bruit de la cérémonie funèbre, le monde
« avoit suspendu ses spectacles et ses jeux ; les hommes
« du siècle étoient accourus sous ces voûtes religieuses ;
« le riche et le pauvre, le sujet et le prince, instruits
« ensemble à cette école de la mort qui égale toutes
« les conditions, offroient les mêmes vœux, s'humi-
« lioient dans la même poussière ; et, partageant les
« mêmes craintes et les mêmes espérances, pressoient
« de leurs genoux les pavés de ce temple couvert d'anti-
« ques épitaphes et des promesses d'une vie nouvelle.
« Les arts avoient orné de toute leur pompe le mauso-
« lée qui renfermoit les augustes dépouilles. Au-dessus,
« on croyoit voir planer encore l'ame du héros, atten-
« tive aux hommages de la France. De cette scène im-
« posante, Bossuet, chargé de gloire et d'années, éle-
« voit ses accents pathétiques, et tous les cœurs étoient
« ébranlés. A peine avoit-il fait entendre sa voix, que
« ce temple, environné de crêpes, sembloit devenir
« plus sombre. Cette voix sublime redoubloit la majesté
« du sanctuaire et les terreurs du tombeau. Tantôt
« l'homme inspiré contemploit, avec un sombre abat-
« tement, le cercueil où tant de gloire étoit ren-
« fermée ; tantôt il se tournoit avec confiance vers

« l'autel de celui qui promet l'immortalité. Toutes les
« tristesses de la terre et toutes les joies du ciel se pei-
« gnoient tour à tour sur son front, dans ses regards,
« dans sa voix, dans ses gestes et dans tous ses mouve-
« ments. En arrachant des larmes au spectateur, il pleu-
« roit lui-même, et sans cesse ému de sentiments con-
« traires, s'enfonçant dans les profondeurs de la mort et
« dans celles de l'éternité, mêlant les consolations à
« l'épouvante, il proclamoit à la fois le néant et la
« grandeur de l'homme, entre un tombeau prêt à l'en-
« gloutir, et le sein d'un Dieu prêt à le recevoir. »

Tel est, en effet, le spectacle imposant que présente
l'oraison funèbre chez les chrétiens, telles sont les puissantes inspirations que l'orateur trouve dans la religion
de ses auditeurs et dans la sienne. Toutes les fois que
ces ressorts de pathétique ont été maniés par un homme
supérieur, l'éloquence soutenue d'un semblable secours
a dû produire de grands effets. On doit cependant avouer
que tous les sujets ne prêtent pas une égale force au développement de ces idées religieuses. La puissance de
la mort et l'horreur du tombeau, si frappantes quand il
s'agit de la mort et du tombeau d'un roi, semblent s'affoiblir dans les rangs inférieurs, et les coups qui tombent sur de moindres victimes paroissent moins effrayants.
L'orateur qui ne déplore pas la perte d'un roi ou d'un
capitaine n'a plus le pouvoir d'effrayer l'imagination
par ces contrastes de grandeur et de foiblesse, de gloire
et de néant; mais il reste d'autres sources de pathétique.
La foi chrétienne, qui, dans l'éloge des grands de la
terre, auroit rendu l'orateur sublime, lui donne une
onction douce et tendre pour animer l'éloge funèbre du
plus humble chrétien, et rendre intéressante la vertu la

plus simple et la plus ignorée. Une partie des oraisons funèbres prononcées par les Pères de l'Église est consacrée à des noms inconnus. Cette circonstance a contribué, sans doute, à leur donner moins de lecteurs. La postérité, qui n'est curieuse que de noms célèbres, cherche dans le panégyrique d'un prince quelques traits de sa vie, et se plait à découvrir quelques vérités historiques sous un amas de louanges oratoires. Il est naturel d'ailleurs que ceux qui ont long-temps occupé la scène du monde conservent une place dans le souvenir des hommes ; et c'est avec justice que l'oraison funèbre n'a été, en général, attribuée qu'à la grandeur et à la puissance, puisque c'est ainsi qu'elle présente un intérêt durable. Mais cette remarque ne suffit pas pour blâmer le choix que les orateurs du christianisme ont fait souvent de héros ignorés, et qui devoient l'être. Dans les premiers jours de la religion, les hommes qui, par la sainteté de leurs mœurs, autorisoient leur croyance, étoient des modèles utiles et puissants, dont la vertu méritoit le grand jour, et qu'il importoit de montrer au peuple. Plus leur vie étoit obscure, plus leur mort devoit être célébrée ; et cette obscurité même, qui semble éloigner de la tombe d'un homme inconnu la publicité de l'éloge funèbre, la rendoit ici plus nécessaire et plus légitime.

Le premier éloge que nous présentent les OEuvres de saint Grégoire est consacré à la mémoire de son frère Césarius, qui, distingué dans les sciences, devint médecin des empereurs, vécut long-temps à la cour, et fut honoré de plusieurs emplois considérables. Le titre annonce que son père et sa mère vivoient encore ; et le discours ramène souvent les louanges des deux époux chrétiens. L'orateur s'attache d'abord à donner une haute idée des talents de son frère : il le représente perfectionnant les dons de la nature par une éducation forte et savante, se rendant illustre dès sa jeunesse, et bientôt conduit par sa réputation à la cour des empereurs. Julien, par politique et par superstition, rétablissoit alors le culte des dieux, et leur cherchoit des sectateurs avec tout le zèle et toute l'intolérance du fanatisme. Exposé aux regards du prince, réduit à lutter sans cesse contre l'autorité, et même contre l'amitié, puissance à laquelle on résiste si peu quand les rois veulent en faire usage, Césarius osa donner un exemple mal suivi des courtisans. Il fut inflexible, et professa le christianisme dans le palais de Julien. Le tableau de sa résistance est tracé avec énergie.

« Cet odieux monarque[1], dit l'orateur, étoit dé-
« chaîné contre nous; et, s'étant d'abord perdu lui-
« même par sa renonciation à Jésus-Christ, il commen-
« çoit aussi à tourmenter les autres, non pas avec au-
« dace, comme ont fait les premiers adversaires de la
« foi, en s'inscrivant insolemment au nombre des im-
« pies, mais en cachant la persécution sous le voile de
« l'humanité. Voici quel étoit son premier artifice; pour
« nous enlever la gloire du martyre (car il nous envioit
« même cet honneur), tous ceux qui souffroient comme
« chrétiens étoient exécutés sous le nom de malfaiteurs.
« Par un autre artifice, il affectoit d'employer toujours
« la persuasion au lieu de la violence, présentant ainsi
« plus de déshonneur que de péril à ceux qui passoient
« du côté de l'impiété. Après avoir attiré les uns par
« l'appât des richesses, d'autres par ses promesses, tous

[1] S. Greg. Nazian., Op. gr. lat., t. 1.

« par la séduction de ses discours et l'autorité de son
« exemple, il attaque enfin Césarius. L'insensé s'il a
« espéré de trouver une proie facile dans Césarius, dans
« mon frère, dans le fils de tels parents! »

L'orateur représente cette lutte de la vertu contre le pouvoir armé de tous les prestiges de l'éloquence. « N'a-
« vez-vous pas craint, s'écrie-t-il, que Césarius fît quel-
« que chose indigne de son courage? Rassurez-vous, la
« victoire est avec Jésus-Christ, qui a vaincu le monde. »
L'empereur ne s'irrita pas de cette généreuse fermeté. Lassé de combattre, il s'écria, désignant les deux frères par une allusion honorable et menaçante : « Heureux
« père! infortunés enfants! Car il voulut, ajoute saint
« Grégoire, m'associer aussi à cette glorieuse insulte. »

Peut-être saint Grégoire est-il plus frappé de l'intrépidité de son frère que de la noble patience de Julien. L'empereur, qui souffroit à sa cour un ennemi de sa religion et ne le combattoit que par le raisonnement et l'éloquence, avoit dans l'ame quelque générosité. Sans doute, il la devoit à la culture des lettres, qu'il aima toujours avec passion, et qu'il respectoit dans Césarius.

Le ton de cette éloquence est d'ailleurs noble et fier; on y reconnoît l'accent d'une ame élevée. Cependant la finesse des tours et des pensées forme le caractère habituel de l'orateur. Cette élégance ingénieuse se mêle aux idées les plus touchantes. « Une consolation, dit-il,
« que l'on présente en pleurant soi-même est bien puis-
« sante sur ceux qui pleurent; et l'on est plus capable
« d'apaiser la douleur des affligés, quand on souffre
« comme eux. » Mais il s'élève, il triomphe dans ces idées toujours si effrayantes de la foiblesse de l'homme et de la brièveté de la vie. On croit presque entendre

Bossuet. « De combien Césarius nous a-t-il devancés?
« Combien aurons-nous de temps encore pour pleurer
« sa perte? Ne marchons-nous pas vers la même de-
« meure? N'allons-nous pas entrer tout-à-l'heure sous
« la même pierre? Ne serons-nous pas bientôt une
« même cendre? Que gagnerons-nous à ce surcroît de
« peu de jours? quelques maux de plus à voir, à souf-
« frir, et peut-être à faire, pour payer ensuite à la na-
« ture la dette commune et inévitable, suivre ceux-ci,
« précéder ceux-là, pleurer les uns, être pleuré par les
« autres, et recevoir de nos successeurs le tribut de
« larmes que nous avions apporté à nos devanciers.
« Telle est la vie de nous autres mortels; tel est le jeu
« de la scène du monde. Nous sortons du néant pour
« vivre; vivants, nous sommes détruits. Que sommes-
« nous? un songe inconstant, un fantôme qu'on ne
« peut saisir, le vol de l'oiseau qui passe, le vaisseau
« qui fuit sur la mer et ne laisse point de trace, la pous-
« sière, une vapeur, la rosée du matin, la fleur aujour-
« d'hui naissante, demain desséchée. »

Cette peinture énergique de notre misère amène le tableau de notre grandeur, par une de ces oppositions singulièrement oratoires dont Bossuet a fait un si fréquent et si admirable usage. L'homme, abattu dans sa foiblesse et dans sa mortalité, se relève par les espérances et les promesses de la religion. C'est le morceau le plus éloquent du discours. L'orateur, par un mouvement très heureux, se rendant personnelle l'application d'une vérité de la foi, se transporte au jour de la résurrection et de la justice céleste, pour contempler son frère. « Alors,
« dit-il, je verrai Césarius, non plus exilé, non plus
« enseveli, non plus objet de larmes et de piété, mais

« triomphant, glorieux et couronné, tel que souvent, ô
« le plus tendre et le plus chéri de tous les frères, tu
« m'as apparu en songe, soit par une illusion de mes
« désirs, soit dans la réalité même. Mais aujourd'hui,
« laissant les regrets, je m'examinerai moi-même; je
« chercherai si je ne porte pas en moi, sans le savoir,
« quelque grand sujet de douleur. Fils des hommes,
« car il est temps de vous adresser la parole, jusques à
« quand aurez-vous des cœurs insensibles et des esprits
« grossiers, etc., etc.? Ne saurons-nous jamais connoître
« et dédaigner les objets qui frappent les yeux, et ne
« regarder que les grandeurs visibles à l'intelligence?
« Et, s'il faut nous affliger, ne nous plaindrons-nous
« pas plutôt que notre exil se prolonge ici-bas, que
« nous sommes retenus trop long-temps dans ces tom-
« beaux vivants que nous portons avec nous? Pour moi,
« voilà ma douleur, voilà le soin qui me tourmente jour
« et nuit et ne me laisse point respirer en paix. »

Saint Grégoire, qui sembloit réservé au triste ministère d'honorer par son éloquence les funérailles de tous ceux qu'il aimoit, prononça, quelque temps après, l'éloge de sa sœur Gorgonia. Dans l'exorde, il s'excuse d'avoir à louer des vertus qui le touchent de si près. Cette apologie est pleine d'élégance et de noblesse.

« Si nous croyons que l'on est coupable de dépouiller
« ses proches, de leur faire outrage, de les accuser,
« de leur nuire, enfin; si même l'injustice envers des
« parents est la plus criminelle de toutes, ne seroit-il
« pas bizarre et déplacé de leur enlever les honneurs de
« l'éloge, hommage particulier que l'on doit à la vertu,
« et par lequel nous pouvons consacrer à jamais leur
« mémoire? Croirons-nous avoir été justes en cela?

« Ferons-nous plus de compte des méchants qui nous
« accuseroient de complaisance, que des bons qui nous
« redemandent la vérité ; et, tandis que nous ne refu-
« sons pas de louer des étrangers, dont la vertu nous est
« moins connue et moins attestée, le scrupule de l'ami-
« tié et la crainte des envieux nous empêchera-t-elle de
« louer ceux que nous connoissons, surtout quand ils
« ont quitté la vie, et qu'il est trop tard pour les flatter,
« maintenant qu'ils sont enlevés aux panégyristes et aux
« censeurs, comme à tout le reste? »

L'éloge d'une femme pieuse, dont la vie n'offre qu'une seule pensée, le zèle de la foi, qu'un seul événement, une mort douce et chrétienne, sembloit peu favorable à l'éloquence. Mais tel est l'intérêt attaché à la vertu : on ne peut lire sans attendrissement le récit des saintes austérités de cette femme obscure et ignorée ; et les plus simples détails paroissent ennoblis par la religion. Peut-être l'ingénieuse élégance de l'orateur ne s'accorde-t-elle pas assez avec la simplicité d'un semblable sujet. Quoiqu'il ait promis, en commençant, de négliger les graces du langage, il conserve le style travaillé, les tours polis, les antithèses brillantes d'un imitateur d'Isocrate. Mais ces recherches mêmes ne sont pas sans agrément, et plaisent encore, quand un goût sévère peut les blâmer. D'ailleurs l'orateur sait quelquefois être simple et naturel ; et jamais il ne se montre plus éloquent.

« Ame vertueuse, qui soutenez seule un corps pres-
« que entièrement privé de nourriture, ou plutôt, restes
« mortels anéantis avant la mort, pour que l'ame pos-
« sède sa liberté et ne trouve point d'obstacle dans les
« sens! nuits consacrées aux veilles et aux prières !
« O David! que tes chants paroissent courts aux ames

« pieuses ! membres délicats couchés sur une terre
« froide, et tourmentés par des souffrances au-delà des
« forces de la nature ; gémissements qui pénétrez les
« cieux et montez jusqu'au Seigneur, comment puis-je
« tout raconter et tout décrire ? »

C'est avec la même simplicité qu'il retrace les derniers moments de cette femme vertueuse. « Autour d'elle des
« larmes muettes, une douleur inconsolable, mais silen-
« cieuse : car on ne se faisoit scrupule d'honorer par
« des gémissements le départ si paisible de cette chré-
« tienne ; sa mort sembloit une solennité sainte. »

La troisième oraison funèbre de saint Grégoire est consacrée à l'éloge de son père, qui fut avant lui évêque de Nazianze. L'orateur, dans son début, apostrophe saint Bazile, présent à la cérémonie religieuse.

« Homme de Dieu, lui dit-il, d'où venez-vous ? que
« voulez-vous faire ? quel bien nous apportez-vous ?
« Venez-vous pour nous visiter, pour chercher le pas-
« teur, ou pour examiner le troupeau ? Si vous venez
« pour nous, hélas ! vous nous trouvez à peine vivants,
« et déjà frappés de la mort dans la plus chère partie de
« nous-mêmes. »

Le père de saint Grégoire étoit né dans la fausse religion ; mais il avoit toujours pratiqué la vertu. Cette différence est appréciée avec une modération que le préjugé ne s'attendoit pas à trouver dans un Père de l'Église.

« Comme il en est beaucoup au milieu de nous qui
« ne sont pas avec nous, parce que leur vie les retran-
« che de notre commission ; ainsi il en est beaucoup au-
« dehors qui nous appartiennent, parce qu'ils ont pré-

« venu la foi par les mœurs. Le nom de chrétien leur
« manque; mais ils ont les œuvres. »

La conversion de cet homme vertueux, son élévation
à l'épiscopat peu de temps après son baptême, son inviolable attachement à l'unité de la foi, au milieu du combat de toutes les hérésies, l'abondance de ses aumônes
qu'il répandoit sans distinction, aimant mieux étendre
ses bienfaits jusque sur le vice, que de s'exposer, par
une charité soupçonneuse, à frustrer la vertu; la simplicité de ses mœurs, son éloignement pour toutes ces
austérités hypocrites qui ne trompent pas long-temps,
parce que rien de factice n'est durable; sa douceur, et,
quand il s'irritoit, la promptitude de son retour, qui
ne laissoit pas le temps d'être affligé de sa colère, tous
ces traits d'une vie sainte et d'un caractère apostolique
forment un récit où le goût peut reprendre la longueur
des détails, mais où l'on reconnoit l'accent d'un fils qui
loue son père.

Ce discours est à la fois un éloge et une consolation.
L'orateur s'adresse souvent à sa mère, dont il cherche
à calmer la douleur par les conseils d'une philosophie
forte et chrétienne. « La mort et la vie, lui dit-il, quoi-
« qu'elles paroissent deux choses bien opposées, com-
« muniquent entre elles, et se remplacent l'une l'autre.
« Je ne sais si cette séparation, qui nous délivre des
« maux présents et nous conduit à une vie céleste, de-
« vroit avoir le nom de mort. La seule mort véritable,
« c'est le péché; car il est la ruine de l'ame. » A ces conseils sévères succèdent des paroles plus douces : « Il vous
« manque, dit-il, quelqu'un pour avoir soin de votre
« vieillesse; ô ma mère! où donc est votre Isaac, que
« mon père vous a laissé pour vous tenir lieu de tout? »

On sent combien ces touchants retours de l'orateur sur soi-même, cette expression tendre et grave, devoient exciter l'intérêt dans la société, ou plutôt dans la famille chrétienne qui l'écoutoit : voilà l'éloquence.

Nous trouvons enfin un nom célèbre, qui n'a pas besoin d'être recommandé par le talent du panégyriste : c'est celui de saint Bazile, grand orateur lui-même, écrivain mâle et sévère, digne par la pureté de son goût des beaux temps de l'ancienne Grèce. Saint Bazile, que Grégoire de Nazianze invoquoit tout à l'heure comme un consolateur, est ici le sujet du plus éloquent discours de son ami. L'amitié de ces deux grands hommes est connue, et fait une partie de leur gloire. Tous deux chrétiens dès la naissance, fortifiés dans la foi au milieu des écoles du paganisme ; tous deux épris des charmes et nourris des leçons de l'éloquence profane ; tous deux lumières et soutiens de l'Église, élevés dans le sacerdoce aux mêmes honneurs, réunis par cette communauté de croyance, d'opinions, d'intérêts et de dangers, qui forme le plus étroit lien ; réunis encore par cette égalité de talents et de renommée qui rend entre deux amis l'attachement plus sûr et plus durable : le souvenir de leur pieuse et savante alliance sera toujours conservé dans les fastes de la religion et des lettres.

Plusieurs orateurs avoient déjà déploré la perte de saint Bazile, lorsque saint Grégoire entreprit l'éloge de son ami. Dans l'exorde, il s'excuse de ce retard. « Saisi « du même effroi que les fidèles qui s'approchent des « saints mystères, je craignois, dit-il, de toucher à l'é- « loge de cet homme sacré, avant d'avoir purifié ma voix « et mon cœur. » Enfin, avec le secours de Dieu, il entreprend ce discours, quoique tous les panégyristes restent aussi loin de saint Bazile que le sont du soleil ceux qui le contemplent. L'orateur rappelle la noblesse des parents de saint Bazile, parce qu'elle fait mieux éclater leur foi. Ce morceau est plein de feu et d'éloquence.

« Il y avoit alors persécution, la plus affreuse de tou-
« tes les persécutions, celle de Maximin, qui, s'élevant
« après d'autres tyrans, les fit tous paroître des amis de
« l'humanité, monstre enivré d'audace, impatient de
« ceindre sa tête du diadême de l'impiété. Plusieurs de
« nos athlètes l'ont vaincu, combattant les uns jusqu'à
« la mort, d'autres jusqu'à l'instant qui précède la mort,
« et conservés pour survivre à leur victoire, et ne point
« périr dans l'arène : modèles de la vertu, martyrs vi-
« vants, muets exemples laissés à leurs frères. Au nom-
« bre des chrétiens qui, après avoir parcouru toute la
« carrière de la piété, reçurent alors la glorieuse cou-
« ronne, il faut placer les aïeux paternels de saint Ba-
« zile; car ils étoient préparés et résolus de manière à
« supporter aisément tous les maux, au prix desquels
« Jésus-Christ couronne les imitateurs de ses souffran-
« ces ; mais il leur falloit une occasion légitime. Telle
« est la loi du martyre, de ne point aller volontairement
« au combat, par ménagement pour les foibles, et par
« pitié pour les persécuteurs ; mais de ne point éviter
« le combat qui se présente : l'un est témérité, l'autre
« est lâcheté. Respectant l'ordre du législateur, que
« font-ils donc, ou plutôt quelle pensée leur inspire la
« divine Providence qui régloit tous leurs conseils ? Elle
« les a conduits dans une des forêts qui couvrent les
« montagnes du Pont, etc. Combien cette solitude, cet
« éloignement de tout commerce, cet abandon, devoient

« être cruels à des hommes accoutumés à se voir hono-
« rés et suivis de gardes et d'esclaves ! »

L'orateur fait trop d'allusions mythologiques, et raconte trop d'anecdotes puériles. On ne doit pas s'étonner
du premier défaut : l'imagination des orateurs chrétiens
se reportoit toujours sur les fables de la Grèce ; et ils ne
pouvoient renoncer eux-mêmes à ces profanes et riants
souvenirs qu'ils auroient voulu chasser du cœur des
peuples. La longueur des détails est un autre défaut qu'il
est aisé de concevoir et d'excuser dans un vieillard qui
regrette le compagnon de sa jeunesse et l'ami de toute
sa vie. On a souvent cité le morceau où l'orateur rappelle
son séjour à Athènes avec saint Bazile. Cette description
paroît aujourd'hui trop étendue ; mais elle commence
d'une manière heureuse et touchante : « Bazile est con-
« duit dans Athènes par son ardeur de savoir ; dans
« Athènes, ville chère à mon souvenir, bienfaisante
« pour tout le monde, et plus encore pour moi ; car
« c'est elle qui m'a fait véritablement connoître cet
« homme, quoique déjà il ne me fût pas inconnu : j'y
« cherchois la science ; elle m'a donné le bonheur. »

Saint Grégoire rappelle les études qu'il partageoit avec
son ami.

« Nous poursuivions avec une égale ardeur un grand
« objet de jalousie parmi les hommes, la science ; mais
« l'envie nous étoit inconnue. Nous disputions, non
« pas l'honneur d'emporter la prééminence, mais celui
« d'y renoncer. Il sembloit que nous n'eussions qu'une
« seule ame qui donnoit la vie à deux corps. Notre oc-
« cupation commune étoit la vertu, et le soin de vivre
« pour les espérances éternelles, en nous séparant de
« cette terre, avant de la quitter. » Cette nécessité où

se trouve l'orateur de parler de lui, en célébrant son ami, étoit un écueil; il s'excuse d'y tomber, avec une finesse trop ingénieuse, mais qui n'est pas sans grace.

« Sans y penser, dit-il, je m'arrête sur mes propres « louanges, que je ne voulus jamais entendre de la bou- « che des autres. Au reste, s'étonnera-t-on que je trouve « encore aujourd'hui quelque avantage dans une si pré- « cieuse amitié, et que celui qui vivant fit toute ma « vertu serve à ma gloire après sa mort? »

On aimera surtout le trait qui termine ce morceau. Il montre que l'orateur sentoit vivement le prix des deux choses les plus douces de la vie, l'amitié et les lettres.

« Le jour du départ approchoit, le moment où les « amis se parlent pour la dernière fois, se recondui- « sent, se rappellent, s'embrassent et pleurent; car il « n'est rien de plus cruel et de plus douloureux pour « des amis élevés ensemble dans Athènes que de se quit- « ter, et que de quitter Athènes. »

L'orateur, en parcourant la carrière épiscopale de saint Bazile, est forcé de rappeler les luttes du pieux évêque contre Eusèbe, cet évêque courtisan qui, le premier, donna le triste exemple d'introduire la politique dans la religion, et de cacher sous l'esprit de l'Évangile un esprit d'ambition et d'intrigue. Saint Grégoire met dans ce récit plus que de l'impartialité; il jette un voile sur les fautes d'Eusèbe, et sacrifie la fidélité historique à la charité chrétienne. Toutes les vertus, tous les talents, tous les bienfaits de saint Bazile, éloquemment retracés dans cet éloge, sont réunis dans une péroraison heureuse et touchante. L'orateur, par un mouvement dont s'est souvenu Bossuet, invoque la présence de tous ceux qui connurent le grand homme qui n'est plus, et environne sa tombe de tous témoins de ses vertus.

« Réunissez-vous ici, vous tous, compagnons de
« Bazile, ministres des autels, serviteurs du temple, et
« les citoyens et les étrangers, secourez-moi pour ache-
« ver son éloge, chacun de vous racontant une de ses
« vertus, et s'attachant à un trait de sa vie. Regrettez
« tous, les grands un législateur, le peuple un guide,
« les savants un maître, les épouses l'appui de leur
« vertu, les simples un conducteur, les esprits curieux
« une lumière, les heureux un censeur, les infortunés
« un consolateur, la vieillesse un soutien, la jeunesse
« une règle, la pauvreté un bienfaiteur, la richesse un
« dispensateur de ses aumônes. Il me semble que les
« veuves doivent célébrer leur protecteur, les pauvres
« l'ami des pauvres, tous enfin celui qui se faisoit tout à
« tous, afin de gagner toutes les ames. Reçois cet hom-
« mage d'une voix qui te fut chère, d'un homme ton
« égal en âge et en dignité. Si mes paroles approchent de
« ce qui t'est dû, c'est grace à toi : c'est par confiance
« en ton secours que j'ai entrepris cet éloge. Si je suis
« resté beaucoup au-dessous, pouvoit-il m'arriver autre
« chose dans l'abattement où m'ont mis la vieillesse,
« les maladies et le regret de ta perte? Mais le Seigneur
« agrée ce que nous faisons selon notre pouvoir. Pour
« toi, regarde-nous du haut des cieux, ame heureuse
« et sainte ! »

Je passerai plus rapidement sur l'éloge de saint Athanase. Le sujet étoit beau, sans doute, si l'on songe qu'Athanase, intrépide adversaire des Ariens, joignit à de grands talents et à de grandes vertus cet éclat que donne la persécution. Mais les querelles religieuses dont il fut la victime sont trop loin de nous pour exciter notre intérêt; et le récit de ses combats et de ses malheurs, qui, dans la bouche d'un orateur éloquent, devoit émouvoir si vivement les contemporains, est indifférent à la postérité. Je choisirai dans cet éloge quelques traits qui peignent avec une ingénieuse précision le caractère de ce vertueux évêque.

« Doux, facile, compatissant au malheur, adoucis-
« sant le blâme par un accent de bonté paternelle, don-
« nant plus de poids à la louange par le ton de l'auto-
« rité, évitant la foiblesse et la dureté, remplaçant l'une
« par la douceur, l'autre par la prudence, et toutes
« deux par la sagesse. »

On peut citer encore le portrait des religieux de la Thébaïde, parmi lesquels se réfugia saint Athanase.

« Les uns vivent à part, loin de tout commerce, ne
« s'entretenant qu'avec eux-mêmes et avec Dieu, et
« n'ayant d'autre univers que l'étendue de leur solitude;
« les autres, zélés sectateurs de la loi de charité, vivent
« en commun, à la fois solitaires et réunis, morts au
« reste des hommes et à toutes les choses de la terre,
« mais se tenant lieu les uns pour les autres du monde
« entier, et s'animant à la vertu par leurs mutuels
« exemples. »

Si l'on veut maintenant se former une idée générale du talent de saint Grégoire, on doit le considérer comme un écrivain agréable et brillant, plein de politesse et d'élégance. Ce n'est pas un orateur sublime; il a trop peu de mouvement, et trop d'artifice dans le style. Peut-être aussi manque-t-il de pathétique. Il ne sait pas, dans l'oraison funèbre, fondre assez habilement les faits et la morale; il fait des digressions sans mesure et sans intérêt. Son goût n'est pas irréprochable; non qu'il laisse échapper des idées et des expressions bizarres, mais il a les défauts d'une composition trop soignée et trop symétrique. Ses pensées, vives et brillantes, se forment presque toujours d'un contraste ingénieux, d'un rapprochement inattendu. Sa diction, qui paroît d'une extrême pureté, devient uniforme, par le retour trop fréquent des antithèses. Fénelon le trouve plus concis et plus poétique que saint Chrysostome; mais cette concision ne produit pas la rapidité dans le style; elle tient à la coupe des phrases, à l'opposition des mots; elle ressemble à celle de Pline le jeune et de Sénèque, qui tournent très-vite, mais très long-temps, autour de la même idée. Saint Grégoire a souvent été comparé à Isocrate, dont il paroît imitateur. Sans doute il n'est pas au-dessous de son modèle : on lui trouvera même plus de grandeur et de feu, grace aux inspirations d'un ordre plus élevé. Riche en images, en similitudes, en termes métaphoriques, il plaît surtout à l'imagination. Il a quelques morceaux d'une éloquence aussi forte que pure, et qui prouvent que, s'il se borne habituellement à l'élégance timide et soignée du style tempéré, ce n'est pas faute de vigueur dans la pensée. Enfin il excelle, comme Fléchier, à saisir finement les idées morales, et à les rendre avec cette expression piquante qui leur donne plus de prix, et même plus de nouveauté.

Nous nous sommes long-temps arrêté sur saint Grégoire, parce que cet orateur, malgré les défauts de son esprit et de son siècle, montre dans un degré supérieur le talent d'écrire. Ce mérite du style ne se trouve que rarement chez les autres panégyristes de l'Église grecque et latine. On peut y remarquer des traits d'éloquence ; mais la diction est gâtée. Saint Grégoire de Nysse, frère de saint Bazile, a fait aussi [1] son éloge funèbre. Entre ce discours et celui que prononça Grégoire de Nazianze, la différence est inexprimable. L'orateur n'a qu'une seule formule : c'est de comparer successivement son héros avec les saints les plus renommés de l'ancienne et de la nouvelle loi. Le discours est purement théologique ; et cette sévérité, en produisant la sécheresse, n'empêche pas le mauvais goût. On remarque cependant quelques traits de force. L'orateur représente saint Bazile toujours intrépide, parlant avec liberté devant les souverains, faisant retentir sa voix dans les assemblées et dans les temples, rappelant les déserteurs de la foi, échappant toujours à la main des persécuteurs, parce que, sans intérêt, sans passions, sans foiblesse, il ne laisse aucune prise par où l'on puisse le saisir et le dompter.

Grégoire de Nysse fut obligé de prononcer, à quelques mois d'intervalle, l'oraison funèbre de Pulchérie, fille de Théodose, et celle de l'impératrice Flaccile. L'éloge de la jeune princesse, enlevée dans l'âge de l'enfance, n'offroit rien à l'orateur. Cependant ce discours n'est pas dénué d'intérêt. Le style respire une tristesse pleine de charme dans la peinture de cette mort prématurée qui détruit la beauté naissante, couvre son front de pâleur, et noircit tout à coup la fleur que l'on voyoit briller sur ses lèvres ; spectacle affreux pour un père, et triste même pour les étrangers et les indifférents ! L'orateur parcourt avec une philosophie chré-

[1] S. Greg. Nyss., Op. gr. lat., tom. 3.

tienne les diverses chances de la vie, prouvant que c'est l'effet d'une heureuse prédestination, d'avoir échappé si vite à de tels maux et à de tels biens.

Au reste, le premier mérite de ce discours est d'avoir fourni quelques inspirations à Bossuet, dans son oraison funèbre de Henriette d'Orléans, le plus touchant et peut-être le plus étonnant de ses chefs-d'œuvre.

L'éloge de l'impératrice Flaccile ne pouvoit offrir l'intérêt des événements; c'est un tissu de regrets vagues et exagérés. L'orateur a saisi un rapprochement qui lui étoit indiqué par le sujet; il rappelle la mort de la princesse Pulchérie, moissonnée peu de temps avant sa mère.

« De quelles fautes subissons-nous la punition? pour« quoi sommes-nous frappés de calamités successives?...
« Nous respirions à peine d'un premier malheur; nous
« avions à peine essuyé nos larmes; et voilà que nous
« retombons dans un deuil nouveau. Tout à l'heure
« nous regrettions une tendre fleur soudainement arra« chée; aujourd'hui nous avons perdu la tige d'où cette
« fleur étoit née. Tout à l'heure nous pleurions un bien
« en espérance; aujourd'hui nous perdons un bien plus
« précieux par la possession. »

L'ensemble de ce discours est médiocre et sans effet. On doit peu s'en étonner. Rien n'étoit plus difficile à vaincre que l'aridité d'un pareil sujet. Un grand orateur seroit excusable de n'avoir pas réussi; et saint Grégoire n'est ni un grand orateur ni un élégant écrivain. Bossuet a fait de l'éloge de la reine, femme de Louis XIV, un discours éloquent : c'est l'exception du génie. En général, rien de plus déplorable pour un panégyriste, que de célébrer des personnages sans physionomie, dont l'éloge est commandé parce qu'ils occupoient un rang sur la terre, mais dont la flatterie même ne peut louer les actions, parce qu'ils n'ont rien fait. Ce ridicule seul suffiroit pour décréditer l'oraison funèbre, qui par elle-même et dans son application légitime est un genre plein de noblesse et d'utilité.

Saint Ambroise, qui s'est immortalisé en osant punir Théodose coupable, mérita dans son siècle la réputation de grand orateur. Aujourd'hui la gloire de sa vertu est mieux établie que celle de son éloquence. Cependant, malgré l'affectation trop fréquente dans ses écrits, il n'est pas indigne d'être étudié. Il a de l'imagination et du feu; son ame exhale des sentiments vifs et naturels, qu'il ne peut étouffer entièrement sous les pensées fausses et les phrases recherchées. Fénelon étoit frappé de son génie; il admire surtout l'expression de sa tendresse, dans l'éloge funèbre de son frère Satyrus[1]. Ce discours est le meilleur que saint Ambroise ait prononcé. Le début a beaucoup de grandeur et de majesté.

« Chrétiens, nous avons conduit la victime de ma
« foi, la victime pure et sans tache, la victime agréable
« à Dieu, Satyrus, mon guide et mon frère. Je savois
« qu'il étoit mortel; mes craintes ne m'ont point trompé;
« mais l'abondance de la grace a surpassé mon espoir.
« Ainsi je n'ai point de plainte à faire, je dois même
« remercier le Seigneur qui satisfait le vœu que j'avois
« formé. Si quelque grand désastre devoit frapper ou l'É-
« glise ou ma tête, je souhaitois qu'il tombât de préfé-
« rence sur ma famille et sur moi. Si donc au milieu
« des dangers de tous, lorsque les mouvements des Bar-

[1] S. Ambr. Op., tom. secund.

« bares inquiètent de tous côtés la patrie, j'ai prévenu
« les douleurs publiques par ma douleur particulière,
« et vu tourner contre moi les malheurs que je redou-
« tois pour l'état, fasse le Ciel que tout soit accompli, et
« que mon deuil rachète aujourd'hui le deuil de la pa-
« trie ! »

Ce discours n'est point susceptible d'analyse. Ce sont des plaintes, des regrets, des souvenirs exprimés avec la diffusion et le désordre de la douleur. Souvent l'orateur s'adresse à l'ombre de son frère ; et presque toutes ses apostrophes sont éloquentes.

Il ne m'a servi de rien, s'écrie-t-il, d'avoir re-
« cueilli ton haleine mourante, d'avoir collé ma bouche
« sur tes lèvres à demi éteintes. J'espérois faire passer
« ta mort dans mon sein, ou te communiquer ma vie.
« Gages cruels et doux, embrassements infortunés, au
« milieu desquels j'ai senti son corps glacé se roidir,
« et son dernier souffle s'exhaler ! je serrois mes bras
« entrelacés ; mais j'avois déjà perdu celui que je tenois
« encore. Ce souffle de mort dont je me suis pénétré est
« devenu pour moi un souffle de vie. Fasse le Ciel au
« moins qu'il purifie mon cœur, et qu'il mette dans
« mon ame l'innocence et la douceur de la tienne ! »

Après cet élan pathétique, l'orateur prend un ton plus paisible. Il s'arrête, et peint d'une manière intéressante l'intimité de son union avec ce frère tant regretté. Ces détails ont le charme d'un sentiment vrai et les défauts d'un style recherché.

Les idées de l'immortalité de l'ame et les espérances de l'autre vie sont heureusement ramenées dans ce discours : « Nos larmes cesseront, dit l'orateur, il faut une
« différence entre les chrétiens et les infidèles. Qu'ils

« pleurent, ceux qui n'ont pas l'espérance d'une vie
« nouvelle, etc. Nous, pour qui la mort n'est pas l'a-
« néantissement de la nature, mais le terme de la vie,
« nous devons sécher nos larmes. Les gentils trouvent
« leur consolation dans la pensée que la mort est le re-
« pos de toutes les souffrances; nous, qui nous propo-
« sons un si noble espoir, nous devons aussi avoir plus
« de force et de patience. Nos amis ne nous quittent
« pas; ils nous devancent : ils ne sont pas saisis par la
« mort; ils entrent dans l'éternité. »

Quoique ce discours soit en général écrit d'un style incorrect et bizarre, on y remarque une imitation fréquente des classiques de l'ancienne Rome. L'orateur reproduit souvent les mouvements, les tours, les expressions de Cicéron, de Tite-Live, de Salluste et de Tacite; quelquefois même il les copie trop exactement. Pourquoi donc a-t-il une manière d'écrire si opposée à celle de ces maîtres de la parole, qu'il connoissoit si bien? C'est, dans la littérature, une preuve nouvelle de l'influence fatale du mauvais goût. L'homme de talent ne peut remonter en dépit de son siècle qui l'entraîne. Vainement il résiste en s'attachant aux grands génies des siècles passés; il est emporté par les exemples contemporains; et sa force même l'égare et le précipite.

Atque illum præceps prono rapit alveus amni.

Saint Ambroise ne fut pas seulement un grand évêque; c'étoit un homme d'état habile et vertueux. Par devoir, et sans empressement, il se mêla dans les affaires politiques; mais, fidèle aux bienséances de son caractère, il y parut toujours à des occasions honorables, et comme ministre de douceur et de paix. Lorsque le jeune Valentinien osa disgracier Arbogaste, sans être assez fort pour le perdre, saint Ambroise, averti de cette imprudence, se hâta de passer dans les Gaules, espérant servir de médiateur entre le prince courageux, mais sans pouvoir, et le général, plus fier depuis qu'il étoit outragé. Valentinien fut assassiné. Saint Ambroise, dans la douleur de cette perte, revint à Milan. Quelques mois après son retour il prononça l'éloge funèbre du jeune prince qu'il regrettoit, et qu'il avoit voulu sauver.

Il semble que ces circonstances personnelles à l'orateur auroient dû enflammer son talent, et donner à ce discours un haut degré d'intérêt et de pathétique; cependant l'ouvrage est foible. Les jeux d'esprit, les vaines subtilités, les pensées fausses, ont détruit toute éloquence. Comme l'expression n'est jamais franche et vraie, on n'est point ému, on n'est point entraîné. On regarde de sang-froid les petits artifices de l'écrivain; son mauvais goût fatigue et décourage.

Ce discours est intitulé *Consolation sur la mort de Valentinien*. En effet, l'orateur adresse souvent aux deux sœurs du prince des consolations chrétiennes. Valentinien méritoit le regret des peuples. La pureté de ses mœurs, sa piété, sa douceur, son amour pour la justice, promettoient un grand prince. Avec moins de génie pour la guerre et pour le gouvernement, il rappeloit toutes les vertus de son frère Gratien, comme lui, mort assassiné à la fleur de l'âge.

Cette conformité de vertus et de malheurs fournit à l'orateur une péroraison touchante :

« Gratien, Valentinien, heureux frères! si mes pa-

« roles ont quelque pouvoir, aucun jour ne laissera vo-
« tre nom dans l'oubli. Je m'oublierai moi-même avant
« de perdre votre souvenir; et si ma voix s'éteint, la
« reconnoissance qui vit dans mon cœur ne s'éteindra
« pas. Comment ont-ils péri tous deux? comment sont
« morts les puissants? comment le cours de leur vie
« s'est-il précipité plus vite que les flots du Rhône? O
« Gratien, ô Valentinien! noms chers et respectés, dans
« quelles bornes étroites votre vie s'est-elle renfermée?
« Que vos morts se touchent de près! que vos tom-
« beaux sont voisins l'un de l'autre! Gratien, Valenti-
« nien, j'aime à m'arrêter sur vos noms, à me reposer
« sur votre souvenir. »

L'éloge de Théodose offroit une riche matière à l'éloquence. Théodose, qui s'est rendu coupable du plus grand crime que puisse commettre un roi, avoit cependant des vertus et des talents. Sous lui l'empire, depuis long-temps affoibli et dégradé, reprit quelque grandeur. Ses victoires, ses lois, son administration, cette vie agitée et laborieuse d'un grand prince qui soutient un état en décadence, et lutte contre ses ennemis et contre ses sujets pour retarder une ruine inévitable; enfin le tableau entier de son règne et de son caractère devoit présenter un récit plein de mouvement et d'intérêt.

Mais le génie du panégyriste est accablé, et ne suffit point à son sujet. Quoiqu'il exagère, il loue foiblement. Il ne sait pas mettre en usage ces louanges fortes et solides qui s'appuient sur des faits sagement appréciés et développés avec éloquence. Il cite beaucoup l'Écriture ; mais il en altère la divine simplicité par des commentaires mêlés de recherche et d'affectation. On peut distinguer cependant quelques traits qui ne manquent ni de force ni de justesse. L'orateur pensoit quelquefois avec son talent, malheureusement il écrivoit presque toujours avec le goût de son siècle.

« Ce grand prince nous a quittés, dit-il au commen-
« cement de son discours; mais il ne nous a pas quittés
« tout entier : il nous a laissé ses fils, en qui nous de-
« vons le reconnoître, en qui nous le voyons et le pos-
« sédons encore. La foiblesse de leur âge n'en est pas
« un sujet de crainte ; la fidélité des soldats donne des
« années à l'empereur. »

On peut remarquer encore quelques traits d'une élégance spirituelle et raffinée, que Fléchier cite dans son excellente vie de Théodose. La péroraison n'est pas sans mouvement. L'orateur s'adresse au prince Arcadius, à qui le soin de l'empire ne permettoit pas d'accompagner jusqu'à Constantinople le corps de son père. « Ne crai-
« gnez pas, dit-il, que ces restes d'un grand monarque
« passent sans honneur dans les lieux qu'ils doivent tra-
« verser. Tels ne sont pas les sentiments de l'Italie, qui
« a vu les triomphes de Théodose, et qui, deux fois
« affranchie de ses tyrans, honore en lui l'auteur de sa
« liberté ; ainsi ne pense pas Constantinople, qui l'avoit
« vu partir une seconde fois pour la victoire. Mainte-
« nant, il est vrai, elle attendoit, avec le retour de
« son prince, des solennités triomphales et des monu-
« ments de gloire. Elle attendoit le maître du monde,
« suivi d'une armée vaillante, escorté de toutes les for-
« ces du monde soumis. Mais aujourd'hui Théodose
« revient plus puissant, revient plus glorieux, recon-
« duit par la troupe des anges, et suivi du chœur des
« bienheureux. »

Saint Jérôme est trop célèbre pour que son nom ne vienne pas se placer dans un écrit où l'on parle d'éloquence et de religion. Si l'on s'arrête au talent, il présente des beautés éclatantes et des fautes bizarres, produites également par cet excès d'imagination qui fut peut-être aussi la source commune de ses vertus et de ses erreurs. Son génie ressemble à sa vie; c'est un mélange confus, plein de grandeur et de désordre. Saint Jérôme, toujours errant ou solitaire, sans autre dignité dans l'Église que celle de prêtre de Jésus-Christ, ne fut appelé, comme orateur sacré, aux funérailles d'aucun prince; il paroît même qu'il ne prononça jamais de discours public; mais plusieurs de ses épîtres chrétiennes sont de véritables éloges funèbres inspirés par le sentiment d'une perte récente, et remplis de douleur et d'éloquence. On a souvent cité sa lettre sur la mort de Népotien, adressée à l'évêque Héliodore. Sous le nom de lettre, c'est un morceau oratoire que saint Jérôme compose. Il parle des règles de l'art, et craint d'y manquer. Malgré cette faute de goût, l'expression est souvent énergique et naturelle; et l'on reconnoît l'accent d'une voix éloquente et vivement émue.

« C'étoit l'usage autrefois [1], dit l'orateur, que les
« fils prononçassent dans la place publique l'éloge de
« leur père, en présence de son corps inanimé. Aujourd'hui cet ordre est renversé, pour notre malheur; et le pieux office que nous devoit sa jeunesse,
« c'est nous, vieillards, qui sommes condamnés à le lui
« rendre. »

Népotien, l'ami, l'élève et l'admirateur de saint Jé

---

[1] S. Hieron. Op., tom. quart.

rôme, avoit été enlevé à la fleur de l'âge. Cette mort prématurée abrége la matière de son éloge. En vain l'orateur semble reculer le fatal et dernier instant; il y touche bientôt, et il se plait alors à en retracer la cruelle image.

« Mes yeux se mouillent de larmes, dit-il; et, malgré
« ma constance, je ne puis dissimuler la douleur que je
« souffre. Croiroit-on que, dans ce moment, il se sou-
« venoit de notre amitié, et que son ame, fatiguée par
« l'agonie, se rappeloit le charme de nos études ? Il sai-
« sit la main de son oncle, et lui dit : Envoyez à
« mon ami la tunique dont je me servois dans l'exer-
« cice du saint ministère. Vous l'aimiez déjà; re-
« portez encore sur lui toute la tendresse que vous
« m'accordez comme à votre neveu. Il expire à ces
« mots, serrant la main de son oncle, et pensant à son
« ami. »

Je suis fâché que ce pathétique simple et naturel amène bientôt des citations déplacées, des réflexions froides et communes. Pourquoi donc faut-il que le talent détruise ainsi son ouvrage? Saint Jérôme cherche à imiter la fameuse lettre où Sulpicius, pour consoler Cicéron de la perte de sa fille Tullie, met en parallèle avec ce malheur les grandes calamités des villes et des nations. Mais il ne sait pas s'arrêter; et ce qui pouvoit former un rapprochement rapide et frappant, devient sous sa plume une longue déclamation. Il est vrai que son siècle étoit trop riche en catastrophes funestes, et lui présentoit avec une déplorable abondance des exemples de tous les crimes et de tous les malheurs. Cette foule d'empereurs frappés de mort violente, et l'affreuse rapidité de leur succession, le renversement des hautes fortunes, la tête de Ruffin portée dans Constantinople, et¹ sa main coupée qui demande l'aumône ; les frontières envahies par cent peuplades barbares, et la guerre civile au centre de l'empire, tout cet amas d'horreurs pèse sur l'ame de l'orateur, et l'entraine à des récits aussi effrayants qu'inutiles.

A la fin de cet éloge, je suis frappé d'un trait qui fait connoître très bien le genre d'imagination de saint Jérôme : « Ainsi, dit-il, mon cher Héliodore, nous « nous écrivons et nous nous répondons. Nos lettres « passent les mers ; et, tandis que le vaisseau sillonne « les ondes, chacun des flots emporte une portion de « notre vie. » Plusieurs autres lettres sont consacrées à l'éloge de femmes illustres, ornements du christianisme naissant, mais dont les noms rappellent le souvenir des héros de Rome païenne. Une descendante des Scipions², une petite-fille de la superbe Cornélie est louée pour avoir servi et consolé les pauvres, préféré Bethléem à Rome, et pratiqué dans le silence toutes ces humbles vertus que les anciens sages ne connoissoient pas, et que la foi chrétienne est venue révéler au monde. Saint Jérôme n'oublie pas ce rapprochement naturel, dans sa lettre sur la mort de Paula : il peint cette noble héritière de Paul Émile, nourrissant les pauvres, et veillant près du lit des malades, couvrant sa vertu de son humilité, et s'élevant à la perfection par l'abaissement.

Bientôt l'orateur représente cette chrétienne zélée bra-

¹ Dextera quin etiam ludo concessa vagatur
Æra petens, pœnasque animi persolvit avari
Terribili lucro, vivosque imitata retentus
Cogitur adductis digitos inflectere nervis. CLAUD.
² Gracchorum stirps, soboles Scipionum Romæ prætulit Bethlœm.

vant tous les périls d'un long voyage et d'une pénible navigation pour visiter la Terre-Sainte. Son imagination la suit dans tous ces lieux poétiques et sacrés, remplis encore des origines et des monuments de la foi. Il est à regretter que l'absence du goût se fasse trop sentir dans un tableau où le talent pouvoit aisément prodiguer de si riches couleurs. Les fautes sont nombreuses ; et les beautés ne sont pas d'un ordre assez élevé pour racheter les vices du style. Souvent même on aperçoit le défaut d'inspiration et le vide d'idées ; l'esprit éprouve cette fâcheuse impression à laquelle on est exposé avec les hommes de génie qui sont absolument dénués de goût. Lorsque les grands traits manquent, rien ne vous soutient et ne vous dédommage. Le goût, qui doit au moins remplir les intervalles de repos, ne se montre jamais ; et le talent s'est éloigné. Vous avez perdu la lumière ; et vous êtes tombés dans des ténèbres épaisses et continues.

Les divers orateurs que nous venons de nommer ont écrit au milieu de la décadence des lettres et de la corruption du goût. Ils s'élevèrent par les élans d'une nature vigoureuse et la force de l'enthousiasme religieux. Ils furent sublimes dans le siècle des sophistes et des rhéteurs, à cette époque où l'éloquence épuisée ne montre plus de force, même dans le mauvais goût. En prenant tous les défauts de leurs contemporains, ils y mêlèrent une sorte de grandeur et d'énergie. Bossuet, qui parmi nous put éclairer son génie de toutes les lumières de son siècle, en choisissant les Pères de l'Église pour modèles, devoit les corriger et les embellir, et se montrer à la fois sublime et plus pur. Aussi cette réunion des saillies hasardeuses du génie et des beautés régulières de l'art a-t-elle donné au style de ce grand orateur une empreinte d'originalité qui ne se retrouve nulle part. Il semble placé dans le monde intellectuel sur les confins de deux empires opposés, dont il forme seul la réunion, à la fois imitateur de Cicéron et de Tertullien, transportant à la cour polie de Louis XIV les hardiesses de l'imagination orientale, original et simple, plein d'ordre dans ses écarts et de grandeur dans sa négligence, le premier des orateurs, sans doute, puisqu'il s'est élancé plus loin qu'aucun autre sans rencontrer plus d'écueils, qu'il a plus osé sans plus faillir, et que s'élevant à toute la hauteur du génie de l'homme, il s'y maintient comme à sa place naturelle, sans effort et sans péril.

Bossuet, empruntant aux Pères de l'Église l'audace des tours et des images, les imite surtout dans la marche libre et fière de son éloquence. C'est à leur exemple que, seul de tous les panégyristes modernes, il a rejeté l'usage des divisions, usage introduit par les scolastiques et réprouvé par Fénelon. Sans doute ce grand orateur se fait toujours un plan régulier, mais il ne l'annonce pas; il avance à travers son sujet, sans indiquer sa route; il semble déployer les événements à mesure qu'ils se présentent, et ne montrer son héros qu'autant que les faits le lui découvrent à lui-même. Mais en même temps, pour mettre dans ses discours l'ordre véritable, c'est-à-dire l'unité, il se fait une idée dominante d'où il part, et à laquelle il revient, renfermant toute son éloquence dans le cercle d'une grande vérité religieuse. Cette méthode exige à la fois beaucoup de force et de goût, pour remplir le cadre, et pour n'en point sortir. L'usage des divisions, au contraire, semble une ressource inventée par la foiblesse. On croiroit que l'orateur, dans l'impuissance de saisir son héros tout entier, est obligé de l'examiner en détail. D'ailleurs l'application de cette méthode n'est jamais parfaitement exacte, les différentes parties empiètent souvent l'une sur l'autre. Il faut que le panégyriste se surveille attentivement pour ne point placer une vertu avant son rang. Les divisions paroissent-elles ingénieuses et bien observées, la justesse même de cette symétrie décèle l'artifice oratoire, et détruit cet air de franchise et de vérité qui sied si bien à l'éloge.

Mascaron et Fléchier, faisant chacun l'oraison funèbre de Turenne, ont tous deux divisé ce sujet si vaste et si riche. Le héros n'en paroit pas plus grand, et les orateurs en sont moins naturels. Il est aisé d'ailleurs de remarquer le différent caractère et le mérite opposé des deux panégyristes. L'ouvrage de Fléchier est le chef-d'œuvre d'un art qui s'élève jusqu'au génie ; celui de Mascaron semble l'ébauche brillante du génie souvent égaré par un faux goût. Mascaron donne plus de prise à la censure ; il est moins soigné que Fléchier, et, comme lui, il tombe dans l'affectation. Il a tous les défauts de son rival, et d'autres plus choquants, parce qu'ils sont bizarres. Mais quelquefois il s'élève, il s'anime ; alors il est grand, et montre une ame éloquente ; sa diction même s'épure, et paroit avoir quelque chose de naturel, d'énergique et de précis qui n'exclut pas l'élégance, et vaut mieux que l'harmonie. Fléchier doit beaucoup à l'heureux choix de son texte ; Mascaron est gêné par le sien. Cet usage de donner un texte à l'oraison funèbre n'existe pas chez les Pères de l'Église ; c'est une invention des siècles barbares qui souvent a fourni au talent d'heureuses inspirations.

L'oraison funèbre, pour vaincre la monotonie inséparable de la louange, a besoin d'être animée par un sentiment profond. Ainsi toutes les combinaisons qui supposent plus de raisonnement que de chaleur doivent être rejetées. Si l'usage a consacré l'emploi d'un texte religieux, il faut subordonner cette nécessité même à l'effet oratoire, en y cherchant l'expression d'un sentiment, et non pas la matière d'une division. Le texte de Fléchier, le texte non moins célèbre de La Rue, sont des cris de douleur qui retentissent dans l'ame des auditeurs. Le texte de Bossuet, dans l'oraison funèbre de Henriette, est un appel imposant fait du haut de la chaire chrétienne à tous les princes de la terre qui doivent s'instruire à l'école de la reine d'Angleterre malheureuse et résignée; mais le texte de Mascaron n'est qu'une froide citation à laquelle, par un effort pénible et maladroit, l'orateur rattache toute l'ordonnance de son discours. Si Fléchier reste au-dessus de Mascaron, cette prééminence, balancée par quelques avantages particuliers, n'égale pas, sans doute, la prodigieuse supériorité de Bossuet sur Bourdaloue, dans une lutte semblable. Ici les différences sont trop fortes pour laisser place à la comparaison. Bossuet marche comme les dieux d'Homère, qui en trois pas sont au bout du monde; Bourdaloue se traine avec effort dans une carrière étroite qu'il peut à peine fournir. Si l'on cherche, par l'examen attentif des deux ouvrages, à se rendre compte de cette prodigieuse inégalité, on la trouve encore plus étonnante, et le génie de Bossuet paroit plus inconcevable. Car il ne faut pas s'y tromper, le discours de Bourdaloue renferme des beautés nombreuses et d'un ordre supérieur: la pensée est forte et grave; le style, sans l'orner beaucoup, la soutient par une expression énergique et simple. Il y a peu d'images, mais cette brièveté pleine de vigueur qui est le premier mérite de l'écrivain, après le talent de peindre. Il faut dire avec Fénelon : C'est l'ouvrage d'un grand homme qui n'est pas orateur. Il faut apprécier la hauteur divine de l'éloquence, puisque tant de qualités précieuses ne la donnent ni ne la remplacent. Ah ! l'éloquence est quelque chose de plus que la science de penser et d'écrire. Le génie même n'a pas toujours droit sur elle ; c'est un don à part, un privilége unique. Si quelquefois elle se montre et se déclare là où vous l'attendiez le moins, souvent aussi elle manque dans l'ouvrage où elle seroit le plus nécessaire, dans l'homme que ses talents et ses études en rendoient le plus digne. Je ne m'étonne pas que le célèbre Antoine ait cherché toute sa vie un homme éloquent, et n'ait rencontré que des hommes diserts. Cicéron n'étoit pas né ; et Rome, ainsi que la Grèce, malgré la perfection des lettres et l'abondance des grands talents, n'a produit qu'un seul orateur. Il semble que la France, qui succède à la Grèce et à Rome, ait été plus heureuse.

Massillon avoit le génie de l'éloquence, l'imagination, le mouvement et le pathétique ; mais la prédication est le seul genre où il déploie ces hautes facultés de l'orateur. Dans l'éloge funèbre, il ne se retrouve pas tout entier, et reste au-dessous de son art et de lui-même. Cette douceur persuasive, cette touchante insinuation, qui le rendoient si puissant sur l'ame des pécheurs, n'ont pas assez de force pour le récit des grands événements. L'orateur qui retraçoit avec tant de vérité les vains calculs et les troubles cruels des consciences égarées, dessine foiblement les caractères. Il connoît bien ce fonds de foiblesse et de corruption qui se cache dans le cœur de tous les hommes ; mais il ne saisit pas avec force, il n'exprime pas avec énergie les vertus humaines qui séparent le héros de la foule des autres hommes. On sait que l'oraison funèbre de Louis XIV commence par un trait sublime ; le discours n'est pas indigne d'un tel début. Mais on y trouve en général plus d'élocution que d'éloquence. L'orateur tâche de transporter dans son style la majesté extérieure et la décoration éclatante qui entouroient le trône de Louis XIV. Cette pompe de style, n'empêchant pas la rigueur des censures, paroît dictée par une sorte de bienséance plutôt qu'inspirée par l'enthousiasme. Il semble que le panégyriste ait cru devoir à la dignité du roi de ne blâmer que dans un langage magnifique. Dès-lors tout cet appareil oratoire étonne, impose, éblouit, mais ne parle pas à l'ame. On a félicité Massillon du courage qu'il a montré en adressant de dures vérités à la cendre d'un grand monarque. Peut-être, s'il eût été moins sévère, s'il eût oublié quelques fautes et quelques malheurs, s'il eût paru sentir plus vivement la gloire, sans abdiquer le droit de la juger, il se seroit montré plus éloquent et n'eût pas été moins utile. Car si l'éloge des hommes illustres a pour objet d'exciter l'émulation en honorant la vertu, il ne faut pas craindre d'agrandir ce qui est déjà grand, et de faire briller le modèle, pour imposer plus de devoirs aux imitateurs.

Il semble que Massillon, quel que soit son génie comme orateur et comme écrivain, a moins bien connu que Fléchier le véritable caractère de l'oraison funèbre, et qu'il reste dans ce genre au-dessous du panégyriste de Turenne et de Lamoignon. Fléchier n'est pas assez goûté de nos jours ; on s'est trop accoutumé à ne voir en lui qu'un adroit artisan de paroles. Par une injustice assez commune, la qualité dominante de son talent a passé pour la seule; et, par une fausse doctrine, cette qualité, précieuse en elle-même, n'a paru mériter qu'une médiocre estime. On a pensé que, si l'art de choisir les mots, l'emploi de tours heureux, des constructions savantes, enfin tous les secrets de l'élégance et de l'harmonie, formoient un titre de gloire aux commencements de notre littérature et de notre langue, ce mérite, d'abord personnel à l'écrivain, devoit s'affoiblir et se perdre à mesure que la langue elle-même se perfectionnoit, cultivée par des mains habiles et soigneuses. Mais on auroit dû se souvenir combien la décadence est près de la perfection. Ces écrivains, long-temps admirés comme créateurs de notre langue, en sont aujourd'hui les conservateurs : leur usage a changé d'objet; mais il n'a rien perdu de son prix. Ils servirent autrefois à dégrossir, à former un idiome inculte et barbare ; seuls aujourd'hui ils peuvent maintenir et défendre ce même idiome, si souvent attaqué par l'affectation et la bizarrerie. Ce qui déprave la langue, dit Voltaire, déprave bientôt le goût. Ainsi, dans la littérature, les idées tiennent au style; et l'art de penser n'existe qu'avec l'art d'écrire : c'est indiquer assez le mérite de Fléchier, et l'utilité que présente l'étude attentive de ses ouvrages, où des pensées ingénieuses et nobles se produisent toujours sous les véritables formes de la langue françoise, qui sont la grace et la dignité.

Les défauts que nous avons remarqués dans l'oraison funèbre de Louis XIV, en même temps qu'ils annoncent la décadence du genre, marquent déjà le passage d'une époque à l'autre. Le dix-huitième siècle, d'un esprit plus libre et plus hardi, faisant succéder la manie du blâme à celle de l'éloge, goûta peu l'exagération du panégyrique. L'influence de quelques écrivains plus ingénieux qu'éloquents affoiblit l'admiration pour les grandes beautés de l'art oratoire; la raison froide, et surtout la finesse, prévalurent. Ce n'est pas le temps de la haute éloquence : l'oraison funèbre fut cultivée sans talent et sans gloire. Dans la suite il s'éleva, pour la remplacer, une autre éloquence plus appropriée au goût du siècle, et qui sembloit promettre de nouvelles beautés, l'éloquence des éloges académiques. Je ne veux pas répéter ici toutes les censures que l'on a faites du style de Thomas, mais examiner le système de cet orateur. Fortement attaché à la manière philosophique, il a voulu conserver tous les avantages et tous les effets de l'éloquence purement oratoire; en même temps qu'il affectoit le ton sentencieux et sévère, il a prodigué les mouvements et les hyperboles plus qu'aucun rhéteur; il semble qu'il avoit besoin de figures outrées pour ranimer la sécheresse didactique. On doit le plaindre de cette erreur de goût : né avec du génie pour l'éloquence, peut-être un faux principe a-t-il souvent nui à la perfection de ses ouvrages. La philosophie, que Cicéron représente comme si nécessaire à l'orateur, n'est certainement pas celle qui rend trop souvent le style de Thomas lourd et monotone; ou du moins l'usage différent qu'en ont fait les deux orateurs produit des effets très opposés : elle soutient l'un, et l'autre en est surchargé.

Le premier ouvrage de Thomas montre bien les efforts qu'il faisoit pour atteindre à la haute éloquence, et pour y rappeler son siècle. L'éloge de Maurice, comte de

Saxe, se rapproche de l'oraison funèbre par la pompe du style et la vivacité des mouvements. La mort récente du héros attendrissoit l'orateur, et donnoit à ses paroles ce ton de douleur et de regret qui n'est plus permis dans l'éloge d'un grand homme mort depuis un siècle. L'orateur parloit à la France encore remplie de la gloire de Maurice; sa voix s'élevoit au milieu du deuil de la patrie; il renouveloit une de ces douleurs qui, commençant à peine à se calmer, redeviennent aisément plus sensibles et plus vives. Aussi nous apprenons que cet ouvrage produisit d'abord le grand effet attribué à l'éloquence; il fut populaire. Tout le monde l'entendit; il intéressa tous les cœurs. Les mêmes observations pourroient, jusqu'à un certain point, s'appliquer à l'éloge du dauphin. Mais les éloges de D'Aguesseau, de Sully, de Descartes, retombèrent dans tous les défauts d'un genre incertain qui dédaigne de s'abaisser jusqu'à la simplicité historique, et n'a pas droit d'emprunter les formes de l'éloquence passionnée. L'exagération s'y trouve, sans être excusée par l'enthousiasme; les longs détails de science, de politique et d'économie, y répandent une sorte de froideur. Ce défaut est un inconvénient du genre, autant qu'un tort de l'écrivain. Le plus célèbre et le dernier ouvrage de Thomas en est une preuve nouvelle. A mesure qu'il se rapproche de l'oraison funèbre, son éloquence devient plus naturelle et moins pénible; et, malgré le défaut d'une supposition souvent forcée, l'éloge de Marc-Aurèle est demeuré le plus beau titre de son auteur. L'intérêt, si rare et si foible dans les éloges académiques, est ici touchant et soutenu, et ne se refroidit qu'à l'endroit où l'orateur suspend la vivacité du récit, en y mêlant un abrégé des Pensées de

Marc-Aurèle. Pour les grands hommes qui ne furent pas nos contemporains, nous n'avons qu'une espèce d'éloge, l'histoire. L'éloquence, qui vit de passions excitées par des objets présents, ne peut être assez variée pour soutenir l'orateur; et l'emphase et la monotonie deviennent d'inévitables écueils.

Les grands écrivains sont, il me semble, ceux de tous les grands hommes que l'éloquence académique peut célébrer avec le moins d'inconvénients et le plus de succès. Leurs écrits restent toujours devant nos yeux, pour entretenir notre enthousiasme et justifier nos éloges. Qu'importe que l'écrivain n'existe plus depuis un siècle? son génie le rend encore présent à tous les hommes dignes de lire ses ouvrages; son génie est également contemporain de tous les siècles assez éclairés pour l'entendre. Si même, comme on l'a souvent remarqué, le talent des écrivains supérieurs n'est bien senti, bien jugé que long-temps après eux, par une génération nouvelle; si, plus ils s'éloignent de nous, mieux ils sont dans leur point de vue, la distance des temps favorise le panégyriste, et même devient nécessaire pour la force et la vérité de l'éloge; mais ce genre peut-il donner de grandes beautés oratoires? n'est-il pas trop voisin de la critique pour s'élever à l'éloquence? Une heureuse chaleur peut sans doute passer des ouvrages d'un grand écrivain dans le style de son admirateur; il est même difficile de parler froidement de ces beautés sublimes qui nous ravissent d'enthousiasme. Si l'impression est exacte, elle est vive. Pour analyser l'éloquence d'un grand écrivain, il faut écrire éloquemment soi-même. Mais ces beautés qui naissent ainsi à l'occasion de beautés plus hautes, ces traits heureux inspirés par le besoin de faire sentir des traits plus heureux encore, ne peuvent jamais avoir qu'un mérite inférieur et secondaire. C'est toujours un livre sur un livre; c'est le rhéteur ingénieux examinant l'écrivain sublime. Les plus remarquables productions de ce genre sont renfermées dans un ordre de perfection bornée, et ne peuvent jamais atteindre à la haute éloquence ni se placer au rang des monuments oratoires de notre littérature.

Ainsi l'éloge académique est loin d'avoir remplacé l'oraison funèbre ; tour à tour exposé à d'énormes défauts, ou réduit à de froides et médiocres beautés, il ne présente sous les deux rapports qu'une dégradation de la véritable éloquence, de cette éloquence à la fois haute et simple, sans fard et sans enflure, brillante de son éclat naturel. Le sublime des pensées et des images, où triomphoient les orateurs antiques, se trouve également hors de la portée du rhéteur ampoulé et du dissertateur ingénieux. C'est le reproche que nous devons faire au dix-huitième siècle, d'avoir laissé dégénérer l'éloquence, en même temps qu'il vit naître une foule d'ouvrages où elle brille du plus grand éclat. Voltaire parut la négliger, et surtout ne pas en avoir besoin; Montesquieu la jugea quelquefois avec un injuste dédain, affectant de ne pas la distinguer du faste des grands mots; et dans ses écrits il ne put en faire qu'un emploi nécessairement borné par la précision sévère qui convient au langage de la politique et des lois. Enfin Buffon et Rousseau, qui la couvrirent de tant de gloire, en la transportant sur un domaine nouveau, durent, en quelque sorte, décréditer son ancien usage. Ainsi ce même siècle, qui produisit tant de pages éloquentes, où l'expression des sentiments et la peinture des objets sont portées aussi oin que l'art de la parole peut s'élever ; le siècle qui vit naitre Buffon et Rousseau, ne peut s'honorer d'aucun chef-d'œuvre oratoire ; il a des auteurs éloquents, et pas un orateur : au reste, c'étoit sans doute une inévitable destinée.

A Rome, quand Tacite écrivoit, il n'y avoit déjà plus d'orateurs. Pline avoit beau se déclarer l'imitateur de Cicéron, et même se persuader qu'il ressembloit à Démosthènes, ce n'étoit qu'un écrivain piquant, délicat et spirituel. Avant Pline, Sénèque, ennemi de l'éloquence de Cicéron, n'avoit été qu'un philosophe rhéteur qui, répétant toujours son idée, lui trouve enfin une expression ingénieuse et brillante. Nous voyons dans le dialogue des orateurs, qu'un siècle après Auguste on s'étoit déjà fait une nouvelle manière, que Cicéron étoit rejeté comme trop simple et trop négligé, et que les pointes et les antithèses régnoient au barreau. Quintilien déplore la corruption de l'art dont il enseignoit les règles trop oubliées, et demande vainement qu'il se forme des orateurs. Enfin le déclamateur Pétrone plaint le sort de l'éloquence, perdue par la recherche et par l'exagération. Cependant alors même les lettres avoient encore de grands hommes. L'histoire et la critique étoient cultivées avec le plus grand éclat : c'est dans le caractère de l'éloquence qu'il faut chercher la cause de ce déclin prématuré. L'éloquence est surtout ennemie de l'affectation et de la subtilité ; et l'on sait que ces défauts ne peuvent être entièrement évités par les écrivains qui viennent après de grands et de nombreux modèles. Dans le second siècle d'une littérature, on peut encore écrire avec force, avec art, avec génie ; mais il est une certaine fleur de naturel que l'on chercheroit en vain : elle ressemble à cette candeur du premier âge, à cette vivacité naïve des premiers sentiments, qui, dans l'homme, n'a qu'un moment très court, et ne se retrouve plus : les idées deviennent plus composées; mais elles sont moins vraies. Cette espèce de révolution dans l'art d'écrire n'est pas également défavorable à tous les genres : c'est l'époque des ouvrages pensés avec profondeur, et avec une sorte de hardiesse. Comme presque toutes les idées premières ont été enlevées, les auteurs font plus d'efforts pour innover encore; ils ont souvent besoin du paradoxe. Le grand nombre de pensées déjà connues qui nécessairement rentrent dans leurs ouvrages, les oblige aussi à chercher la nouveauté des tours; quel que soit leur génie, ils travaillent souvent sur des mots, ils prennent une manière, ils s'occupent de l'effet d'un trait isolé; ils ont beaucoup de sentences et d'épigrammes. La majesté de l'éloquence ne peut s'accommoder de toutes ces recherches; elle ne peut souffrir la concision affectée. Les orateurs disparoissent, et font place aux penseurs hardis et aux écrivains ingénieux.

Ce qui nous reste à dire de l'oraison funèbre[1] confirmera ces réflexions. L'éloquence, une fois sur son déclin, n'a plus eu de retour. Quelques hommes de talent ont essayé de la relever à la fin du dix-huitième siècle ; mais ils n'ont pu lui rendre ces deux qualités distinctives, le naturel et la grandeur. L'abbé de Boismont

---

[1] Cet *essai*, fort étendu pour ce qui concerne les modèles antiques, devoit être court sur les modernes. Thomas, La Harpe, Maury, sembloient avoir tout dit. Et récemment un de nos plus élégants écrivains et de nos meilleurs critiques, M. Dussault, a, tout ensemble, renouvelé et épuisé le sujet dans son beau travail sur les oraisons funèbres de Bossuet et de Fléchier.

manqua surtout de la première, et souvent abusa de l'autre. L'évêque de Senez, avec moins de force et d'éclat, moins de verve oratoire, eut un mérite continu d'élégance et de pureté qui permet de proposer ses ouvrages à la jeunesse. C'est un orateur foible, mais un bon écrivain. Il n'impose point à l'esprit par la grandeur des pensées religieuses : son imagination est trop foible pour soutenir le sublime de l'Écriture, et le faire heureusement passer dans son style ; mais il dédaigne les petites recherches d'une élocution fardée ; il est pur, simple et vrai ; il ne lui manque de l'éloquence que les parties les plus hautes ; il peut instruire, et il n'égarera point : à ce titre ses ouvrages méritent d'être lus. En effet, après avoir admiré la hauteur de la pensée humaine dans les plus magnifiques modèles du plus beau de tous les talents et du plus difficile de tous les arts, puisqu'il faut descendre en quittant Bossuet, ne nous arrêtons du moins que sur ces ouvrages où la sagesse remplace l'inspiration ; et, si nous ne pouvons plus espérer le sublime, cherchons toujours la raison et le goût.

NOTICE

SUR

JACQUES-BÉNIGNE BOSSUET.

NOTICE

SUR

JACQUES-BÉNIGNE BOSSUET.

Jacques-Bénigne Bossuet, la lumière et la gloire de l'Église de France, naquit à Dijon, le 27 septembre 1627, de Bénigne Bossuet, seigneur d'Assu, et de Marque Mouchet.

Son père, d'abord avocat et conseil des états de Bourgogne, puis conseiller et doyen du parlement de Metz, s'adonna tout entier, dans la suite, aux exercices de la religion, et finit par embrasser l'état ecclésiastique. Il remplissoit avec zèle et distinction la dignité d'archidiacre dans cette dernière ville pendant que son fils obtenoit à la cour les plus brillants succès.

Bossuet fut mis à l'âge de six ans au collége des jésuites de Dijon, et y fit ses premières études sous la surveillance d'un oncle qui, connoissant tout le prix de l'éducation, s'intéressoit vivement aux progrès de son neveu, dont il apprécioit le mérite naissant.

Dès son enfance il lisoit la Bible avec une application qui donnoit quelques inquiétudes pour sa santé. Son amour pour le travail étoit si grand, que ses jeunes camarades, pour se venger de ce qu'ils ne pouvoient l'amener à partager leurs jeux, l'appeloient *bos suetus (aratro)* : vengeance bien pardonnable à cet âge, et qui honoroit déjà celui qui en étoit l'objet.

Parvenu en rhétorique, Bossuet laissa entrevoir ce qu'il seroit un jour, et les jésuites voulurent l'engager dans leur société; mais son oncle mit tout en œuvre pour l'en détourner, et l'envoya à Paris achever, sous des maîtres habiles, des études si heureusement commencées et qui donnoient de si belles espérances. Il entra au collége de Navarre en 1642, pour y faire sa philosophie : le crédit de son père lui avoit obtenu, deux ans auparavant, un canonicat à Metz. Arrivé dans le séjour des sciences et des lettres, le jeune Bossuet se hâta de compléter son instruction et se livra sans relâche à l'étude du grec, qu'il avoit négligée jusqu'alors. Il y eut bientôt acquis une grande habileté, et sur la fin de ses jours il se plaisoit encore à réciter de mémoire les plus beaux passages de cette langue féconde et harmonieuse. Partageant ses loisirs entre les auteurs grecs et les auteurs latins, il admiroit tour à tour la sublime simplicité d'Homère, la force de Démosthènes, la douceur de Virgile et la majesté de Cicéron. Parmi les chefs-d'œuvre de l'orateur romain, il préféroit, dit-on, l'oraison pour Ligarius.

Sa thèse de philosophie commença sa réputation. M. de Montausier, qui y assista, en parla si avantageusement aux beaux esprits qui se réunissoient alors à l'hôtel de Rambouillet, qu'ils désirèrent voir de près ce prodige. Bossuet fut, pour ainsi dire, traduit devant cet aréopage littéraire où comparurent les plus beaux génies du siècle de Louis XIV ; et, après une courte méditation sur un sujet qui venoit de lui être donné, il prononça un sermon qui justifia la haute idée qu'on avoit conçue de sa facilité et de son talent. Voiture, qui étoit au nombre des auditeurs, faisant allusion à la jeunesse du prédicateur, dit à cette occasion, qu'il n'avoit jamais entendu prêcher ni si tôt, ni si tard : il étoit onze heures du soir, et Bossuet n'avoit pas seize ans.

La reine-mère voulut aussi l'entendre, et fut également étonnée de sa merveilleuse facilité. Elle songeoit à l'attirer auprès d'elle ; mais les supérieurs et les amis du jeune orateur lui conseillèrent de ne pas ralentir son ardeur pour l'étude, et il continua le cours de ses triomphes au collége de Navarre.

Le 25 janvier 1648, il soutint sa thèse de théologie en présence du grand Condé, à qui elle étoit dédiée ; et peu de temps après il alla à Metz prendre possession de son canonicat.

Il sembla d'abord avoir formé le projet de s'adonner exclusivement à la prédication. Les succès prodigieux qu'il y obtint annoncèrent dès-lors qu'il étoit destiné à porter au plus haut degré l'art de la parole et le pouvoir de la pensée.

On sait d'un ecclésiastique qui a passé vingt ans auprès de Bossuet, qu'il ne préparoit presque jamais ses sermons, et qu'il ne s'en occupoit que peu d'heures avant de les prononcer. Sa mémoire et son génie lui fournissoient sur-le-champ ce qu'il devoit dire. La considération du lieu, du temps et des personnes, le déterminant sur le choix du sujet, il se contentoit de jeter sur le papier son desscin, son texte et ses preuves, sans songer encore ni aux paroles ni à leur arrangement. Il méditoit ensuite profondément son sujet, la matinée du jour où il devoit parler. Une fois maître de ses pensées, il fixoit dans sa mémoire les expressions et les tours principaux dont il vouloit se servir. L'après-dînée il méditoit de nouveau son discours, et le prononçoit à haute voix, comme s'il l'avoit lu, s'arrêtant, lorsqu'il le jugeoit convenable, pour y changer, ajouter ou retrancher, de même que s'il avoit eu la plume à la main. Enfin, monté en chaire, il se régloit sur les impressions qu'il avoit produites, et se conformoit à la disposition de ses auditeurs. Il n'a jamais répété ni le même avent, ni le même carême.

Le P. La Rue, qui a fait l'oraison funèbre de notre orateur, et à qui nous devons la plupart de ces détails, ajoute qu'on n'a pu recueillir après la mort de Bossuet que de simples feuillets contenant seulement l'économie du discours avec l'indication des principaux faits qui devoient y entrer; que sur ces plans ou canevas il s'exerçoit à faire, en se promenant, le choix et l'essai des termes convenables à l'effet qu'il se proposoit; qu'il paroissoit en chaire avec confiance, et que, maître de ce qu'il disoit, il maîtrisoit aisément l'esprit de ses auditeurs. Quelque extraordinaires que soient ces efforts de la mémoire et du génie, on n'en sauroit douter, puisque Bossuet lui-même nous apprend dans une de ses lettres qu'il n'écrivoit rien de ses sermons.

Quoi qu'il en soit, ce fut à Metz qu'il débuta dans la carrière de la controverse, par sa *Réfutation du catéchisme de Ferry*. Ce chef-d'œuvre de dialectique, qui acheva de le faire connoître, parut sous les auspices du maréchal de Schomberg, alors gouverneur de Metz, qui l'honora toujours d'une protection particulière.

Les succès de son éloquence et de ses travaux apostoliques le firent appeler à la cour; et à compter de l'année 1661 il prêcha fréquemment devant le roi, qui, en 1668, le nomma à l'évêché de Condom, et bientôt après lui confia l'éducation du dauphin, dans laquelle il fut secondé par le savant Huet, placé auprès de lui en qualité de sous-précepteur. L'année suivante, il se démet de son évêché pour pouvoir se livrer tout entier aux soins qui lui étoient confiés, et s'acquitter dignement de l'auguste mission qu'il avoit reçue de former l'héritier du trône. Ce fut alors qu'il composa *sur l'histoire universelle* ce *Discours* qui, suivant l'expression d'un grand écrivain, n'a eu ni modèles ni imitateurs, et dont le style n'a trouvé que des admirateurs.

Vers le même temps, Bossuet commença cette suite de chefs-d'œuvre que nous publions aujourd'hui, et qui le placent à la tête des orateurs que la France a vus naître dans son sein. « Toutes ses oraisons funèbres,
« dit d'Alembert, portent l'empreinte de l'ame forte et
« élevée qui les a produites; toutes retentissent de ces
« vérités terribles que les puissants de ce monde ne sau-
« roient trop entendre, et qu'ils sont si malheureux et
« si coupables d'oublier. C'est là, pour employer ses
« propres expressions, qu'on voit *tous les dieux de la*
« *terre dégradés par les mains de la mort, et abîmés*
« *dans l'éternité, comme les fleuves demeurent, sans*
« *nom et sans gloire, mêlés dans l'océan avec les ri-*
« *vières les plus inconnues.* Si dans ces admirables dis-
« cours l'éloquence de l'orateur n'est pas toujours égale,
« s'il paroît même s'égarer quelquefois, il se fait par-
« donner ses écarts par la hauteur immense à laquelle il
« s'élève; on sent que son génie a besoin de la plus

« grande liberté pour se déployer dans toute sa vigueur,
« et que les entraves d'un goût sévère, les détails d'une
« correction minutieuse, et la sécheresse d'une compo-
« sition *léchée*, ne feroient qu'énerver cette éloquence
« brûlante et rapide. Son audacieuse indépendance qui
« semble repousser toutes les chaînes, lui fait négliger
« quelquefois la noblesse même des expressions : heu-
« reuse négligence puisqu'elle anime et précipite cette
« marche vigoureuse où il s'abandonne à toute la véhé-
« mence et à toute l'énergie de son ame. On croiroit
« que la langue dont il se sert n'a été créée que pour
« lui. »

Ces considérations générales sont justifiées par les jugements particuliers que d'habiles critiques ont portés sur chacun de ces chefs-d'œuvre séparément, et que nous avons pris soin de recueillir dans cette édition. Nous nous contenterons d'ajouter ici qu'elles s'appliquent à tous les ouvrages de Bossuet, mais qu'elles ne reçoivent nulle part une application plus directe et plus précise que dans ses oraisons funèbres.

Cependant il ne se bornoit pas à instruire et à édifier les fidèles : il travailloit encore à ramener dans le sein de l'Église ceux que le schisme en avoit séparés. Il eut une grande part à la conversion de Turenne, pour qui il composa son *Exposition de la foi et de la doctrine catholique*, et lui voua un attachement qui ne finit qu'avec la vie du héros ; il pensa s'évanouir en apprenant sa mort.

L'éducation du dauphin étant terminée, Bossuet fut nommé à l'évêché de Meaux [1], et reprit ses prédications

[1] En 1681.

soit dans sa cathédrale, soit dans ses églises paroissiales. On le voyait souvent faire lui-même le catéchisme aux enfants et descendre sans effort aux fonctions les plus humbles de son ministère.

Ces saintes occupations furent toutefois troublées par les prétentions de Rome sur l'église de France, prétentions qu'il repoussa de toute la force de son génie appuyé sur la justice et la vérité ; et par une autre querelle moins importante [1], mais qui ne fit pas moins d'éclat, et sur laquelle les esprits les plus judicieux sont encore partagés aujourd'hui.

Il achevoit en paix son illustre carrière, lorsqu'il ressentit tout-à-coup les premières atteintes de la maladie à laquelle il succomba. Il fut tourmenté par les douleurs de la pierre pendant les dernières années de sa vie, qui finit le 12 avril 1704.

Bossuet n'avoit point d'heure fixe pour ses repas, étudiant ordinairement jusqu'à ce que la faim l'obligeât à prendre de la nourriture. Il ne faisoit point de visites, et se promenoit peu. On raconte qu'un jour se trouvant dans son jardin il demanda à son jardinier comment alloient les arbres fruitiers, et que celui-ci, mécontent de l'indifférence de son maître, lui répondit : « Monseigneur, « si je plantois des saint Augustin et des saint Jérôme, « vous les viendriez voir ; mais pour vos arbres, vous « ne vous en mettez guère en peine. »

L'évêque de Meaux reçut de son vivant le plus bel éloge qu'on puisse donner au génie ; il lui fut adressé publiquement, dans le sein même de l'Académie, qui en 1671 l'avoit reçu parmi ses membres. La Bruyère,

---

[1] Avec Fénelon.

dans son discours de réception, jetant un coup d'œil modeste sur le mérite de ses nouveaux confrères, et venant à Bossuet, s'exprima en ces termes :

« Que dirai-je de ce personnage qui a fait parler si
« long-temps une envieuse critique, et qui l'a fait
« taire ; qu'on admire malgré soi ; qui accable par le
« grand nombre et par l'éminence de ses talents : ora-
« teur, historien, théologien, philosophe, d'une rare
« érudition, d'une plus rare éloquence, soit dans ses
« entretiens, soit dans ses écrits, soit dans la chaire ;
« un défenseur de la religion, une lumière de l'Église,
« parlons d'avance le langage de la postérité, un Père
« de l'Église ! »

La postérité a confirmé cet éloge.

L. P.

ORAISON FUNÈBRE

DE LA REINE

DE LA GRANDE-BRETAGNE.

NOTICE

SUR

HENRIETTE-MARIE DE FRANCE,

REINE D'ANGLETERRE.

Henriette-Marie de France, reine d'Angleterre, que Bossuet célèbre dans sa première oraison funèbre, naquit au Louvre, le 25 novembre 1609, six mois environ avant la mort funeste de notre roi Henri IV, son père. Ce prince, dont la mémoire nous est si chère, eut de Marie de Médicis, qu'il avoit épousée en secondes noces, trois enfants mâles et trois filles : Henriette-Marie étoit le dernier fruit de cette union ; en 1625, elle fut donnée en mariage par Louis XIII, son frère, à Charles Ier, roi d'Angleterre, qu'on pourroit regarder comme le plus infortuné des monarques, si ses malheurs n'avoient rencontré dans la suite un objet de comparaison. Elle avoit alors seize ans : les plus belles qualités de Henri IV sembloient revivre en elle ; on se plaisoit même à retrouver sur son visage quelques-uns des traits de son père ; sa physionomie inspiroit à l'illustre François de Sales les plus heureuses espérances ; une éducation soignée avoit développé tous les dons de la nature ; d'imposants exemples, et des leçons pleines d'autorité, avoient surtout imprimé profondément la piété dans ce jeune cœur, et le zèle de la religion s'étoit enflammé, presque dès l'enfance, dans l'ame de Henriette. Les conditions du traité de mariage, que le souverain pontife avoit sanctionné, et en quelque sorte dicté, étoient parfaitement d'accord avec les dispositions, les sentiments et les habitudes de cette princesse. A son départ, elle prit conseil de la mère Madeleine de Saint-Joseph, religieuse carmélite, en grande réputation de sainteté, qui lui recommanda de travailler, avec le plus d'ardeur et de prudence qu'elle le pourroit, à reprendre et à propager dans les royaumes où elle étoit appelée les antiques traditions du christianisme; elle reçut également, dans une lettre que lui remit la reine sa mère, des instructions sur lesquelles elle devoit diriger sa conduite; enfin le pape Urbain VIII, Mafféo Barberini, son parrain, et la cour de Rome, paroissoient fonder sur elle l'espoir d'une réunion jusqu'alors désespérée, et qui étoit loin de pouvoir s'accomplir.

Ces vues, ces espérances, cette politique, n'échappèrent pas à ces esprits ardents, inquiets et soupçonneux qui, à toutes les époques, veillent avec jalousie au maintien des innovations civiles et religieuses qui sont leur ouvrage, ou du moins qui sont pour eux un legs que le temps n'a pas encore suffisamment affermi. Cependant la reine s'établit d'abord paisiblement à Londres, avec le vénérable Pierre de Bérulle, son confesseur, fondateur de la congrégation de l'Oratoire, et avec douze prêtres de cette congrégation célèbre. Mais elle ne goûta pas long-temps ce calme si doux que sembloient devoir lui garantir les stipulations formelles de son contrat : sa piété active, le ferme caractère et le rare mérite de Pierre de Bérulle, donnent de l'ombrage; la cour s'émeut; les soupçons gagnent; la contagion de la défiance s'étend; les intrigues se lient; la calomnie parle; l'esprit du roi se prévient et s'irrite; des mesures vont être prises; elles ne sont suspendues que par le fléau de la peste, dont la ville de Londres est frappée; mais cette calamité même, en fournissant à la reine et aux ecclésiastiques dont elle est environnée, une occasion aussi éclatante que triste de déployer leurs vertus et leur zèle, fournit encore des armes à leurs ennemis : à peine le mal a-t-il cessé, que de nouveaux complots se forment; la haine triomphe : le cortége religieux de Henriette est forcé de la quitter, contre la foi des engagements les plus solennels, et malgré les remontrances que Louis XIII, par un ambassadeur extraordinaire, adresse à Charles Ier.

Une circonstance forte et quelque intérêt majeur sembloient pouvoir seuls remédier à la situation de cette reine blessée dans ses droits les moins équivoques, et outragée dans ses plus chères affections; la fortune vint les offrir : les Anglois, que les protestants de France avoient appelés à leur secours, sont vaincus dans une descente qu'ils essaient de faire à l'île de Rhé; Louis XIII remet pour ainsi dire sa victoire entre les mains de sa sœur, en lui envoyant les prisonniers et l'artillerie qui sont tombés en son pouvoir. Henriette devient l'arbitre de la paix, qui bientôt est conclue à Suze; ce bienfait lui ramène les cœurs, et le roi son époux peut à loisir apprécier le bonheur et les charmes d'une union qui jusque-là n'avoit été qu'une source de troubles : il se livre aux séductions innocentes de l'esprit de la reine; il s'abandonne à l'attrait de ses vertus; il ne voit plus, dans le dévouement de cette princesse aux intérêts de sa religion, qu'un zèle digne de respect et de protection. Cette heureuse tranquillité dont jouissoit la reine eut un cours assez long; rien, pendant seize années, ne contraria les penchants et les efforts pieux de Henriette : elle appelle d'abord auprès d'elle autant de religieux de saint François qu'elle avoit eu de pères de l'Oratoire; elle leur fait bâtir un hospice dans le voisinage de son palais de Sommerset; le service divin retrouve dans l'église de cet hospice toutes ses pompes et toute sa solennité; les chapelles des autres palais de la reine n'étoient pas des asiles moins brillants pour le culte catholique. Tous les jours, au pied des autels qu'elle avoit élevés, l'hérésie venoit abjurer ses erreurs; tous les jours on entendoit parler de quelque nouvelle conversion ; les ministres protestants réclamoient en vain : ils n'étoient point écoutés. La cour de Rome multiplie ses félicitations ; le pape ne ménage point ses faveurs : à chaque promotion de cardinaux, la reine peut en nommer un ; trois nonces apostoliques lui sont envoyés en différents temps, et ces interprètes des vœux du souverain pontife viennent auprès d'elle soutenir son courage, animer sa ferveur, applaudir à ses succès, et gouverner le troupeau qu'ont rassemblé ses continuelles sollicitudes. La perspective de l'avenir le plus riant remplissoit de joie le cœur de cette princesse ; Rome nourrissoit et partageoit ses espérances ; mais des jours si purs et si sereins n'étoient que les précurseurs des plus noirs et des plus terribles orages.

Ils éclatent : tout est en feu ; des accusations incendiaires volent de toutes parts : des clameurs s'élèvent partout contre la reine : elle s'est emparée, s'écrie-t-on, de l'esprit du roi ; elle est parvenue à ébranler la croyance de ce prince ; elle veut rétablir le catholicisme en Angleterre ; elle entretient de perpétuelles intelligences avec le pape ; les prêtres dont elle est environnée sont les instruments de la révolution qu'elle se propose d'opérer. A ce bruit l'Écosse tout entière court aux armes, le parlement d'Angleterre s'assemble pour ramener la paix, mais il devient lui-même le foyer le plus actif de la dissension; Cromwell paroît, agite, brouille, rallie et gouverne tout ; le sang de Strafford coule ; il appelle un sang plus précieux encore. La reine ne cesse pas d'être en butte aux fureurs d'un peuple et d'un parlement égarés; on demande à grands cris que ses enfants lui soient ôtés, pour les dérober aux doctrines du papisme, dont on prétend qu'elle les infecte. On va plus loin : on veut la faire arrêter ; ce projet échoue ; mais bientôt elle est forcée de quitter Londres, et de s'éloigner de cette capitale avec le roi et toute la famille royale. Elle passe en Hollande, accompagnée de sa fille aînée qu'attendoit le prince de Nassau, à qui elle venoit d'être mariée ; elle engage ses pierreries et celles de la couronne, forme un grand armement, charge plusieurs vaisseaux de vivres et de munitions, impose par la hauteur de son caractère aux Hollandois, qui veulent contrarier ses desseins, et part quelques mois après son arrivée. Dans sa route, elle est assaillie par une tempête qui lui enlève deux vaisseaux avec une partie de ses équipages, et qui la rejette, après neuf jours de périls, sur les côtes de Hollande. Debout sur le tillac de son navire, bravant les vents et les flots, la fille de Henri IV, au milieu des plus grands dangers, rassure tout ce qui l'environne, et joignant, comme son père, la gaîté la plus aimable au courage le plus intrépide, dit que *les reines ne se noient pas* ; enfin elle aborde en Angleterre ; mais à peine a-t-elle touché le sol, que cinq vaisseaux des rebelles viennent percer de coups de canon la retraite où elle repose un moment : elle est obligée de quitter son lit ; elle descend et se cache dans un fossé ; les boulets l'y couvrent de sable et de fange : elle peut se venger de cet attentat, elle pardonne ; elle se met elle-même à la tête des troupes qu'elle amène de Hollande, marche, force tous les passages, triomphe de tous les obstacles, et rejoint le roi à Oxford ; elle veut que sur-le-champ on aille droit à Londres. Ce conseil salutaire n'est pas suivi : Charles Ier n'en reconnoît pas la sagesse, et ce prince malheureux ne devoit jamais retrouver une occasion aussi favorable de soumettre la rebellion.

La reine, désespérée de voir le temps se consumer dans des opérations infructueuses, accompagnoit partout le roi, et gémissoit des lenteurs qu'entraînoient des siéges inutiles. Devenue enceinte depuis son retour de Hollande, elle sentoit avec peine s'approcher le moment où la nécessité de son état la forceroit de se séparer de son époux; bientôt, en effet, elle le quitta pour ne le jamais revoir, et se retira à Exeter, où elle accoucha de la princesse Henriette, qui devoit un jour devenir un des ornements de la cour de Louis XIV. Elle fit alors la première épreuve d'un dénuement qui, dans la suite, se renouvela d'une manière encore plus cruelle; mais ce n'est pas tout ce qu'elle eut à souffrir : on voulut profiter de la circonstance de ses couches pour se saisir de sa personne. Avertie de ce lâche dessein, elle part, encore foible, pendant la nuit, avec trois personnes seulement, et se dirige vers le port de Plymouth; elle n'y trouve aucun vaisseau qui puisse la transporter en France; elle s'éloigne à la hâte de ce port, et passe deux jours dans une misérable chaumière, d'où elle entend le bruit des troupes rebelles qui défilent dans le voisinage, les propos insolents et furieux des soldats qui parlent d'elle dans leur marche, et qui se disent les uns aux autres que le parlement a promis cinquante mille écus de récompense à celui qui apportera la tête de la reine. Pleine de ces sombres images, elle peut enfin regagner Plymouth; elle s'embarque avec l'espoir d'intéresser la France, sa patrie, aux infortunes de sa famille et à ses propres malheurs.

D'autres maux l'attendoient; et ses calamités parurent monter avec elle sur le navire qui devoit la dérober à ses ennemis : elle est poursuivie à coups de canon jusqu'à l'île de Jersey, où elle se hâte d'aborder; des vaisseaux françois viennent l'y prendre; elle se remet en mer; elle est surprise par une tempête qui lui fait perdre un bâtiment. Aussitôt que le calme est rétabli, les Anglois recommencent à l'attaquer avec une nouvelle fureur; les voiles de son navire, déchirées par les boulets, pendent en lambeaux; elle est atrocement pressée; elle ne veut point tomber vivante entre les mains des rebelles. Elle fait appeler le capitaine du vaisseau qui la porte : « Donnez-moi la mort, lui dit-elle, dès que vous ne pourrez plus me défendre! » Un vent violent, mais favorable, la soustrait au péril, et la jette sur les côtes de la Basse-Bretagne, où elle débarque avec les officiers qui l'accompagnent; les habitants les prennent pour des corsaires; ils courent aux armes : il leur fallut quelque temps pour reconnoître leur méprise; mais, dès qu'ils se furent aperçus de leur erreur, ils s'empressèrent de prodiguer à la reine des marques de respect et d'intérêt, et ils lui fournirent avec beaucoup de zèle tous les secours nécessaires.

Arrivée à Paris, cette princesse ne cessoit de tourner ses yeux noyés de larmes et ses pensées inquiètes vers l'Angleterre; mais tous ses soins et tous ses efforts furent inutiles : nul secours ne vint. Abandonné, ô honte! de toute l'Europe, Charles Ier mourut sur un échafaud; elle reçut la douloureuse nouvelle de sa mort dans le couvent des Carmélites, où elle s'étoit retirée. Paris étoit alors en proie aux fureurs de la Fronde : souvent l'insolence des frondeurs avoit insulté cette reine infortunée jusque dans le Louvre; pour pouvoir subsister, elle avoit été réduite à demander, comme elle le disoit elle-même, une aumône au parlement. Dans la suite, elle descendit encore à une plus grande humiliation, en faisant réclamer son douaire auprès de Cromwell, qui le refusa avec outrage : teint du sang de son époux, cet odieux usurpateur osa lui contester les droits de son mariage et la légitimité de son état. On avoit vu la fille de Henri IV manquer de feu au cœur de l'hiver, dans le palais des rois. Tant de douleurs ne pouvoient trouver que dans la religion quelque adoucissement : un couvent qu'elle avoit fondé à Chaillot étoit devenu son asile; la paix de cette tranquille et sainte demeure fut plus d'une fois troublée par les mouvements populaires; plus d'une fois les injures furibondes d'une populace effrénée retentirent aux oreilles de cette veuve royale et du roi Charles II, son fils; leur carrosse fut un jour arrêté avec menace dans les rues par la multitude. Mais les agitations orageuses qui tour-

mentoient la France se calmèrent ; l'Angleterre vit aussi renaître la sérénité : Cromwell mourut ; Charles II remonta sur le trône de ses pères ; la reine, sa mère, ne tarda pas à se rendre dans la Grande-Bretagne pour y jouir du spectacle de ce rétablissement, qui devoit être si peu durable. De nouvelles amertumes vinrent y corrompre la douceur de sa joie : ses souvenirs renouvelés faisoient couler ses larmes, et la princesse d'Orange, sa fille aînée, ainsi que le duc de Glocester, son troisième fils, moururent tout-à-coup sous ses yeux de la petite vérole. Elle revient en France ; dans le chemin, toujours poursuivie par les orages, elle est accueillie d'une nouvelle tempête, et manque de perdre par la rougeole la princesse Henriette, sa dernière fille, promise à Monsieur, frère de Louis XIV, dont le mariage se conclut à son retour. Elle fait un second voyage en Angleterre l'année suivante ; son zèle pour le catholicisme la rend encore suspecte aux Anglais ; elle se rembarque pour la France, y passe quelques années dans les langueurs d'une santé affoiblie et dans des exercices de piété, et meurt en 1669, âgée de soixante ans moins deux mois, dans une maison qu'elle avoit à Colombes, près de Paris : une dose d'opium que les médecins lui administrèrent assez imprudemment, et malgré sa répugnance, paroît avoir précipité sa dernière heure. Ainsi sa triste et funeste destinée la poursuivit implacablement jusque dans les bras de la mort ; ainsi tout, dans sa déplorable carrière, justifie le titre de *reine malheureuse*, qu'elle se donnoit elle-même avec l'accent d'un cœur pénétré de ses maux, mais soumis aux volontés du Ciel. « Les reines, dit M. de Châteaubriand, ont été
« vues pleurant comme de simples femmes, et l'on s'est
« étonné de la quantité de larmes que contiennent les yeux
« des rois ! »

DUSSAULT.

ORAISON FUNÈBRE

DE LA REINE

DE LA GRANDE-BRETAGNE,

Prononcée le 16 novembre 1669, en présence de Monsieur, frère unique du roi, et de Madame, en l'église des religieuses de Sainte-Marie de Chaillot, où avoit été déposé le cœur de sa majesté.

Et nunc, reges, intelligite; erudimini, qui judicatis terram.
PSAL. II, V. 10.

Maintenant, ô rois, apprenez; instruisez-vous, juges de la terre.

MONSEIGNEUR,

Celui qui règne dans les cieux et de qui relèvent tous les empires, à qui seul appartient la gloire, la majesté et l'indépendance, est aussi le seul qui se glorifie de faire la loi aux rois, et de leur donner, quand il lui plaît, de grandes et de terribles leçons [1]. Soit qu'il élève les trônes, soit qu'il les abaisse, soit qu'il communique sa

---

[1] Celui qui établit et qui ruine les monarchies et principautés, selon sa sagesse et justice, donne tel contre-poids aux affaires humaines, que les plus puissants ne se remuent, sinon quand et comme il lui plaît, afin que sa providence soit toujours reconnue et adorée, et l'imbécillité des conseils et efforts humains de plus en plus reconnue. (AMYOT, sur Plutarque, vie de Marcellus, § XI.)

puissance aux princes, soit qu'il la retire à lui-même et ne leur laisse que leur propre foiblesse, il leur apprend leur devoir d'une manière souveraine et digne de lui. Car, en leur donnant sa puissance, il leur commande d'en user comme il fait lui-même pour le bien du monde; et il leur fait voir, en la retirant, que toute leur majesté est empruntée, et que, pour être assis sur le trône, ils n'en sont pas moins sous sa main et sous son autorité suprême. C'est ainsi qu'il instruit les princes, non-seulement par des discours et par des paroles, mais encore par des effets et par des exemples. *Et nunc, reges, intelligite; erudimini, qui judicatis terram.*

Chrétiens, que la mémoire d'une grande reine, fille, femme, mère de rois si puissants, et souveraine de trois royaumes, appelle de tous côtés à cette triste cérémonie, ce discours vous fera paroître un de ces exemples redoutables qui étalent aux yeux du monde sa vanité tout entière. Vous verrez dans une seule vie toutes les extrémités des choses humaines : la félicité sans bornes, aussi bien que les misères; une longue et paisible jouissance d'une des plus nobles couronnes de l'univers; tout ce que peuvent donner de plus glorieux la naissance et la grandeur accumulées sur une tête, qui ensuite est exposée à tous les outrages de la fortune; la bonne cause d'abord suivie de bons succès, et, depuis, des retours soudains, des changements inouïs, la rebellion long-temps retenue, à la fin tout-à-fait maîtresse; nul frein à la licence; les lois abolies; la majesté violée par des attentats jusqu'alors inconnus; l'usurpation et la tyrannie sous le nom de liberté; une reine fugitive, qui ne trouve aucune retraite dans trois royaumes, et à qui sa propre patrie n'est plus qu'un triste lieu d'exil; neuf voyages sur mer, entrepris par une princesse, malgré les tempêtes; l'Océan étonné de se voir traversé tant de fois en des appareils si divers, et pour des causes si différentes; un trône indignement renversé, et miraculeusement rétabli. Voilà les enseignements que Dieu donne aux rois : ainsi fait-il voir au monde le néant de ses pompes et de ses grandeurs. Si les paroles nous manquent, si les expressions ne répondent pas à un sujet si vaste et si relevé, les choses parleront assez d'elles-mêmes; le cœur d'une grande reine, autrefois élevé par une si longue suite de prospérités, et puis plongé tout-à-coup dans un abîme d'amertume, parlera assez haut; et s'il n'est pas permis aux particuliers de faire des leçons aux princes sur des événements si étranges, un roi me prête ses paroles pour leur dire : *Et nunc, reges, intelligite; erudimini, qui judicatis terram.* Entendez, ô grands de la terre; instruisez-vous, arbitres du monde [1].

[1] Que cet exorde est majestueux, sombre et religieux! Pas un mot qui ne porte, pas un qui ne soit une image ou une idée, un tableau ou

Mais la sage et religieuse princesse qui fait le sujet de ce discours n'a pas été seulement un spectacle proposé aux hommes pour y étudier les conseils de la divine Providence et les fatales révolutions des monarchies : elle s'est instruite elle-même, pendant que Dieu instruisoit les princes par son exemple. J'ai déjà dit que ce grand Dieu les enseigne, et en leur donnant et en leur ôtant leur puissance. La reine dont nous parlons a également entendu deux leçons si opposées, c'est-à-dire qu'elle a usé chrétiennement de la bonne et de la mauvaise fortune. Dans l'une elle a été bienfaisante, dans l'autre elle s'est montrée toujours invincible. Tant qu'elle a été heureuse, elle a fait sentir son pouvoir au monde par des bontés infinies; quand la fortune l'eut abandonnée, elle s'enrichit plus que jamais elle-même de vertus : tellement qu'elle a perdu pour son propre bien cette puissance royale qu'elle avoit pour le bien des autres; et si ses sujets, si ses alliés, si l'église universelle a profité de ses grandeurs, elle-même a su profiter de ses malheurs et de ses disgraces plus qu'elle n'avoit fait de toute sa

---

une leçon ; et au milieu de cet assemblage si imposant, la grande idée de Dieu qui domine tout. Qu'on se représente, après un semblable exorde, des auditeurs dans un temple qui ajoute encore à son effet, et qu'on se demande si quelqu'un d'eux pouvoit songer à Bossuet. Non : l'imagination, assaillie par tant d'objets de douleur, n'a pu voir que le renversement des trônes, les coups de la fortune, les tempêtes, l'Océan. (La Harpe.)

gloire. C'est ce que nous remarquerons dans la vie éternellement mémorable de très haute, très excellente, et très puissante princesse Henriette-Marie de France, reine de la Grande-Bretagne.

Quoique personne n'ignore les grandes qualités d'une reine dont l'histoire a rempli tout l'univers, je me sens obligé d'abord à les rappeler en votre mémoire, afin que cette idée nous serve pour toute la suite du discours. Il seroit superflu de parler au long de la glorieuse naissance de cette princesse : on ne voit rien sous le soleil qui en égale la grandeur. Le pape saint Grégoire a donné dès les premiers siècles cet éloge singulier à la couronne de France, qu'elle est autant au-dessus des autres couronnes du monde, que la dignité royale surpasse les fortunes particulières[1]. Que s'il a parlé en ces termes du temps du roi Childebert, et s'il a élevé si haut la race de Mérovée, jugez ce qu'il auroit dit du sang de saint Louis et de Charlemagne. Issue de cette race, fille de Henri-le-Grand et de tant de rois, son grand cœur a surpassé sa naissance. Toute autre place qu'un trône eût été indigne d'elle. A la vérité elle eut de quoi satisfaire à sa noble fierté, quand elle vit qu'elle alloit unir la maison de France à la royale famille des Stuart, qui étoient venus à la

---

[1] Quanto cæteros homines regia dignitas antecedit, tanto cæterarum gentium regna regni vestri profecto culmen excellit. (L. VI, ep. VI.)

succession de la couronne d'Angleterre par une fille de Henri VII, mais qui tenoient de leur chef, depuis plusieurs siècles, le sceptre d'Écosse, et qui descendoient de ces rois antiques dont l'origine se cache si avant dans l'obscurité des premiers temps. Mais si elle eut de la joie de régner sur une grande nation, c'est parce qu'elle pouvoit contenter le désir immense qui sans cesse la sollicitoit à faire du bien. Elle eut une magnificence royale; et l'on eût dit qu'elle perdoit ce qu'elle ne donnoit pas. Ses autres vertus n'ont pas été moins admirables. Fidèle dépositaire des plaintes et des secrets, elle disoit que les princes devoient garder le même silence que les confesseurs, et avoir la même discrétion. Dans la plus grande fureur des guerres civiles, jamais on n'a douté de sa parole ni désespéré de sa clémence. Quelle autre a mieux pratiqué cet art obligeant qui fait qu'on se rabaisse sans se dégrader, et qui accorde si heureusement la liberté avec le respect? Douce, familière, agréable, autant que ferme et vigoureuse, elle savoit persuader et convaincre, aussi bien que commander, et faire valoir la raison non moins que l'autorité. Vous verrez avec quelle prudence elle traitoit les affaires; et une main si habile eût sauvé l'état, si l'état eût pu être sauvé [1]. On

---

[1] . . . . Si Pergama dextra
Defendi possent, etiam hac defensa fuissent.
      Virg., Æneid. II, 292.

ne peut assez louer la magnanimité de cette princesse. La fortune ne pouvoit rien sur elle : ni les maux qu'elle a prévus, ni ceux qui l'ont surprise, n'ont abattu son courage. Que dirai-je de son attachement immuable à la religion de ses ancêtres? Elle a bien su reconnoître que cet attachement faisoit la gloire de sa maison aussi bien que celle de toute la France, seule nation de l'univers qui, depuis douze siècles presque accomplis que ses rois ont embrassé le christianisme, n'a jamais vu sur le trône que des princes enfants de l'Église. Aussi a-t-elle toujours déclaré que rien ne seroit capable de la détacher de la foi de saint Louis. Le roi son mari lui a donné jusqu'à la mort ce bel éloge, qu'il n'y avoit que le seul point de la religion où leurs cœurs fussent désunis; et, confirmant par son témoignage la piété de la reine, ce prince très éclairé a fait connoître en même temps à toute la terre la tendresse, l'amour conjugal, la sainte et inviolable fidélité de son épouse incomparable.

Dieu, qui rapporte tous ses conseils à la conservation de sa sainte Église, et qui, fécond en moyens, emploie toutes choses à ses fins cachées, s'est servi autrefois des chastes attraits de deux saintes héroïnes pour délivrer ses fidèles des mains de leurs ennemis. Quand il voulut sauver la ville de Béthulie, il tendit dans la beauté de Judith un piége imprévu et inévitable à l'aveugle brutalité d'Holopherne. Les graces pudiques de la reine Esther eurent un effet aussi salutaire, mais moins violent. Elle gagna le cœur du roi son mari, et fit d'un prince infidèle un illustre protecteur du peuple de Dieu. Par un conseil à-peu-près semblable, ce grand Dieu avoit préparé un charme innocent au roi d'Angleterre dans les agréments infinis de la reine son épouse. Comme elle possédoit son affection (car les nuages qui avoient paru au commencement furent bientôt dissipés), et que son heureuse fécondité redoubloit tous les jours les sacrés liens de leur amour mutuel, sans commettre l'autorité du roi son seigneur, elle employoit son crédit à procurer un peu de repos aux catholiques accablés. Dès l'âge de quinze ans, elle fut capable de ces soins; et seize années d'une prospérité accomplie, qui coulèrent sans interruption avec l'admiration de toute la terre, furent seize années de douceur pour cette église affligée. Le crédit de la reine obtint aux catholiques ce bonheur singulier et presque incroyable d'être gouvernés successivement par trois nonces apostoliques, qui leur apportoient les consolations que reçoivent les enfants de Dieu de la communication avec le saint-siége.

Le pape saint Grégoire, écrivant au pieux empereur Maurice, lui représente en ces termes les devoirs des rois chrétiens : « Sachez, ô grand

« empereur, que la souveraine puissance vous
« est accordée d'en haut, afin que la vertu soit
« aidée, que les voies du ciel soient élargies, et
« que l'empire de la terre serve l'empire du
« ciel [1]. » C'est la vérité elle-même qui lui a
dicté ces belles paroles. Car qu'y a-t-il de plus
convenable à la puissance que de secourir la
vertu? à quoi la force doit-elle servir qu'à défendre la raison? et pourquoi commandent les
hommes, si ce n'est pour faire que Dieu soit
obéi? Mais surtout il faut remarquer l'obligation si glorieuse que ce grand pape impose aux
princes d'élargir les voies du ciel. Jésus-Christ a
dit dans son évangile : Combien est étroit le chemin qui mène à la vie! et voici ce qui le rend si
étroit : c'est que le juste, sévère à lui-même, et
persécuteur irréconciliable de ses propres passions, se trouve encore persécuté par les injustes
passions des autres, et ne peut pas même obtenir que le monde le laisse en repos dans ce
sentier solitaire et rude, où il grimpe [2] plutôt
qu'il ne marche. Accourez, dit saint Grégoire,
puissances du siècle, voyez dans quel sentier la
vertu chemine, doublement à l'étroit, et par
elle-même, et par l'effort de ceux qui la persé-

---

[1] Ad hoc enim potestas super omnes homines dominorum meorum pietati coelitus data est, ut qui bona appetunt adjuventur, ut coelorum via largius pateat, ut terrestre regnum coelesti regno famuletur. (Greg., lib. III, ep. lxv.)

[2] Le mot propre étoit *gravit*, qui est moins familier, et même plus expressif, puisque *gravir* c'est *grimper avec effort*. (La Harpe.)

cutent : secourez-la; tendez-lui la main, puisque vous la voyez déjà fatiguée du combat qu'elle soutient au-dedans contre tant de tentations qui accablent la nature humaine; mettez-la du moins à couvert des insultes du dehors : ainsi vous élargirez un peu les voies du ciel, et rétablirez ce chemin, que sa hauteur et son âpreté rendront toujours assez difficile.

Mais si jamais l'on peut dire que la voie du chrétien est étroite, c'est, messieurs, durant les persécutions; car que peut-on imaginer de plus malheureux que de ne pouvoir conserver la foi sans s'exposer au supplice, ni sacrifier sans trouble, ni chercher Dieu qu'en tremblant? Tel étoit l'état déplorable des catholiques anglois. L'erreur et la nouveauté se faisoient entendre dans toutes les chaires; et la doctrine ancienne, qui, selon l'oracle de l'évangile, « doit être prêchée jusque sur les toits [1], » pouvoit à peine parler à l'oreille. Les enfants de Dieu étoient étonnés de ne voir plus ni l'autel, ni le sanctuaire, ni ces tribunaux de miséricorde qui justifient ceux qui s'accusent. O douleur! il falloit cacher la pénitence avec le même soin qu'on eût fait les crimes; et Jésus-Christ même se voyoit contraint, au grand malheur des hommes ingrats, de chercher d'autres voiles et d'autres ténèbres que ces voiles et ces

---

[1] Quod in aure auditis, prædicate super tecta. (Matth., c. x, v. 27.)

ténèbres mystiques dont il se couvre volontairement dans l'eucharistie. A l'arrivée de la reine, la rigueur se ralentit, et les catholiques respirèrent. Cette chapelle royale qu'elle fit bâtir avec tant de magnificence, dans son palais de Sommerset, rendoit à l'Église sa première forme. Henriette, digne fille de saint Louis, y animoit tout le monde par son exemple, et y soutenoit avec gloire, par ses retraites, par ses prières et par ses dévotions, l'ancienne réputation de la très chrétienne maison de France. Les prêtres de l'Oratoire, que le grand Pierre de Bérulle avoit conduits avec elle, et après eux les PP. Capucins, y donnèrent par leur piété aux autels leur véritable décoration, et au service divin sa majesté naturelle. Les prêtres et les religieux, zélés et infatigables pasteurs de ce troupeau affligé, qui vivoient en Angleterre pauvres, errants, travestis, « desquels aussi le monde n'étoit pas digne [1], » venoient reprendre avec joie les marques glorieuses de leur profession dans la chapelle de la reine; et l'Église désolée, qui autrefois pouvoit à peine gémir librement, et pleurer sa gloire passée, faisoit retentir hautement les cantiques de Sion dans une terre étrangère. Ainsi la pieuse reine consoloit la captivité des fidèles, et relevoit leur espérance.

---

[1] Quibus dignus non erat mundus. (Her., c. xi, v. 28.)

Quand Dieu laisse sortir du puits de l'abîme la fumée qui obscurcit le soleil, selon l'expression de l'Apocalypse [1], c'est-à-dire l'erreur et l'hérésie; quand, pour punir les scandales, ou pour réveiller les peuples et les pasteurs, il permet à l'esprit de séduction de tromper les ames hautaines, et de répandre partout un chagrin superbe, une indocile curiosité et un esprit de révolte, il détermine dans sa sagesse profonde les limites qu'il veut donner aux malheureux progrès de l'erreur et aux souffrances de son église. Je n'entreprends pas, chrétiens, de vous dire la destinée des hérésies de ces derniers siècles, ni de marquer le terme fatal dans lequel Dieu a résolu de borner leur cours; mais, si mon jugement ne me trompe pas, si, rappelant la mémoire des siècles passés, j'en fais un juste rapport à l'état présent, j'ose croire, et je vois les sages concourir à ce sentiment, que les jours d'aveuglement sont écoulés, et qu'il est temps désormais que la lumière revienne. Lorsque le roi Henri VIII, prince en tout le reste accompli, s'égara dans les passions qui ont perdu Salomon et tant d'autres rois, et commença d'ébranler l'autorité de l'Église, les sages lui dénoncèrent qu'en remuant ce seul point il mettoit tout en péril, et qu'il donnoit, contre son dessein, une licence effrénée aux âges suivants.

[1] Aperuit puteum abyssi; et ascendit fumus putei.... et obscuratus est sol. (Apoc. c. ix, v. 2.)

Les sages le prévirent; mais les sages sont-ils crus en ces temps d'emportement, et ne se rit-on pas de leurs prophéties? Ce qu'une judicieuse prévoyance n'a pu mettre dans l'esprit des hommes, une maîtresse plus impérieuse, je veux dire l'expérience, les a forcés de le croire. Tout ce que la religion a de plus saint a été en proie : l'Angleterre a tant changé qu'elle ne sait plus elle-même à quoi s'en tenir; et, plus agitée en sa terre, et dans ses ports mêmes, que l'océan qui l'environne, elle se voit inondée par l'effroyable débordement de mille sectes bizarres. Qui sait si, étant revenue de ses erreurs prodigieuses touchant la royauté, elle ne poussera pas plus loin ses réflexions, et si, ennuyée de ses changements, elle ne regardera pas avec complaisance l'état qui a précédé? Cependant admirons ici la piété de la reine, qui a su si bien conserver les précieux restes de tant de persécutions; que de pauvres, que de malheureux, que de familles ruinées pour la cause de la foi, ont subsisté pendant tout le cours de sa vie par l'immense profusion de ses aumônes! Elles se répandoient de toutes parts jusqu'aux dernières extrémités de ses trois royaumes, et, s'étendant par leur abondance même sur les ennemis de la foi, elles adoucissoient leur aigreur et les ramenoient à l'Église. Ainsi, non seulement elle conservoit, mais encore elle augmentoit le peuple de Dieu : les conversions étoient innombrables; et ceux qui ont été témoins oculaires nous ont appris que, pendant trois ans de séjour qu'elle a fait dans la cour du roi son fils, la seule chapelle royale a vu plus de trois cents convertis, sans parler des autres, abjurer saintement leurs erreurs entre les mains de ses aumôniers. Heureuse d'avoir conservé si soigneusement l'étincelle de ce feu divin que Jésus est venu allumer au monde[1] ! Si jamais l'Angleterre revient à soi; si ce levain précieux vient un jour à sanctifier toute cette masse où il a été mêlé par ses royales mains, la postérité la plus éloignée n'aura pas assez de louanges pour célébrer les vertus de la religieuse Henriette, et croira devoir à sa piété l'ouvrage si mémorable du rétablissement de l'Église.

Que si l'histoire de l'Église garde chèrement la mémoire de cette reine, notre histoire ne taira pas les avantages qu'elle a procurés à sa maison et à sa patrie : femme et mère très chérie et très honorée, elle a réconcilié avec la France le roi son mari et le roi son fils. Qui ne sait qu'après la mémorable action de l'île de Ré, et durant ce fameux siége de La Rochelle, cette princesse, prompte à se servir des conjonctures importantes, fit conclure la paix qui empêcha l'Angleterre de continuer son secours aux calvinistes

---

[1] Luc., c. xii, v. 49.

révoltés? et, dans ces dernières années, après que notre grand roi, plus jaloux de sa parole et du salut de ses alliés que de ses propres intérêts, eut déclaré la guerre aux Anglois, ne fut-elle pas encore une sage et heureuse médiatrice? ne réunit-elle pas les deux royaumes? et depuis encore ne s'est-elle pas appliquée en toutes rencontres à conserver cette même intelligence? Ces soins regardent maintenant vos altesses royales [1]; et l'exemple d'une grande reine, aussi bien que le sang de France et d'Angleterre, que vous avez uni par votre heureux mariage, vous doit inspirer le désir de travailler sans cesse à l'union de deux rois qui vous sont si proches, et de qui la puissance et la vertu peuvent faire le destin de toute l'Europe.

Monseigneur, ce n'est plus seulement par cette vaillante main et par ce grand cœur que vous acquerrez de la gloire : dans le calme d'une profonde paix vous aurez des moyens de vous signaler, et vous pouvez servir l'état sans l'alarmer, comme vous avez fait tant de fois, en exposant au milieu des plus grands hasards de la guerre une vie aussi précieuse et aussi nécessaire que la vôtre. Ce service, Monseigneur, n'est pas le seul qu'on attend de vous, et l'on peut tout espérer d'un prince que la sagesse conseille, que la valeur anime, et que la justice

---

[1] L'orateur s'adresse ici au duc et à la duchesse d'Orléans.

accompagne dans toutes ses actions. Mais où m'emporte mon zèle si loin de mon triste sujet! je m'arrête à considérer les vertus de Philippe, et je ne songe pas que je vous dois l'histoire des malheurs de Henriette.

J'avoue, en la commençant, que je sens plus que jamais la difficulté de mon entreprise. Quand j'envisage de près les infortunes inouïes d'une si grande reine, je ne trouve plus de paroles; et mon esprit, rebuté de tant d'indignes traitements qu'on a faits à la majesté et à la vertu, ne se résoudroit jamais à se jeter parmi tant d'horreurs, si la constance admirable avec laquelle cette princesse a soutenu ses calamités ne surpassoit de bien loin les crimes qui les ont causées. Mais en même temps, chrétiens, un autre soin me travaille. Ce n'est pas un ouvrage humain que je médite; je ne suis pas ici un historien qui doit vous développer le secret des cabinets, ni l'ordre des batailles, ni les intérêts des partis : il faut que je m'élève au-dessus de l'homme pour faire trembler toute créature sous les jugements de Dieu. « J'entrerai, avec David, dans les puissances du Seigneur[1], » et j'ai à vous faire voir les merveilles de sa main et de ses conseils; conseils de juste vengeance sur l'Angleterre; conseils de miséricorde pour le salut de la reine; mais conseils marqués par le doigt de Dieu, dont

---

[1] Introibo in potentias Domini. (PSAL. LXX, v. 15.)

l'empreinte est si vive et si manifeste dans les événements que j'ai à traiter, qu'on ne peut résister à cette lumière.

Quelque haut qu'on puisse remonter pour rechercher dans les histoires les exemples des grandes mutations, on trouvera que jusqu'ici elles sont causées ou par la mollesse ou par la violence des princes. En effet, quand les princes, négligeant de connoître leurs affaires et leurs armées, ne travaillent qu'à la chasse [1], comme disoit cet historien, n'ont de gloire que pour le luxe, ni d'esprit que pour inventer des plaisirs; ou quand, emportés par leur humeur violente, ils ne gardent plus ni lois ni mesures, et qu'ils ôtent les égards et la crainte aux hommes en faisant que les maux qu'ils souffrent leur paroissent plus insupportables que ceux qu'ils prévoient; alors, ou la licence excessive, ou la patience poussée à l'extrémité, menacent terriblement les maisons régnantes.

Charles Ier, roi d'Angleterre, étoit juste, modéré, magnanime, très instruit de ses affaires et des moyens de régner; jamais prince ne fut plus capable de rendre la royauté non seulement vénérable et sainte, mais encore admirable et chère à ses peuples. Que lui peut-on reprocher, sinon sa clémence? Je veux bien avouer de lui ce qu'un auteur célèbre a dit de César, qu'il a été clément jusqu'à être obligé de

---

[1] Venatus maximus labor est. (QUINT. CURT., lib. VIII, n. 9.)

s'en repentir : *Cæsari proprium et peculiare sit clementiæ insigne, qua usque ad pœnitentiam omnes superavit*[1]. Que ce soit donc là, si l'on veut, l'illustre défaut de Charles aussi bien que de César ; mais que ceux qui veulent croire que tout est foible dans les malheureux et dans les vaincus ne pensent pas pour cela nous persuader que la force ait manqué à son courage, ni la vigueur à ses conseils. Poursuivi à toute outrance par l'implacable malignité de la fortune, trahi de tous les siens, il ne s'est pas manqué à lui-même. Malgré les mauvais succès de ses armes infortunées, si on a pu le vaincre, on n'a pas pu le forcer ; et, comme il n'a jamais refusé ce qui étoit raisonnable étant vainqueur, il a toujours rejeté ce qui étoit foible et injuste étant captif. J'ai peine à contempler son grand cœur dans ces dernières épreuves ; mais certes il a montré qu'il n'est pas permis aux rebelles de faire perdre la majesté à un roi qui sait se connoître ; et ceux qui ont vu de quel front il a paru dans la salle de Westminster, et dans la place de Whitehall[2], peuvent juger aisément combien il étoit intrépide à la tête de ses armées, combien auguste et majestueux au milieu de

---

[1] Plin., *Hist. Nat.*, lib. VIII, cap. xxv.
[2] Jusque dans le profond abaissement où le comble du malheur a réduit Charles Ier, Bossuet sait conserver à cet infortuné monarque un caractère de grandeur que l'histoire n'a point démenti. Hume a justifié la prédiction de Bossuet par l'équité de ses jugements sur Charles Ier. (Le C[al] de Bausset.)

son palais et de sa cour. Grande reine, je satisfais à vos plus tendres désirs quand je célèbre ce monarque; et ce cœur, qui n'a jamais vécu que pour lui, se réveille, tout poudre qu'il est, et devient sensible, même sous ce drap mortuaire, au nom d'un époux si cher, à qui ses ennemis mêmes accorderont le titre de sage et celui de juste, et que la postérité mettra au rang des grands princes, si son histoire trouve des lecteurs dont le jugement ne se laisse pas maîtriser aux événements ni à la fortune.

Ceux qui sont instruits des affaires, étant obligés d'avouer que le roi n'avoit point donné d'ouverture ni de prétexte aux excès sacriléges dont nous abhorrons la mémoire, en accusent la fierté indomptable de la nation, et je confesse que la haine des parricides pourroit jeter les esprits dans ce sentiment. Mais quand on considère de plus près l'histoire de ce grand royaume, et particulièrement les derniers règnes, où l'on voit non seulement les rois majeurs[1], mais encore les pupilles[2], et les reines[3] mêmes si absolues et si redoutées; quand on regarde la facilité incroyable avec laquelle la religion a été ou renversée ou rétablie par Henri, par Édouard, par Marie, par Élisabeth, on ne trouve ni la nation si rebelle, ni ses parlements si fiers et si factieux; au contraire, on est obligé de repro-

---

[1] Henri VIII. — [2] Édouard VI. — [3] Marie et Élisabeth.

cher à ces peuples d'avoir été trop soumis, puisqu'ils ont mis sous le joug leur foi même et leur conscience. N'accusons donc pas aveuglément le naturel des habitants de l'île la plus célèbre du monde, qui, selon les plus fidèles historiens, tirent leur origine des Gaules; et ne croyons pas que les Merciens, les Danois et les Saxons aient tellement corrompu en eux ce que nos pères leur avoient donné de bon sang [1], qu'ils soient capables de s'emporter à des procédés si barbares, s'il ne s'y étoit mêlé d'autres causes. Qu'est-ce donc qui les a poussés? quelle force, quel transport, quelle intempérie a causé ces agitations et ces violences? N'en doutons pas, chrétiens, les fausses religions, le libertinage d'esprit, la fureur de disputer des choses divines, sans fin, sans règle, sans soumission, a emporté les courages. Voilà les ennemis que la reine a eus à combattre, et que ni sa prudence, ni sa douceur, ni sa fermeté, n'ont pu vaincre.

J'ai déjà dit quelque chose de la licence où se jettent les esprits quand on ébranle les fondements de la religion, et qu'on remue les bornes une fois posées. Mais, comme la matière que je traite me fournit un exemple manifeste et unique dans tous les siècles, de ces extrémités furieuses, il est, Messieurs, de la nécessité de mon sujet de remonter jusqu'au principe, et de vous con-

[1] Dans les éditions les plus estimées, on lit *bon sens*. Cette leçon est évidemment fautive.

duire pas à pas par tous les excès où le mépris de la religion ancienne et celui de l'autorité de l'Église ont été capables de pousser les hommes.

Donc, la source de tout le mal est que ceux qui n'ont pas craint de tenter, au siècle passé, la réformation par le schisme, ne trouvant point de plus fort rempart contre toutes leurs nouveautés que la sainte autorité de l'Église, ils ont été obligés de la renverser : ainsi les décrets des conciles, la doctrine des pères et leur sainte unanimité, l'ancienne tradition du saint-siége et de l'église catholique, n'ont plus été, comme autrefois, des lois sacrées et inviolables; chacun s'est fait à soi-même un tribunal où il s'est rendu l'arbitre de sa croyance; et, encore qu'il semble que les novateurs aient voulu retenir les esprits en les renfermant dans les limites de l'Écriture sainte, comme ce n'a été qu'à condition que chaque fidèle en deviendroit l'interprète, et croiroit que le Saint-Esprit lui en dicte l'explication, il n'y a point de particulier qui ne se voie autorisé par cette doctrine à adorer ses inventions, à consacrer ses erreurs, à appeler Dieu tout ce qu'il pense. Dès-lors on a bien prévu que, la licence n'ayant plus de frein, les sectes se multiplieroient jusqu'à l'infini ; que l'opiniâtreté seroit invincible; et que, tandis que les uns ne cesseroient de disputer, ou donneroient leurs rêveries pour inspirations, les autres, fatigués de tant de folles visions, et ne pouvant plus reconnoître la majesté de la religion déchirée par tant de sectes, iroient enfin chercher un repos funeste et une entière indépendance dans l'indifférence des religions, ou dans l'athéisme.

Tels, et plus pernicieux encore, comme vous verrez dans la suite, sont les effets naturels de cette nouvelle doctrine. Mais de même qu'une eau débordée ne fait pas partout les mêmes ravages, parce que sa rapidité ne trouve pas partout les mêmes penchants et les mêmes ouvertures, ainsi, quoique cet esprit d'indocilité et d'indépendance soit également répandu dans toutes les hérésies de ces derniers siècles, il n'a pas produit universellement les mêmes effets; il a reçu diverses limites, suivant que la crainte, ou les intérêts, ou l'humeur des particuliers et des nations, ou enfin la puissance divine, qui donne quand il lui plaît des bornes secrètes aux passions des hommes les plus emportés, l'ont différemment retenu. Que s'il s'est montré tout entier à l'Angleterre, et si sa malignité s'y est déclarée sans réserve, les rois en ont souffert; mais aussi les rois en ont été cause : ils ont trop fait sentir aux peuples que l'ancienne religion se pouvoit changer; les sujets ont cessé d'en révérer les maximes, quand ils les ont vues céder aux passions et aux intérêts de leurs princes. Ces terres trop remuées, et devenues incapables de consistance, sont tombées de toutes parts, et n'ont fait voir que d'effroyables précipices : j'appelle ainsi tant d'erreurs téméraires et extravagantes qu'on voyait paroître tous les jours. Ne croyez pas que ce soit seulement la querelle de l'épiscopat ou quelques chicanes sur la liturgie anglicane qui aient ému les communes : ces disputes n'étoient encore que de foibles commencements par où ces esprits turbulents faisoient comme un essai de leur liberté ; mais quelque chose de plus violent se remuoit dans le fond des cœurs : c'étoit un dégoût secret de tout ce qui a de l'autorité, et une démangeaison [1] d'innover sans fin, après qu'on en a vu le premier exemple.

Ainsi les calvinistes, plus hardis que les luthériens, ont servi à établir les sociniens [2], qui ont été plus loin qu'eux, et dont ils grossissent tous les jours le parti ; les sectes infinies des anabaptistes [3] sont sorties de cette même source, et leurs opinions, mêlées au calvinisme, ont fait naître les indépendants [4], qui n'ont point eu

[1] La Harpe trouve cette expression un peu familière ; mais il a soin d'ajouter que « la valeur des termes dépend souvent de celle de l'auteur qui les emploie, et que l'on pourroit dire comme un proverbe de goût : Tant vaut l'homme, tant vaut la parole. »

[2] Ainsi appelés du nom de Socin (Lélie), leur auteur et leur chef. Cette hérésie, qui consistoit à ne voir en Dieu qu'une seule personne, fut habilement propagée par Fauste, neveu de Lélie, et né, comme lui, à Sienne, ville d'Italie, au commencement du xvie siècle.

[3] Les anabaptistes prétendoient qu'il falloit rebaptiser les enfants dès qu'ils étoient parvenus à l'âge de raison.

[4] Le nom seul de ces hérétiques indique l'erreur qu'ils professoient.

de bornes, parmi lesquels on voit les trembleurs, gens fanatiques qui croient que toutes leurs rêveries leur sont inspirées, et ceux qu'on nomme chercheurs, à cause que, dix-sept cents ans après Jésus-Christ, ils cherchent encore la religion, et n'en ont point d'arrêtée.

C'est, Messieurs, en cette sorte que les esprits une fois émus, tombant de ruines en ruines, se sont divisés en tant de sectes. En vain les rois d'Angleterre ont cru les pouvoir retenir sur cette pente dangereuse en conservant l'épiscopat; car que peuvent des évêques qui ont anéanti eux-mêmes l'autorité de leur chaire, et la révérence qu'on doit à la succession, en condamnant ouvertement leurs prédécesseurs jusqu'à la source même de leur sacre, c'est-à-dire jusqu'au pape saint Grégoire, et au saint moine Augustin son disciple, et le premier apôtre de la nation anglaise? Qu'est-ce que l'épiscopat, quand il se sépare de l'Église, qui est son tout, aussi bien que du saint-siége, qui est son centre, pour s'attacher, contre sa nature, à la royauté comme à son chef? Ces deux puissances d'un ordre si différent ne s'unissent pas, mais s'embarrassent mutuellement quand on les confond ensemble; et la majesté des rois d'Angleterre seroit demeurée plus inviolable[1], si,

---

[1] Suivant le C^{al} de Bausset, Henri VIII, en réunissant sur sa tête la puissance temporelle et la puissance spirituelle, crut donner à l'autorité royale plus de force et d'étendue; mais cette innovation ne fit

contente de ses droits sacrés, elle n'avoit point voulu attirer à soi les droits et l'autorité de l'Église; ainsi rien n'a retenu la violence des esprits féconds en erreurs; et Dieu, pour punir l'irréligieuse instabilité de ces peuples, les a livrés à l'intempérance de leur folle curiosité : en sorte que l'ardeur de leurs disputes insensées, et leur religion arbitraire, est devenue la plus dangereuse de leurs maladies.

Il ne faut point s'étonner s'ils perdirent le respect de la majesté et des lois, ni s'ils devinrent factieux, rebelles et opiniâtres. On énerve la religion quand on la change, et on lui ôte un certain poids qui seul est capable de tenir les peuples. Ils ont dans le fond du cœur je ne sais quoi d'inquiet, qui s'échappe si on leur ôte ce frein nécessaire; et on ne leur laisse plus rien à ménager, quand on leur permet de se rendre maîtres de leur religion. C'est de là que nous est né ce prétendu règne de Christ, inconnu jusqu'alors au christianisme, qui devoit anéantir toute royauté, et égaler tous les hommes; songe séditieux des indépendants, et leur chimère impie et sacrilége : tant il est vrai que tout se tourne en révoltes et en pensées séditieuses, quand l'autorité de la religion est anéantie! Mais pourquoi chercher des preuves d'une vérité que le Saint-Esprit a prononcée par une sentence

qu'affaiblir son pouvoir, et dès-lors le roi d'Angleterre ne fut plus le premier magistrat de la nation.

manifeste! Dieu même menace les peuples qui altèrent la religion qu'il a établie, de se retirer du milieu d'eux, et par là de les livrer aux guerres civiles. Écoutez comme il parle par la bouche du prophète Zacharie : « Leur ame, dit « le Seigneur, a varié envers moi, » quand ils ont si souvent changé la religion, « et je leur ai « dit : Je ne serai plus votre pasteur, » c'est-à-dire je vous abandonnerai à vous-mêmes, et à votre cruelle destinée ; et voyez la suite : « Que « ce qui doit mourir aille à la mort ; que ce qui « doit être retranché soit retranché ; » entendez-vous ces paroles? « et que ceux qui demeu- « reront se dévorent les uns les autres[1]. » O prophétie trop réelle et trop véritablement accomplie! La reine avoit bien raison de juger qu'il n'y avoit point de moyen d'ôter les causes des guerres civiles, qu'en retournant à l'unité catholique, qui a fait fleurir durant tant de siècles l'église et la monarchie d'Angleterre, autant que les plus saintes églises et les plus illustres monarchies du monde. Ainsi, quand cette pieuse princesse servoit l'Église, elle croyoit servir l'état, elle croyoit assurer au roi des serviteurs, en conservant à Dieu des fidèles. L'expérience a justifié ses sentiments ; et il est vrai que le roi son fils n'a rien trouvé de plus ferme dans son

---

[1] Anima eorum variavit in me, et dixi : Non pascam vos. Quod moritur, moriatur; et quod succiditur, succidatur, et reliqui devorent unusquisque carnem proximi sui. (ZACH., c. XI, v. 9.)

service que ces catholiques si haïs, si persécutés, que lui avoit sauvés la reine sa mère. En effet il est visible que, puisque la séparation et la révolte contre l'autorité de l'Église a été la source d'où sont dérivés tous les maux, on n'en trouvera jamais les remèdes que par le retour à l'unité, et par la soumission ancienne. C'est le mépris de cette unité qui a divisé l'Angleterre. Que si vous me demandez comment tant de factions opposées, et tant de sectes incompatibles, qui se devoient apparemment détruire les unes les autres, ont pu si opiniâtrément conspirer ensemble contre le trône royal, vous l'allez apprendre.

Un homme[1] s'est rencontré d'une profondeur d'esprit incroyable, hypocrite raffiné autant qu'habile politique, capable de tout entreprendre et de tout cacher, également actif et infatigable dans la paix et dans la guerre, qui ne laissoit rien à la fortune de ce qu'il pouvoit lui ôter par conseil et par prévoyance; mais au reste si vigilant et si prêt à tout[2], qu'il n'a jamais manqué les occasions qu'elle lui a présen-

[1] Un autre écrivain auroit pu dire : Cromwell étoit un de ces prodiges de scélératesse qui apparoissent de temps en temps dans l'univers comme d'effrayants phénomènes, etc. Bossuet dit tout cela d'un seul mot : *un homme s'est rencontré....* et avec ce seul mot il fait entendre ce qu'il y a de plus extraordinaire. Voilà ce que j'appelle la langue de Bossuet : on en trouveroit des traits à toutes les pages, et souvent en foule et pressés les uns sur les autres. (LA HARPE.)

[2] Ici, *prêt à tout* signifie à la fois et la disposition et l'attente.

tées ; enfin un de ces esprits remuants et audacieux qui semblent nés pour changer le monde. Que le sort de tels esprits est hasardeux, et qu'il en paroît dans l'histoire à qui leur audace a été funeste ! Mais aussi que ne font-ils pas, quand il plaît à Dieu de s'en servir ! Il fut donné à celui-ci de tromper les peuples, et de prévaloir contre les rois[1]. Car, comme il eut aperçu que dans ce mélange infini de sectes qui n'avoient plus de règles certaines, le plaisir de dogmatiser sans être repris ni contraint par aucune autorité ecclésiastique ni séculière étoit le charme qui possédoit les esprits, il sut si bien les concilier par là, qu'il fit un corps redoutable de cet assemblage monstrueux. Quand une fois on a trouvé le moyen de prendre la multitude par l'appât de la liberté, elle suit en aveugle, pourvu qu'elle en entende seulement le nom. Ceux-ci, occupés du premier objet qui les avoit transportés, alloient toujours, sans regarder qu'ils alloient à la servitude ; et leur subtil conducteur, qui, en combattant, en dogmatisant, en mêlant mille personnages divers, en faisant le docteur et le prophète aussi bien que le soldat et le capitaine, vit qu'il avoit tellement enchanté le monde qu'il étoit regardé de toute l'armée comme un chef envoyé de Dieu pour la protection de l'indépendance, commença à s'aperce-

[1] Apoc., c. XIII, v. 5, 7.

voir qu'il pouvoit encore les pousser plus loin. Je ne vous raconterai pas la suite trop fortunée de ses entreprises, ni ses fameuses victoires dont la vertu étoit indignée, ni cette longue tranquillité qui a étonné l'univers[1]. C'étoit le conseil de Dieu d'instruire les rois à ne point quitter son église. Il vouloit découvrir par un grand exemple tout ce que peut l'hérésie; combien elle est naturellement indocile et indépendante, combien fatale à la royauté et à toute autorité légitime. Au reste, quand ce grand Dieu a choisi quelqu'un pour être l'instrument de ses desseins, rien n'en arrête le cours; ou il enchaîne, ou il aveugle, ou il dompte tout ce qui est capable de résistance. « Je suis le Seigneur, dit-il « par la bouche de Jérémie; c'est moi qui ai fait « la terre, avec les hommes et les animaux, et « je la mets entre les mains de qui il me plaît[2];

[1] Bossuet ne nomme pas une seule fois Cromwell. Il fait mieux : il le montre à tous les esprits; il le rend présent à tous les regards; il lui laisse tous les lauriers qui ombrageoient son front tant de fois victorieux, et il arrache le masque qui couvroit tant de crimes et d'hypocrisie. C'est la plus noble vengeance du génie et de la vertu. (Le C^{al} DE BAUSSET.) — Cette modération de Bossuet est d'autant plus remarquable que l'éloge funèbre de la veuve de Charles Ier fut prononcé en 1669, onze ans seulement après la mort de Cromwell, et dix ans après le rétablissement de Charles II sur le trône : c'est-à-dire, quand depuis deux lustres révolus la mémoire de Cromwell étoit livrée au jugement de l'histoire, et que son cadavre avoit été exhumé, traîné sur la claie dans les rues de Londres, pendu et enterré au pied du gibet. (Le C^{al} MAURY.)

[2] Ego feci terram, et homines, et jumenta quæ sunt super faciem terræ, et fortitudine mea magna et in brachio meo extento; et dedi eam ei qui placuit in oculis meis. (JEREM., c. XXVII, v. 5.)

« et maintenant j'ai voulu soumettre ces terres
« à Nabuchodonosor, roi de Babylone, mon
« serviteur¹. » Il l'appelle son serviteur, quoique
infidèle, à cause qu'il l'a nommé pour exécuter
ses décrets. « Et j'ordonne, poursuit-il, que
« tout lui soit soumis jusqu'aux animaux². »
Tant il est vrai que tout ploie et que tout est
souple quand Dieu le commande! Mais écoutez
la suite de la prophétie : « Je veux que ces peu-
« ples lui obéissent, et qu'ils obéissent encore à
« son fils, jusqu'à ce que le temps des uns et
« des autres vienne³. » Voyez, chrétiens, comme
les temps sont marqués, comme les générations
sont comptées : Dieu détermine jusqu'à quand
doit durer l'assoupissement, et quand aussi se
doit réveiller le monde.

Tel a été le sort de l'Angleterre. Mais que,
dans cette effroyable confusion de toutes choses,
il est beau de considérer ce que la grande Henriette a entrepris pour le salut de ce royaume,
ses voyages, ses négociations, ses traités, tout
ce que sa prudence et son courage opposoient à
la fortune de l'état ; et enfin sa constance, par
laquelle n'ayant pu vaincre la violence de la
destinée, elle en a si noblement soutenu l'ef-

---

[1] Et nunc itaque dedi omnes terras istas in manu Nabuchodonosor, regis Babylonis, servi mei. (JEREM., c. XXVII, v. 6.)

[2] Insuper et bestias agri dedi ei, ut serviant illi. (*Ibid.*)

[3] Et servient ei omnes gentes, et filio ejus, etc., donec veniat tempus terræ ejus et ipsius. (*Ibid.*, 7.)

fort! Tous les jours elle ramenoit quelqu'un des rebelles; et de peur qu'ils ne fussent malheureusement engagés à faillir toujours, parce qu'ils avoient failli une fois, elle vouloit qu'ils trouvassent leur refuge dans sa bonté, et leur sûreté dans sa parole. Ce fut entre ses mains que le gouverneur de Sharborough remit ce port et ce château inaccessible. Les deux Hotham père et fils, qui avoient donné le premier exemple de perfidie en refusant au roi même les portes de la forteresse et du port de Hull, choisirent la reine pour médiatrice, et devoient rendre au roi cette place avec celle de Beverley; mais ils furent prévenus et décapités; et Dieu qui voulut punir leur honteuse désobéissance par les propres mains des rebelles, ne permit pas que le roi profitât de leur repentir. Elle avoit encore gagné un maire de Londres, dont le crédit étoit grand, et plusieurs autres chefs de la faction. Presque tous ceux qui lui parloient se rendoient à elle; et si Dieu n'eût point été inflexible, si l'aveuglement des peuples n'eût pas été incurable, elle auroit guéri les esprits, et le parti le plus juste auroit été le plus fort.

On sait, Messieurs, que la reine a souvent exposé sa personne dans ces conférences secrètes; mais j'ai à vous faire voir de plus grands hasards. Les rebelles s'étoient saisis des arsenaux et des magasins; et, malgré la défection de tant de sujets, malgré l'infame désertion de la milice même, il étoit encore plus aisé au roi de lever des soldats que de les armer. Elle abandonne, pour avoir des armes et des munitions, non seulement ses joyaux, mais encore le soin de sa vie. Elle se met en mer au mois de février, malgré l'hiver et les tempêtes ; et, sous prétexte de conduire en Hollande la princesse royale sa fille aînée, qui avoit été mariée à Guillaume, prince d'Orange, elle va pour engager les états dans les intérêts du roi, lui gagner des officiers, lui amener des munitions. L'hiver ne l'avoit pas effrayée, quand elle partit d'Angleterre ; l'hiver ne l'arrête pas, onze mois après, quand il faut retourner auprès du roi ; mais le succès n'en fut pas semblable. Je tremble au seul récit de la tempête furieuse dont sa flotte fut battue durant dix jours. Les matelots furent alarmés jusqu'à perdre l'esprit, et quelques-uns d'entre eux se précipitèrent dans les ondes. Elle, toujours intrépide autant que les vagues étoient émues, rassuroit tout le monde par sa fermeté ; elle excitoit ceux qui l'accompagnoient à espérer en Dieu, qui faisoit toute sa confiance ; et, pour éloigner de leur esprit les funestes idées de la mort qui se présentoit de tous côtés, elle disoit, avec un air de sérénité qui sembloit déjà ramener le calme, que les reines ne se noyoient pas ! Hélas ! elle est réservée à quelque chose de bien plus extraordinaire ; et, pour s'être sauvée du naufrage, ses malheurs n'en seront pas moins déplorables. Elle vit périr ses vaisseaux, et presque toute l'espérance d'un si grand secours. L'amiral, où elle étoit, conduit par la main de celui qui domine sur la profondeur de la mer, et qui dompte ses flots soulevés, fut repoussé aux ports de Hollande; et tous les peuples furent étonnés d'une délivrance si miraculeuse.

Ceux qui sont échappés du naufrage disent un éternel adieu à la mer et aux vaisseaux [1]; et, comme disoit un ancien auteur, ils n'en peuvent même supporter la vue. Cependant onze jours après, ô résolution étonnante, la reine à peine sortie d'une tourmente si épouvantable, pressée du désir de revoir le roi et de le secourir, ose encore se commettre à la furie de l'océan et à la rigueur de l'hiver. Elle ramasse quelques vaisseaux qu'elle charge d'officiers et de munitions, et repasse enfin en Angleterre. Mais qui ne seroit étonné de la cruelle destinée de cette princesse! Après s'être sauvée des flots, une autre tempête lui fut presque fatale : cent pièces de canon tonnèrent sur elle à son arrivée, et la maison où elle entra fut percée de leurs coups. Qu'elle eut d'assurance dans cet effroyable péril! mais qu'elle eut de clémence pour l'auteur d'un si noir attentat! On l'amena prisonnier peu de temps après; elle lui pardonna son crime, le livrant pour tout supplice à sa conscience et à la honte

---

[1] Naufragio liberati exinde repudium et navi et mari dicunt. (TERTULL., de Pœnit., n. 7.)

d'avoir entrepris sur la vie d'une princesse si bonne et si généreuse : tant elle étoit au-dessus de la vengeance aussi bien que de la crainte!

Mais ne la verrons-nous jamais auprès du roi, qui souhaite si ardemment son retour? Elle brûle du même désir, et déjà je la vois paroître dans un nouvel appareil. Elle marche comme un général à la tête d'une armée royale, pour traverser des provinces que les rebelles tenoient presque toutes; elle assiége et prend d'assaut en passant une place considérable qui s'opposoit à sa marche; elle triomphe, elle pardonne, et enfin le roi la vient recevoir dans une campagne où il avoit remporté, l'année précédente, une victoire signalée[1] sur le général Essex. Une heure après, on apporta la nouvelle d'une grande bataille gagnée. Tout sembloit prospérer par sa présence : les rebelles étoient consternés; et si la reine en eût été crue; si, au lieu de diviser les armées royales, et de les amuser, contre son avis, aux siéges infortunés de Hull et de Glocester, on eût marché droit à Londres, l'affaire étoit décidée, et cette campagne eût fini la guerre. Mais le moment fut manqué : le terme fatal approchoit; et le Ciel, qui sembloit sus-

---

[1] Cette victoire signalée paroît être la bataille d'Edgehill, dans laquelle le fils du célèbre et malheureux favori d'Élisabeth combattit le roi en personne. Les deux armées s'attribuèrent la victoire; cependant Charles fut forcé, peu de temps après, de lever le siége de Glocester, ce *siége infortuné* auquel l'orateur fait une allusion si douloureuse.

pendre en faveur de la reine la vengeance qu'il méditoit, commença à se déclarer. « Tu sais « vaincre, disoit un brave Africain au plus « rusé capitaine qui fut jamais, mais tu ne sais « pas user de ta victoire : Rome, que tu tenois, « t'échappe, et le destin ennemi t'a ôté tantôt « le moyen, tantôt la pensée de la prendre[1]. » Depuis ce malheureux moment tout alla visiblement en décadence, et les affaires furent sans retour. La reine, qui se trouva grosse, et qui ne put par tout son crédit faire abandonner ces deux siéges, qu'on vit enfin si mal réussir, tomba en langueur; et tout l'état languit avec elle. Elle fut contrainte de se séparer d'avec le roi, qui était presque assiégé dans Oxford, et ils se dirent un adieu bien triste, quoiqu'ils ne sussent pas que c'était le dernier. Elle se retira à Exeter, ville forte, où elle fut elle-même bientôt assiégée. Elle y accoucha d'une princesse, et se vit, douze jours après, contrainte de prendre la fuite pour se réfugier en France.

Princesse, dont la destinée est si grande et si glorieuse, faut-il que vous naissiez en la puissance des ennemis de votre maison ! O Éternel ! veillez sur elle; anges saints, rangez à l'entour vos escadrons invisibles, et faites la garde au-

---

[1] Tum Maharbal: Vincere scis, Annibal, victoria uti nescis. (Tit. Liv., Dec. 3, lib. II.)

Potiundæ urbis Romæ, modo mentem non dari, modo fortunam. (*Ibid.*, lib. VI.)

tour du berceau d'une princesse si grande et si délaissée ! elle est destinée au sage et valeureux Philippe, et doit des princes à la France, dignes de lui, dignes d'elle et de leurs aïeux. Dieu l'a protégée, Messieurs ; sa gouvernante, deux ans après, tire ce précieux enfant des mains des rebelles ; et quoique, ignorant sa captivité, et sentant trop sa grandeur, elle se découvre elle-même ; quoique, refusant tous les autres noms, elle s'obstine à dire qu'elle est la princesse, elle est enfin amenée auprès de la reine sa mère, pour faire sa consolation durant ses malheurs, en attendant qu'elle fasse la félicité d'un grand prince et la joie de toute la France. Mais j'interromps l'ordre de mon histoire. J'ai dit que la reine fut obligée à se retirer de son royaume. En effet elle partit des ports d'Angleterre à la vue des vaisseaux des rebelles, qui la poursuivoient de si près, qu'elle entendoit presque leurs cris et leurs menaces insolentes. O voyage bien différent de celui qu'elle avoit fait sur la même mer [1], lorsque, venant prendre possession du sceptre de la Grande-Bretagne, elle voyoit pour ainsi dire les ondes se courber sous elle, et soumettre toutes leurs vagues à la dominatrice des mers ! Main-

---

[1] Ce beau mouvement paroît imité de ce passage de Virgile qu'on ne sauroit trop citer ni trop admirer :

Quantum mutatus ab illo
Hectore, qui redit exuvias indutus Achillis,

tenant chassée, poursuivie par ses ennemis implacables qui avoient eu l'audace de lui faire son procès, tantôt sauvée, tantôt presque prise, changeant de fortune à chaque quart d'heure, n'ayant pour elle que Dieu et son courage inébranlable, elle n'avoit ni assez de vent ni assez de voiles pour favoriser sa fuite précipitée. Mais enfin elle arrive à Brest, où, après tant de maux, il lui fut permis de respirer un peu.

Quand je considère en moi-même les périls extrêmes et continuels qu'a courus cette princesse sur la mer et sur la terre, durant l'espace de près de dix ans, et que d'ailleurs je vois que toutes les entreprises sont inutiles contre sa personne, pendant que tout réussit d'une manière surprenante contre l'état, que puis-je penser autre chose, sinon que la Providence, autant attachée à lui conserver la vie qu'à renverser sa puissance, a voulu qu'elle survéquît à ses grandeurs, afin qu'elle pût survivre aux attachements de la terre et aux sentiments d'orgueil qui corrompent d'autant plus les ames qu'elles sont plus grandes et plus élevées? Ce fut un conseil à peu près semblable qui abaissa autrefois David sous la main du rebelle Absalon. « Le voyez-vous, ce grand roi, dit le saint et

---

> Vel Danaum Phrygios jaculatus puppibus ignes!
> Squalentem barbam, et concretos sanguine crines,
> Vulneraque illa gerens, quæ circum plurima muros
> Accepit patrios.
>   (Virg., Æneid. II, 275.)

« éloquent prêtre de Marseille, le voyez-vous
« seul, abandonné, tellement déchu dans l'es-
« prit des siens, qu'il devient un objet de mé-
« pris aux uns, et, ce qui est plus insupportable
« à un grand courage, un objet de pitié aux au-
« tres ; ne sachant, poursuit Salvien, de laquelle
« de ces deux choses il avoit le plus à se plain-
« dre, ou de ce que Siba le nourrissoit, ou de
« ce que Séméi avoit l'insolence de le maudire [1]. »
Voilà, messieurs, une image, mais imparfaite,
de la reine d'Angleterre, quand, après de si
étranges humiliations, elle fut encore contrainte
de paroître au monde, et d'étaler, pour ainsi
dire, à la France même, et au Louvre, où elle
étoit née avec tant de gloire, toute l'étendue de
sa misère [2]. Alors elle put bien dire avec le prophète Isaïe : « Le Seigneur des armées a fait ces
« choses pour anéantir tout le faste des gran-
« deurs humaines, et tourner en ignominie ce
« ce que l'univers a de plus auguste [3]. « Ce n'est
pas que la France ait manqué à la fille de Henri
le Grand ; Anne la magnanime, la pieuse, que
nous ne nommerons jamais sans regret, la reçut

[1] Dejectus usque in servorum suorum, quod grave est, contumeliam, vel, quod gravius, misericordiam; ut vel Siba eum pasceret, vel ei maledicere Semei publice non timeret. (Salv., de Gubern. Dei, lib. II, c. v.)
[2] La postérité aura peine à croire que la petite-fille d'Henri IV ait manqué d'un fagot pour se lever, au mois de janvier, au Louvre. (Le C^{al} de Retz dans ses Mémoires.)
[3] Dominus exercituum cogitavit hoc, ut detraheret superbiam omnis gloriæ, et ad ignominiam deduceret universos inclytos terræ. (Isaias, c. XXIII, v. 9.)

d'une manière convenable à la majesté des deux reines; mais les affaires du roi ne permettant pas que cette sage régente pût proportionner le remède au mal, jugez de l'état de ces deux princesses. Henriette, d'un si grand cœur, est contrainte de demander du secours; Anne, d'un si grand cœur, ne peut en donner assez. Si l'on eût pu avancer ces belles années dont nous admirons maintenant le cours glorieux, Louis, qui entend de si loin les gémissements des chrétiens affligés [1]; qui, assuré de sa gloire, dont la sagesse de ses conseils et la droiture de ses intentions lui répondent toujours malgré l'incertitude des événements, entreprend lui seul la cause commune, et porte ses armes redoutées à travers des espaces immenses de mer et de terre, auroit-il refusé son bras à ses voisins, à ses alliés, à son propre sang, aux droits sacrés de la royauté, qu'il sait si bien maintenir? Avec quelle puissance l'Angleterre l'auroit-elle vu invincible défenseur ou vengeur présent [2] de la majesté violée! Mais Dieu n'avoit laissé aucune ressource au roi d'Angleterre; tout lui manque, tout lui est contraire; les Écossois, à qui il se donne, le livrent aux parlementaires anglois, et les gardes fidèles [3] de nos rois tra-

[1] Allusion aux secours envoyés à Candie assiégée par les Turcs.
[2] C'est le *numen præsens* des Latins.
[3] Une des quatre compagnies des gardes du corps du roi étoit alors entièrement composée d'Écossois.

hissent le leur. Pendant que le parlement d'Angleterre songe à congédier l'armée, cette armée, tout indépendante, réforme elle-même à sa mode le parlement, qui eût gardé quelques mesures, et se rend maîtresse de tout. Ainsi le roi est mené de captivité en captivité; et la reine remue en vain la France, la Hollande, la Pologne même, et les puissances du nord les plus éloignées. Elle ranime les Écossois, qui arment trente mille hommes; elle fait avec le duc de Lorraine une entreprise pour la délivrance du roi son seigneur, dont le succès paroît infaillible, tant le concert en est juste; elle retire ses chers enfants, l'unique espérance de sa maison, et confesse à cette fois que parmi les plus mortelles douleurs on est encore capable de joie; elle console le roi, qui lui écrit de sa prison même qu'elle seule soutient son esprit, et qu'il ne faut craindre de lui aucune bassesse, parce que sans cesse il se souvient qu'il est à elle. O mère! ô femme! ô reine admirable, et digne d'une meilleure fortune, si les fortunes de la terre étoient quelque chose! Enfin il faut céder à votre sort; vous avez assez soutenu l'état, qui est attaqué par une force invincible et divine: il ne reste plus désormais, sinon que vous teniez ferme parmi ses ruines.

Comme une colonne, dont la masse solide paroît le plus ferme appui d'un temple ruineux, lorsque ce grand édifice qu'elle soutenoit fond sur elle sans l'abattre; ainsi la reine se montre le ferme soutien de l'état, lorsqu'après en avoir long-temps porté le faix elle n'est pas même courbée sous sa chute.

Qui cependant pourroit exprimer ses justes douleurs? Qui pourroit raconter ses plaintes? Non, messieurs, Jérémie lui-même, qui seul semble être capable d'égaler les lamentations aux calamités, ne suffiroit pas à de tels regrets. Elle s'écrie avec le prophète: « Voyez, Seigneur, « mon affliction; mon ennemi s'est fortifié, et « mes enfants sont perdus; le cruel a mis sa « main sacrilége sur ce qui m'étoit le plus cher; « la royauté a été profanée, et les princes sont « foulés aux pieds [1]. Laissez-moi, je pleurerai « amèrement; n'entreprenez pas de me conso- « ler. L'épée a frappé au dehors; mais je sens « en moi-même une mort semblable [2]. »

Mais après que nous avons écouté ses plaintes, saintes filles, ses chères amies (car elle vouloit bien vous nommer ainsi), vous qui l'avez vue si souvent gémir devant les autels de son unique protecteur, et dans le sein desquelles elle a versé

---

[1] Charles Ier eut la tête tranchée le 9 février 1649, dans la quarante-neuvième année de son règne. Cette fin déplorable nous rappelle d'autres infortunes plus récentes et qui nous touchent de plus près.

[2] Facti sunt filii mei perditi, quoniam invaluit inimicus. LAM., c. I, v. 16. Manum suam misit hostis ad omnia desiderabilia ejus. Ib., 1, 10. Polluit regnum et principes ejus. Ib. II, 2. Recedite a me, amare flebo; nolite incumbere, ut consolemini me. Is., c. XXII, v. 4. Foris interficit gladius, et domi mors similis est. (LAM., c. 1, v. 20.)

les secrètes consolations qu'elle en recevoit, mettez fin à ce discours en nous racontant les sentiments chrétiens dont vous avez été les témoins fidèles ; combien de fois a-t-elle en ce lieu remercié Dieu humblement de deux grandes graces : l'une, de l'avoir fait chrétienne, l'autre, messieurs, qu'attendez-vous ? Peut-être d'avoir rétabli les affaires du roi son fils ? Non ; c'est de l'avoir fait reine malheureuse. Ah ! je commence à regretter les bornes étroites du lieu où je parle ; il faut éclater, percer cette enceinte, et faire retentir bien loin une parole qui ne peut être assez entendue. Que ses douleurs l'ont rendue savante dans la science de l'évangile, et qu'elle a bien connu la religion et la vertu de la croix, quand elle a uni le christianisme avec les malheurs ! Les grandes prospérités nous aveuglent, nous transportent, nous égarent, nous font oublier Dieu, nous-mêmes, et les sentiments de la foi : de là naissent des monstres de crimes, des raffinements de plaisirs, des délicatesses d'orgueil, qui ne donnent que trop de fondement à ces terribles malédictions que Jésus-Christ a prononcées dans son évangile : « Mal« heur à vous qui riez ! malheur à vous qui êtes « pleins et contents du monde [1] ! » Au contraire, comme le christianisme a pris sa naissance de la croix, ce sont aussi les malheurs qui le fortifient : là on expie ses péchés ; là on épure ses intentions ;

---

[1] Væ, qui saturati estis !... Væ vobis, qui ridetis ! (Luc., vi, v. 25.)

là on transporte ses désirs de la terre au ciel ; là on perd tout le goût du monde, et on cesse de s'appuyer sur soi-même et sur sa prudence. Il ne faut pas se flatter : les plus expérimentés dans les affaires font des fautes capitales ; mais que nous nous pardonnons aisément nos fautes quand la fortune nous les pardonne ! et que nous nous croyons bientôt les plus éclairés et les plus habiles, quand nous sommes les plus élevés et les plus heureux ! Les mauvais succès sont les seuls maîtres qui peuvent nous reprendre utilement, et nous arracher cet aveu d'avoir failli, qui coûte tant à notre orgueil. Alors, quand les malheurs nous ouvrent les yeux, nous repassons avec amertume sur tous nos faux pas ; nous nous trouvons également accablés de ce que nous avons fait et de ce que nous avons manqué de faire, et nous ne savons plus par où excuser cette prudence présomptueuse qui se croyoit infaillible ; nous voyons que Dieu seul est sage ; et, en déplorant vainement les fautes qui ont ruiné nos affaires, une meilleure réflexion nous apprend à déplorer celles qui ont perdu notre éternité, avec cette singulière consolation qu'on les répare quand on les pleure [1].

---

[1] Voyez comme Bossuet annonce avec hauteur qu'il va instruire les rois ; comme il se jette ensuite à travers les divisions et les orages de cette île ; comme il peint le débordement des sectes, le fanatisme des indépendants ; au milieu d'eux Cromwell, actif et impénétrable, dogmatisant et combattant, montrant l'étendard de la liberté et précipitant les peuples dans la servitude ; la reine luttant contre le malheur et la révolte, cherchant partout des vengeurs, traversant neuf fois les mers,

Dieu a tenu douze ans sans relâche, sans aucune consolation de la part des hommes, notre malheureuse reine (donnons-lui hautement ce titre, dont elle a fait un sujet d'actions de graces), lui faisant étudier sous sa main ces dures, mais solides leçons. Enfin, fléchi par ses vœux et par son humble patience, il a rétabli la maison royale; Charles II est reconnu, et l'injure des rois a été vengée. Ceux que les armes n'avoient pu vaincre, ni les conseils ramener, sont revenus tout-à-coup d'eux-mêmes; déçus par leur liberté, ils en ont à la fin détesté l'excès, honteux d'avoir eu tant de pouvoir, et leurs propres succès leur faisant horreur. Nous savons que ce prince magnanime eût pu hâter ses affaires, en se servant de la main de ceux qui s'offroient à détruire la tyrannie par un seul coup : sa grande ame a dédaigné ces moyens trop bas; il a cru qu'en quelque état que fussent les rois, il étoit de leur majesté de n'agir que par les lois ou par les armes. Ces lois, qu'il a protégées, l'ont rétabli presque

battue par les tempêtes, voyant son époux dans les fers, ses amis sur l'échafaud, ses troupes vaincues; elle-même obligée de céder, mais, dans la chute de l'état, restant ferme parmi ses ruines, telle qu'une colonne qui, après avoir long-temps soutenu un temple ruineux, reçoit sans être courbée ce grand édifice qui tombe et fond sur elle sans l'abattre! Cependant l'orateur, à travers ce grand spectacle qu'il déploie sur la terre, nous montre toujours Dieu présent au haut des cieux, secouant et brisant les trônes, précipitant les révolutions, et, par sa force invincible, enchaînant ou domptant tout ce qui lui résiste. Cette idée, répandue dans tout le discours, y jette une terreur religieuse qui en augmente encore l'effet, et en rend le pathétique plus sublime et plus sombre. (THOMAS, *Essai sur les éloges.*)

toutes seules : il règne paisible et glorieux sur le trône de ses ancêtres, et fait régner avec lui la justice, la sagesse, et la clémence.

Il est inutile de vous dire combien la reine fut consolée par ce merveilleux événement ; mais elle avoit appris par ses malheurs à ne changer pas dans un si grand changement de son état : le monde une fois banni n'eut plus de retour dans son cœur. Elle vit avec étonnement que Dieu, qui avoit rendu inutiles tant d'entreprises et tant d'efforts, parce qu'il attendoit l'heure qu'il avoit marquée, quand elle fut arrivée, alla prendre comme par la main le roi son fils pour le conduire à son trône. Elle se soumit plus que jamais à cette main souveraine qui tient du plus haut des cieux les rênes de tous les empires ; et, dédaignant les trônes qui peuvent être usurpés, elle attacha son affection au royaume où l'on ne craint point d'avoir des égaux [1], et où l'on voit sans jalousie ses concurrents. Touchée de ces sentiments, elle aima cette humble maison plus que ses palais : elle ne se servit plus de son pouvoir que pour protéger la foi catholique, pour multiplier ses aumônes, et pour soulager plus abondamment les familles réfugiées de ses trois royaumes, et tous ceux qui avoient été ruinés pour la cause de la religion ou pour le service du roi.

Rappelez en votre mémoire avec quelle cir-

---

[1] Plus amant illud regnum in quo non timent habere consortes. (S. Aug., de Civit., lib. V, c. xxiv.)

conspection elle ménageoit le prochain, et combien elle avoit d'aversion pour les discours empoisonnés de la médisance. Elle savoit de quel poids est non seulement la moindre parole, mais le silence même des princes, et combien la médisance se donne d'empire quand elle a osé seulement paroître en leur auguste présence. Ceux qui la voyoient attentive à peser toutes ses paroles jugeoient bien qu'elle étoit sans cesse sous la vue de Dieu, et que, fidèle imitatrice de l'institut de Sainte-Marie, jamais elle ne perdoit la sainte présence de la majesté divine. Aussi rappeloit-elle souvent ce précieux souvenir par l'oraison et par la lecture du livre de l'Imitation de Jésus, où elle apprenoit à se conformer au véritable modèle des chrétiens. Elle veilloit sans relâche sur sa conscience. Après tant de maux et tant de traverses, elle ne connut plus d'autres ennemis que ses péchés : aucun ne lui sembla léger; elle en faisoit un rigoureux examen; et, soigneuse de les expier par la pénitence et par les aumônes, elle étoit si bien préparée, que la mort n'a pu la surprendre, encore qu'elle soit venue sous l'apparence du sommeil. Elle est morte, cette grande reine; et par sa mort elle a laissé un regret éternel, non seulement à Monsieur et à Madame, qui, fidèles à tous leurs devoirs, ont eu pour elle des respects si soumis, si sincères, si persévérants, mais encore à tous ceux qui ont eu l'honneur de la servir ou de la connoître. Ne plaignons plus ses disgraces, qui font maintenant sa félicité. Si elle avoit été plus fortunée, son histoire seroit plus pompeuse, mais ses œuvres seroient moins pleines ; et, avec des titres superbes, elle auroit peut-être paru vide devant Dieu. Maintenant qu'elle a préféré la croix au trône, et qu'elle a mis ses malheurs au nombre des plus grandes graces, elle recevra les consolations qui sont promises à ceux qui pleurent¹. Puisse donc ce Dieu de miséricorde accepter ses afflictions en sacrifice agréable ! Puisse-t-il la placer au sein d'Abraham, et, content de ses maux, épargner désormais à sa famille et au monde de si terribles leçons² !

¹ Matth., c. v, v. 5.
² Cette péroraison est si tranquille, qu'à peine elle en paroît une. Soit à dessein, soit parce que la leçon que Bossuet avoit promise aux rois est donnée, soit parce que son génie se calme et s'apaise quand il n'a plus à parler de la Providence, qui remue les royaumes, cette fin de discours ressemble à celle de la vie de Henriette qui s'éteint sans éclat ; et après ce fracas de disgraces royales et de leçons divines, l'orateur repose l'ame de ses auditeurs dans une espérance douce et chrétienne. (L'abbé de Vauxcelles.)

ORAISON FUNÈBRE

DE

HENRIETTE-ANNE D'ANGLETERRE,

DUCHESSE D'ORLÉANS.

NOTICE

SUR

HENRIETTE-ANNE D'ANGLETERRE,

DUCHESSE D'ORLÉANS.

La mort soudaine de Henriette-Anne d'Angleterre, duchesse d'Orléans, est sans doute ce qu'il y a de plus remarquable dans sa vie. La reine Henriette-Marie de France, sa mère, femme de l'infortuné Charles Ier, roi d'Angleterre, eut cinq enfants, dont trois princes et deux princesses : Henriette-Anne fut la dernière de tous ; elle naquit environ cinq ans avant la mort sanglante du roi son père, le 16 juin 1644, à Exeter, où la reine, comme on l'a vu dans la notice précédente, avoit été forcée de se retirer pour faire ses couches. Elle n'avoit que dix-sept jours, lorsqu'elle fut laissée entre les mains de la comtesse de Morton, sa gouvernante, et au pouvoir des rebelles, par sa mère, que les factieux vouloient arrêter, et qui fut obligée de fuir ; au bout de deux ans, la comtesse de Morton, femme habile et dévouée, parvint, non sans peine, à remettre à la reine ce précieux dépôt : on déguisa la jeune captive en petit paysan ; on l'appela Henri : sous ce nom et sous ces habits, on la fit passer en France. Elle fut élevée dans le couvent que la reine d'Angleterre avoit fondé à Chaillot, et dans lequel cette veuve auguste s'étoit presque entièrement renfermée depuis la mort du roi son époux. Instruite surtout à cette humilité qui est un des grands et sublimes préceptes de la religion chrétienne, la fille de Charles Ier, la petite-fille de Henri IV, servoit les religieuses à table, dans les jours solennels. Parmi ces pieux et modestes exercices, et dans cette sombre retraite, on voyoit se développer de jour en jour ces graces vives et riantes, cet esprit lumineux et facile, ce caractère plein de douceur, tous ces heureux dons de la nature, que Henriette-Anne avoit reçus avec la vie, et qui alloient devenir le charme et l'ornement de la cour la plus polie et la plus brillante de l'Europe. Anne d'Autriche se sentoit entraînée vers elle par un attrait particulier : elle désiroit l'unir au roi son fils; Louis XIV parut ne point partager l'inclination de sa mère pour cette jeune princesse; il allégua des prétextes, et le mariage projeté n'eut point lieu. La reine-mère voulut que du moins Monsieur, son second fils, eût Henriette pour épouse : son vœu, qui ne rencontra pas d'obstacles, fut accompli le 31 mars 1661.

La princesse d'Angleterre n'avoit pas encore dix-sept ans : elle entroit dans une cour où tout respiroit la galanterie la plus mobile comme la plus élégante, où mille intrigues d'amour se formoient et se dénouoient à chaque instant, où l'esprit n'étoit presque d'aucun usage s'il ne servoit à embellir par ses délicatesses, et à rendre plus séduisants ces commerces qui étoient plus encore le triomphe de la mode que celui des passions. La présence de Madame sembla répandre de nouveaux enchantements sur un séjour si aimable et si dangereux : elle y apportoit tout l'abandon d'une gaîté naturelle autant qu'ingénieuse, dont elle ne croyoit plus, depuis son mariage, devoir maîtriser les saillies; sa vivacité lui ferma les yeux sur les périls qui environnoient sa jeunesse, sur les piéges qui partout s'offroient à ses pas; mais, si elle se compromit dans quelques engagements dont pouvoient murmurer les sages, si elle ne montra pas toujours assez de prudence dans ses manières, ni assez de sévérité dans l'observation de tous ses devoirs, les plus belles qualités de l'esprit et du caractère couvrirent en partie de leur éclat ces ombres de sa vie : elle étoit affable et généreuse, accessible et bienfaisante, n'exprimoit jamais sur son visage la fierté de son noble cœur, et ne laissoit apercevoir dans ses traits et dans ses yeux charmants que la douceur inaltérable de son ame. Sa sensibilité, quand elle l'appliquoit aux lettres, aux arts, aux plaisirs de l'esprit, devenoit un goût exquis et sûr, dont l'exemple contribua singulièrement à épurer celui de la cour, et à propager dans toute la France le sentiment du vrai beau ; elle encourageoit, elle savoit louer le génie avec une grace qui doubloit le prix de la louange et l'efficacité des encouragements.

Au moment, par exemple, où Boileau venoit de publier le Lutrin, elle l'aperçoit dans la galerie, au milieu de la foule des courtisans et des spectateurs, le regarde finement avec un léger sourire, lui fait du doigt signe d'approcher, se penche à la hâte vers son oreille, lui dit tout bas :

> Soupire, étend les bras, ferme l'œil, et s'endort,

et continue sa marche avec la famille royale et le roi, qui se rendoient à la chapelle : peu d'éloges ont dû flatter autant le poète à qui la princesse la plus spirituelle de la cour citoit ainsi dans un tel moment, avec un empressement délicat et une gracieuse familiarité, un des plus beaux vers du Lutrin, qui ne faisoit que d'éclore.

Elle engagea Corneille et Racine à traiter le sujet de *Bérénice :* elle mit aux prises, à l'insu l'un de l'autre, le vieux génie de l'auteur du *Cid* avec le génie naissant de l'auteur d'*Andromaque*, plus occupée sans doute d'obtenir un chef-d'œuvre, ou peut-être deux beaux ouvrages de plus, que d'affliger l'un ou l'autre de ces deux grands rivaux.

On a prétendu avec beaucoup de vraisemblance qu'elle

vouloit en secret que cette tragédie devînt sous quelques rapports l'image des sentiments dont son cœur étoit alors agité : Louis XIV, qui d'abord n'avoit éprouvé pour elle qu'une sorte de répugnance, et qui, malgré les souhaits empressés d'Anne d'Autriche, avoit refusé de la placer à côté de lui sur le trône, ne tarda pas à être frappé d'un mérite si rare et à goûter tant d'agréments réunis; il est probable que l'amour vint serrer des liens formés originairement par l'estime et par l'admiration; le cœur de Louis XIV et celui de la princesse s'entendirent; mais des rivalités, des intrigues, rompirent bientôt cette union, qui paroissoit d'ailleurs trop peu d'accord avec les convenances de famille les plus respectables. Madame renferma au fond de son ame le secret d'un penchant que rien ne put vaincre; et ce fut avec une joie bien sensible qu'elle vit ce grand roi, qu'elle adoroit, l'honorer de toute sa confiance dans une conjoncture très importante.

Louis XIV avoit décidé la ruine de la Hollande, unie alors par une triple alliance avec la Suède et l'Angleterre. Il avoit déjà fait d'inutiles efforts pour détacher le roi Charles II de cette confédération redoutable; l'ascendant de Madame sur ce monarque, l'esprit et les talents de cette princesse, son dévouement aux intérêts de la France, paroissent à Louis XIV les seuls moyens de succès : il lui confie le secret de sa politique; tout se dispose pour un voyage dont le but apparent est de visiter les nouvelles frontières du royaume; on part dans le plus pompeux appareil; toute la cour suit le roi; l'éclat des plaisirs et le retentissement des fêtes écartent tout soupçon; on arrive à Calais : il étoit naturel que Madame voulût profiter de l'occasion pour rendre visite au roi son frère; elle s'embarque sans aucune apparence de mystère; elle est accompagnée de mademoiselle de Kéroual, jeune personne d'une famille de Bretagne, très jolie et très piquante. Charles II, de son côté, se rend à Douvres; c'est là qu'ils se voient au mois de juin 1670 ; la négociation est presque terminée avant même que le bruit en soit répandu. Les charmes de mademoiselle de Kéroual, qui dans la suite devint duchesse de Portsmouth, avoient frappé le roi d'Angleterre. Madame revient au bout de dix jours ; elle apporte un traité, fruit de son zèle et de son adresse ; tous les témoignages de la reconnoissance, tous les honneurs l'environnent : l'heureuse négociatrice est au comble de la gloire.

Les ombres de la mort viennent tout-à-coup se mêler à tant de splendeur : à peine de retour, le dimanche 29 juin, la princesse éprouve de violentes douleurs dans l'estomac et dans le côté ; vers le soir, elle prend un verre d'eau de chicorée, qui redouble ses déchirements : tout retentit de ses cris ; les remèdes sont sans vertu ; la science des médecins est aux abois : ils n'entendent rien à ce mal si subit et si terrible ; ils n'en voient pas même, ou font semblant de n'en pas voir le danger ; mais la malade se sent frappée à mort. D'affreux soupçons se joignent à l'horreur de son état : elle se croit empoisonnée ; on lui administre inutilement des contre-poisons ; elle ordonne qu'on examine l'eau de chicorée, et rétracte sur-le-champ cet ordre. Contre l'avis même des gens de l'art, elle ne doute pas de sa fin prochaine ; elle se confesse. Le roi arrive sur les onze heures, avec la reine et quelques autres dames ; il trouve la princesse en proie à des tourments qui croissent sans cesse, admire son courage et sa fermeté, juge très bien du péril qui la menace, blâme l'inconcevable sécurité des médecins, et se retire dans une profonde consternation ; dès-lors, plus d'incertitudes : l'oracle a parlé ; les médecins, déterminés par la pensée du roi, prononcent l'arrêt fatal ; tous les secours de la religion sont appelés ; on dépêche à Bossuet courrier sur courrier ; en attendant, le chanoine Feuillet, célèbre par la dure et inflexible austérité qu'il portoit dans l'exercice de son saint ministère, exhorte à la mort cette victime prématurée, dans les termes les plus effrayants. Bossuet vient, se jette à genoux, se prosterne, lève les mains au ciel, s'adresse à Dieu, s'adresse à la mourante, déploie toutes les ressources de l'éloquence chrétienne, et bientôt commence d'une voix lugubre les prières des agonisants. Au milieu de ce triste appareil, et parmi les douleurs toujours renaissantes qui la dévorent, Madame garda sa présence d'esprit, conserva l'aimable douceur de son ame, et jusqu'à la grace ordinaire de ses paroles. Ce fut pour elle une consolation de rendre le dernier soupir entre les bras de ce grand et éloquent évêque dont elle vénéroit les vertus apostoliques, et dont elle apprécioit bien l'immense et incomparable génie. Un moment avant d'expirer, elle lui fit présent, avec une délicatesse infinie, d'une bague d'émeraude, qu'il porta toujours comme le gage d'une si honorable estime. Elle mourut à Saint-Cloud, le 30 juin 1670, à l'âge de vingt-six ans, dans des souffrances qui ne durèrent que neuf heures, et qui furent aussi courtes que déchirantes. La nouvelle de cette mort soudaine fut un coup de foudre; les esprits consternés ne sortirent de l'abattement que pour se jeter dans les plus noires conjectures; et, après avoir pesé les témoignages, nous n'oserions pas dire qu'elles étoient sans fondement.

Du mariage de Madame avec Philippe d'Orléans, Monsieur, frère unique de Louis XIV, naquirent deux princesses, Marie-Louise, qui épousa le roi d'Espagne Charles Ier, et Anne-Marie, qui fut unie à Victor-Amédée, duc de Savoie, ensuite roi de Sardaigne. C'est du second mariage de Monsieur avec une princesse palatine, qui n'est pas la fameuse Palatine de la fronde, que naquit le duc d'Orléans, régent, neveu de Louis XIV, second prince de la nouvelle maison de ce nom, laquelle subsiste encore aujourd'hui dans M. le duc d'Orléans actuel, et dans MM. ses fils, le duc de Chartres et le duc de Nemours.

DUSSAULT.

ORAISON FUNÈBRE

DE

HENRIETTE-ANNE D'ANGLETERRE,

DUCHESSE D'ORLÉANS,

Prononcée à Saint-Denis le vingt-unième jour d'août 1670.

Vanitas vanitatum, dixit Ecclesiastes; vanitas vanitatum, et omnia vanitas. ECCL., I.
Vanité des vanités, a dit l'Ecclésiaste; vanité des vanités, et tout est vanité.

MONSEIGNEUR[1],

J'étois donc encore destiné à rendre ce devoir funèbre à très haute et très puissante princesse HENRIETTE-ANNE D'ANGLETERRE, DUCHESSE D'ORLÉANS. Elle, que j'avois vue attentive pendant que je rendois le même devoir à la reine sa mère, devoit être sitôt après le sujet d'un discours semblable; et ma triste voix étoit réservée à ce déplorable ministère. O vanité! ô néant! ô mortels ignorants de leurs destinées! L'eût-elle cru, il y a dix mois? Et vous, Messieurs, eussiez-vous pensé, pendant qu'elle ver-

[1] M. le Prince.

soit tant de larmes en ce lieu, qu'elle dût sitôt vous y rassembler pour la pleurer elle-même? Princesse, le digne objet de l'admiration de deux grands royaumes, n'étoit-ce pas assez que l'Angleterre pleurât votre absence, sans être encore réduite à pleurer votre mort? et la France, qui vous revit avec tant de joie environnée d'un nouvel éclat, n'avoit-elle plus d'autres pompes et d'autres triomphes pour vous, au retour de ce voyage fameux d'où vous aviez remporté tant de gloire et de si belles espérances? « Vanité des « vanités, et tout est vanité. » C'est la seule parole qui me reste, c'est la seule réflexion que me permet, dans un accident si étrange, une si juste et si sensible douleur. Aussi n'ai-je point parcouru les livres sacrés pour y trouver quelque texte que je pusse appliquer à cette princesse : j'ai pris sans étude et sans choix les premières paroles que me présente l'Ecclésiaste, où, quoique la vanité ait été si souvent nommée, elle ne l'est pas encore assez à mon gré pour le dessein que je me propose. Je veux dans un seul malheur déplorer toutes les calamités du genre humain, et dans une seule mort faire voir la mort et le néant de toutes les grandeurs humaines. Ce texte, qui convient à tous les états et à tous les événements de notre vie, par une raison particulière devient propre à mon lamentable sujet, puisque jamais les vanités de la terre n'ont été si clairement découvertes, ni si hautement confondues. Non, après ce que nous venons de voir, la santé n'est qu'un nom, la vie n'est qu'un songe, la gloire n'est qu'une apparence, les graces et les plaisirs ne sont qu'un dangereux amusement : tout est vain en nous, excepté le sincère aveu que nous faisons devant Dieu de nos vanités, et le jugement arrêté qui nous fait mépriser tout ce que nous sommes.

Mais dis-je la vérité? L'homme que Dieu a fait à son image n'est-il qu'une ombre? Ce que Jésus-Christ est venu chercher du ciel en la terre, ce qu'il a cru pouvoir, sans se ravilir, acheter de tout son sang, n'est-ce qu'un rien? Reconnoissons notre erreur : sans doute ce triste spectacle des vanités humaines nous imposoit; et l'espérance publique, frustrée tout à coup par la mort de cette princesse, nous poussoit trop loin. Il ne faut pas permettre à l'homme de se mépriser tout entier, de peur que, croyant avec les impies que notre vie n'est qu'un jeu où règne le hasard, il ne marche sans règle et sans conduite au gré de ses aveugles désirs. C'est pour cela que l'Ecclésiaste, après avoir commencé son divin ouvrage par les paroles que j'ai récitées, après en avoir rempli toutes les pages du mépris des choses humaines, veut enfin montrer à l'homme quelque chose de plus solide, et conclut tout son discours en lui disant : « Crains Dieu, et garde ses commandements : « car c'est là tout l'homme; et sache que le

« Seigneur examinera dans son jugement tout
« ce que nous aurons fait de bien ou de mal[1]. »
Ainsi tout est vain en l'homme, si nous regardons ce qu'il donne au monde ; mais, au contraire, tout est important, si nous considérons ce qu'il doit à Dieu. Encore une fois, tout est vain en l'homme si nous regardons le cours de sa vie mortelle ; mais tout est précieux, tout est important, si nous contemplons le terme où elle aboutit, et le compte qu'il en faut rendre. Méditons donc aujourd'hui, à la vue de cet autel et de ce tombeau, la première et la dernière parole de l'Ecclésiaste, l'une qui montre le néant de l'homme, l'autre qui établit sa grandeur[2]. Que ce tombeau vous convainque de notre néant, pourvu que cet autel où l'on offre tous les jours pour nous une victime d'un si grand prix nous apprenne en même temps notre dignité : la princesse que nous pleurons sera un témoin fidèle de l'un et de l'autre. Voyons ce qu'une mort

[1] Deum time, et mandata ejus observa : hoc est enim omnis homo ; et cuncta quæ fiunt adducet Deus in judicium, pro omni errato, sive bonum, sive malum illud sit. (Eccl., c. xii, v. 13, 14.)

[2] Dieu, la religion, un autel, des tombeaux, tous ces vastes sujets de méditation qui écrasent ou qui humilient l'imagination des autres hommes, semblent être le domaine de Bossuet et la patrie de son génie. On sait qu'il respire plus à son aise à la hauteur où le place ce grand spectacle du temps et de l'éternité ; et c'est de cette hauteur qu'il considère les rois, les trônes, et toutes les grandeurs de la terre, comme placées sous la main de Dieu, pour servir de simples témoignages de sa toute-puissance, lorsqu'il juge à propos de les briser, de les anéantir et de les faire disparoître comme la paille légère emportée par le vent. (Le C^{al} de Bausset.)

soudaine lui a ravi; voyons ce qu'une sainte mort lui a donné. Ainsi nous apprendrons à mépriser ce qu'elle a quitté sans peine, afin d'attacher toute notre estime à ce qu'elle a embrassé avec tant d'ardeur, lorsque son ame, épurée de tous les sentiments de la terre, et pleine du ciel, où elle touchoit, a vu la lumière toute manifeste. Voilà les vérités que j'ai à traiter, et que j'ai crues dignes d'être proposées à un si grand prince, et à la plus illustre assemblée de l'univers.

« Nous mourrons tous, » disoit cette femme dont l'Écriture a loué la prudence au second livre des Rois, « et nous allons sans cesse au « tombeau, ainsi que des eaux qui se perdent « sans retour[1]. » En effet, nous ressemblons tous à des eaux courantes. De quelque superbe distinction que se flattent les hommes, ils ont tous une même origine; et cette origine est petite. Leurs années se poussent successivement comme des flots : ils ne cessent de s'écouler; tant qu'enfin, après avoir fait un peu plus de bruit, et traversé un peu plus de pays les uns que les autres, ils vont tous ensemble se confondre dans un abîme où l'on ne reconnoît plus ni princes, ni rois, ni toutes ces autres qualités superbes qui distinguent les hommes : de même que ces fleuves tant vantés demeurent sans nom

---

[1] Omnes morimur, et quasi aquæ dilabimur in terram, quæ non revertuntur. (2 Reg., c. xiv, v. 14.)

et sans gloire, mêlés dans l'Océan avec les rivières les plus inconnues.

Et certainement, Messieurs, si quelque chose pouvoit élever les hommes au-dessus de leur infirmité naturelle ; si l'origine qui nous est commune souffroit quelque distinction solide et durable entre ceux que Dieu a formés de la même terre, qu'y auroit-il dans l'univers de plus distingué que la princesse dont je parle ? Tout ce que peuvent faire non seulement la naissance et la fortune, mais encore les grandes qualités de l'esprit, pour l'élévation d'une princesse, se trouve rassemblé et puis anéanti dans la nôtre. De quelque côté que je suive les traces de sa glorieuse origine, je ne découvre que des rois, et partout je suis ébloui de l'éclat des plus augustes couronnes. Je vois la maison de France, la plus grande sans comparaison de tout l'univers, et à qui les plus puissantes maisons peuvent bien céder sans envie, puisqu'elles tâchent de tirer leur gloire de cette source ; je vois les rois d'Écosse, les rois d'Angleterre, qui ont régné depuis tant de siècles sur une des plus belliqueuses nations de l'univers, plus encore par leur courage que par l'autorité de leur sceptre. Mais cette princesse, née sur le trône, avoit l'esprit et le cœur plus hauts que sa naissance. Les malheurs de sa maison n'ont pu l'accabler dans sa première jeunesse ; et dès-lors on voyoit en elle une grandeur qui ne devoit rien à la fortune. Nous disons avec joie que le Ciel l'avoit arrachée, comme par miracle, des mains des ennemis du roi son père, pour la donner à la France : don précieux, inestimable présent, si seulement la possession en avoit été plus durable[1] ! Mais pourquoi ce souvenir vient-il m'interrompre ? Hélas ! nous ne pouvons un moment arrêter les yeux sur la gloire de la princesse, sans que la mort s'y mêle aussitôt pour tout offusquer de son ombre. O mort ! éloigne-toi de notre pensée, et laisse-nous tromper pour un peu de temps la violence de notre douleur par le souvenir de notre joie. Souvenez-vous donc, Messieurs, de l'admiration que la princesse d'Angleterre donnoit à toute la cour : votre mémoire vous la peindra mieux avec tous ses traits en son incomparable douceur, que ne pourront jamais faire toutes mes paroles. Elle croissoit au milieu des bénédictions de tous les peuples, et les années ne cessoient de lui apporter de nouvelles graces. Aussi la reine sa mère, dont elle a toujours été la consolation, ne l'aimoit pas plus tendrement que faisoit Anne d'Espagne. Anne, vous le savez, Messieurs, ne trouvoit rien au-dessus de cette princesse. Après nous avoir donné une reine, seule capable, par sa piété et par ses autres vertus royales, de soutenir la réputation d'une tante si illustre, elle voulut,

---

[1] . . . . propria hæc si dona fuissent !
(Virg. Æneid. VI, 872.)

pour mettre dans sa famille ce que l'univers avoit de plus grand, que Philippe de France, son second fils, épousât la princesse Henriette ; et quoique le roi d'Angleterre, dont le cœur égale la sagesse, sût que la princesse sa sœur, recherchée de tant de rois, pouvoit honorer un trône, il lui vit remplir avec joie la seconde place de France, que la dignité d'un si grand royaume peut mettre en comparaison avec les premières du reste du monde.

Que si son rang la distinguoit, j'ai eu raison de vous dire qu'elle étoit encore plus distinguée par son mérite. Je pourrois vous faire remarquer qu'elle connoissoit si bien la beauté des ouvrages de l'esprit, que l'on croyoit avoir atteint la perfection quand on avoit su plaire à Madame ; je pourrois encore ajouter que les plus sages et les plus expérimentés admiroient cet esprit vif et perçant qui embrassoit sans peine les plus grandes affaires, et pénétroit avec tant de facilité dans les plus secrets intérêts. Mais pourquoi m'étendre sur une matière où je puis tout dire en un mot ? Le roi, dont le jugement est une règle toujours sûre, a estimé la capacité de cette princesse, et l'a mise par son estime au-dessus de tous nos éloges.

Cependant, ni cette estime, ni tous ces grands avantages, n'ont pu donner atteinte à sa modestie. Tout éclairée qu'elle étoit, elle n'a point présumé de ses connoissances, et jamais ses lumières ne l'ont éblouie. Rendez témoignage à ce que je dis, vous que cette grande princesse a honorés de sa confiance. Quel esprit avez-vous trouvé plus élevé, mais quel esprit avez-vous trouvé plus docile? Plusieurs, dans la crainte d'être trop faciles, se rendent inflexibles à la raison et s'affermissent contre elle. Madame s'éloignoit toujours autant de la présomption que de la foiblesse; également estimable, et de ce qu'elle savoit trouver les sages conseils, et de ce qu'elle étoit capable de les recevoir. On les sait bien connoître, quand on fait sérieusement l'étude qui plaisoit tant à cette princesse : nouveau genre d'étude, et presque inconnu aux personnes de son âge et de son rang, ajoutons, si vous voulez, de son sexe. Elle étudioit ses défauts; elle aimoit qu'on lui en fît des leçons sincères : marque assurée d'une ame forte que ses fautes ne dominent pas, et qui ne craint point de les envisager de près, par une secrète confiance des ressources qu'elle sent pour les surmonter. C'étoit le dessein d'avancer dans cette étude de sagesse qui la tenoit si attachée à la lecture de l'histoire, qu'on appelle avec raison la sage conseillère des princes. C'est là que les plus grands rois n'ont plus de rang que par leurs vertus, et que, dégradés à jamais par les mains de la mort, ils viennent subir sans cour et sans suite le jugement de tous les peuples et de tous les siècles. C'est là qu'on découvre que le lustre qui vient de la flatterie est superficiel, et que les fausses couleurs, quelque industrieusement qu'on les applique, ne tiennent pas. Là notre admirable princesse étudioit les devoirs de ceux dont la vie compose l'histoire : elle y perdoit insensiblement le goût des romans et de leurs fades héros; et, soigneuse de se former sur le vrai, elle méprisoit ces froides et dangereuses fictions. Ainsi, sous un visage riant, sous cet air de jeunesse qui sembloit ne promettre que des jeux, elle cachoit un sens et un sérieux dont ceux qui traitoient avec elle étoient surpris.

Aussi pouvoit-on sans crainte lui confier les plus grands secrets. Loin du commerce des affaires et de la société des hommes, ces ames sans force, aussi bien que sans foi, qui ne savent pas retenir leur langue indiscrète! « Ils ressemblent, « dit le Sage, à une ville sans murailles, qui est « ouverte de toutes parts [1], » et qui devient la proie du premier venu. Que Madame étoit au-dessus de cette foiblesse! Ni la surprise, ni l'intérêt, ni la vanité, ni l'appât d'une flatterie délicate, ou d'une douce conversation, qui souvent, épanchant le cœur, en fait échapper le secret [2],

---

[1] Sicut urbs patens et absque murorum ambitu, ita vir qui non potest in loquendo cohibere spiritum suum. (Prov., c. xxv, v. 28.)

[2] On a souvent admiré dans Bossuet la hauteur des pensées; mais ce qu'on n'a peut-être pas assez remarqué, c'est son expression, qui souvent, dans les plus petites choses, anime et colorie tout. Ici, par exemple, à quoi tient le mérite de la phrase? A cette image si naturelle et si juste qui nous représente le cœur humain, s'ouvrant aux séductions comme un vase qui se répand quand on l'a penché. (La Harpe.)

n'étoit capable de lui faire découvrir le sien; et la sûreté qu'on trouvoit en cette princesse, que son esprit rendoit si propre aux grandes affaires, lui faisoit confier les plus importantes.

Ne pensez pas que je veuille, en interprète téméraire des secrets d'état, discourir sur le voyage d'Angleterre, ni que j'imite ces politiques spéculatifs qui arrangent suivant leurs idées les conseils des rois, et composent sans instruction les annales de leur siècle. Je ne parlerai de ce voyage glorieux que pour dire que Madame y fut admirée plus que jamais. On ne parloit qu'avec transport de la bonté de cette princesse, qui, malgré les divisions trop ordinaires dans les cours, lui gagna d'abord tous les esprits. On ne pouvoit assez louer son incroyable dextérité à traiter les affaires les plus délicates, à guérir ces défiances cachées qui souvent les tiennent en suspens, et à terminer tous les différends d'une manière qui concilioit les intérêts les plus opposés. Mais qui pourroit penser, sans verser des larmes, aux marques d'estime et de tendresse que lui donna le roi son frère? Ce grand roi, plus capable encore d'être touché par le mérite que par le sang, ne se lassoit point d'admirer les excellentes qualités de Madame. O plaie irrémédiable! ce qui fut en ce voyage le sujet d'une si juste admiration est devenu pour ce prince le sujet d'une douleur qui n'a point de bornes. Princesse, le digne lien des deux plus grands rois du monde, pourquoi leur avez-vous été sitôt ravie? Ces deux grands rois se connoissent, c'est l'effet des soins de Madame : ainsi leurs nobles inclinations concilieront leurs esprits, et la vertu sera entre eux une immortelle médiatrice. Mais si leur union ne perd rien de sa fermeté, nous déplorerons éternellement qu'elle ait perdu son agrément le plus doux, et qu'une princesse si chérie de tout l'univers ait été précipitée dans le tombeau, pendant que la confiance de deux si grands rois l'élevoit au comble de la grandeur et de la gloire.

La grandeur et la gloire! Pouvons-nous encore entendre ces noms dans ce triomphe de la mort[1]? Non, Messieurs, je ne puis plus soutenir ces grandes paroles, par lesquelles l'arrogance humaine tâche de s'étourdir elle-même, pour ne pas apercevoir son néant. Il est temps de faire voir que tout ce qui est mortel, quoi qu'on ajoute par le dehors pour le faire paroître grand, est par son fond incapable d'élévation. Écoutez à ce propos le profond raisonnement, non d'un philosophe qui dispute dans une école, ou d'un re-

---

[1] On ne peut douter que Bossuet, en composant cet éloge funèbre, ne fût profondément affecté, tant il y parle avec éloquence et de la misère et de la foiblesse de l'homme. Comme il s'indigne de prononcer les mots de grandeur et de gloire! Il peint la terre sous l'image d'un débris vaste et universel; il fait voir l'homme cherchant toujours à s'élever, et la puissance divine poussant l'orgueil de l'homme jusqu'au néant, et, pour égaler à jamais les conditions, ne faisant de nous tous qu'une même cendre. Cependant Bossuet, à travers ces idées générales, revient toujours à la princesse, et tous ses retours sont des cris de douleur. (THOMAS, *Essai sur les éloges*, ch. XXIV.)

ligieux qui médite dans un cloître : je veux confondre le monde par ceux que le monde même révère le plus, par ceux qui le connoissent le mieux, et ne lui veux donner pour le convaincre que des docteurs assis sur le trône. « O Dieu, dit « le roi prophète, vous avez fait mes jours me- « surables, et ma substance n'est rien devant « vous[1]. » Il est ainsi, chrétiens : tout ce qui se mesure finit ; et tout ce qui est né pour finir n'est pas tout-à-fait sorti du néant où il est sitôt replongé. Si notre être, si notre substance n'est rien, tout ce que nous bâtissons dessus que peut-il être? Ni l'édifice n'est plus solide que le fondement, ni l'accident attaché à l'être, plus réel que l'être même. Pendant que la nature nous tient si bas, que peut faire la fortune pour nous élever? Cherchez, imaginez parmi les hommes les différences les plus remarquables; vous n'en trouverez point de mieux marquée, ni qui vous paroisse plus effective que celle qui relève le victorieux au-dessus des vaincus qu'il voit étendus à ses pieds. Cependant ce vainqueur, enflé de ses titres, tombera lui-même à son tour entre les mains de la mort. Alors ces malheureux vaincus rappelleront à leur compagnie leur superbe triomphateur; et du creux de leur tombeau sortira cette voix qui foudroie toutes les grandeurs : « Vous voilà blessé comme nous; vous êtes de-

---

[1] Ecce mensurabiles posuisti dies meos, et substantia mea tanquam nihilum ante te. (Psal. XXXVIII, v. 6.)

venu semblable à nous¹. » Que la fortune ne tente donc pas de nous tirer du néant, ni de forcer la bassesse de notre nature.

Mais peut-être, au défaut de la fortune, les qualités de l'esprit, les grands desseins, les vastes pensées, pourront nous distinguer du reste des hommes? Gardez-vous bien de le croire, parce que toutes nos pensées qui n'ont pas Dieu pour objet sont du domaine de la mort. « Ils mour-
« ront, dit le roi prophète, et en ce jour péri-
« ront toutes leurs pensées ² : » c'est-à-dire les pensées des conquérants, les pensées des politiques qui auront imaginé dans leurs cabinets des desseins où le monde entier sera compris. Ils se seront munis de tous côtés par des précautions infinies; enfin ils auront tout prévu, excepté leur mort, qui emportera en un moment toutes leurs pensées. C'est pour cela que l'Ecclésiaste, le roi Salomon, fils du roi David (car je suis bien aise de vous faire voir la succession de la même doctrine dans un même trône); c'est, dis-je, pour cela que l'Ecclésiaste, faisant le dénombrement des illusions qui travaillent les enfants des hommes, y comprend la sagesse même. « Je me suis,
« dit-il, appliqué à la sagesse, et j'ai vu que c'é-
« toit une vanité³ : » parce qu'il y a une fausse

---

¹ Ecce tu vulneratus es sicut et nos; nostri similis effectus es. (Isa., c. xiv, v. 10.)
² In illa die peribunt omnes cogitationes eorum. (Psal. cxlv, v. 4.)
³ Transivi ad contemplandam sapientiam.... locutusque cum mente mea, animadverti quod hoc quoque esset vanitas. (Eccles., c. ii, v. 12, 15.)

sagesse qui, se renfermant dans l'enceinte des choses mortelles, s'ensevelit avec elles dans le néant. Ainsi je n'ai rien fait pour Madame, quand je vous ai représenté tant de belles qualités qui la rendoient admirable au monde, et capable des plus hauts desseins où une princesse puisse s'élever. Jusqu'à ce que je commence à vous raconter ce qui l'unit à Dieu, une si illustre princesse ne paroîtra dans ce discours que comme un exemple le plus grand qu'on se puisse proposer, et le plus capable de persuader aux ambitieux qu'ils n'ont aucun moyen de se distinguer, ni par leur naissance, ni par leur grandeur, ni par leur esprit, puisque la mort, qui égale tout, les domine de tous côtés avec tant d'empire, et que d'une main si prompte et si souveraine elle renverse les têtes les plus respectées.

Considérez, Messieurs, ces grandes puissances que nous regardons de si bas. Pendant que nous tremblons sous leur main, Dieu les frappe pour nous avertir. Leur élévation en est la cause; et il les épargne si peu, qu'il ne craint pas de les sacrifier à l'instruction du reste des hommes. Chrétiens, ne murmurez pas si Madame a été choisie pour nous donner une telle instruction : il n'y a rien ici de rude pour elle, puisque, comme vous le verrez dans la suite, Dieu la sauve par le même coup qui nous instruit. Nous devrions être assez convaincus de notre néant : mais s'il faut des coups de surprise à nos cœurs enchantés de l'amour du monde, celui-ci est assez grand et assez terrible. O nuit désastreuse[1] ! ô nuit effroyable ! où retentit tout à coup comme un éclat de tonnerre cette étonnante nouvelle : Madame se meurt ! Madame est morte[2] ! Qui de nous ne se sentit frappé à ce coup, comme si quelque tragique accident avoit désolé sa famille ? Au premier bruit d'un mal si étrange, on accourut à Saint-Cloud de toutes parts ; on trouve tout consterné, excepté le cœur de cette princesse ; partout on entend des cris ; partout on voit la douleur et le désespoir, et l'image de la mort. Le roi, la reine, Monsieur, toute la cour, tout le peuple, tout est abattu, tout est désespéré ; et il me semble que je vois l'accomplissement de cette parole du prophète : « Le « roi pleurera, le prince sera désolé, et les « mains tomberont au peuple de douleur et « d'étonnement[3]. »

Mais et les princes et les peuples gémissoient en vain ; en vain Monsieur, en vain le roi même tenoit Madame serrée par de si étroits embrassements. Alors ils pouvoient dire l'un et l'autre

---

[1] Lorsque après cent cinquante ans nous relisons dans Bossuet ces sombres et lamentables expressions, il n'est personne, pour ainsi dire, qui n'entende retentir à son oreille ce *coup de tonnerre* qui couvrit de deuil cette *nuit désastreuse*. (Le C^{al} de Bausset.)

[2] Ici l'orateur se troubla, et fut interrompu par ses propres sanglots. Tout son auditoire fondoit en larmes.

[3] Rex lugebit, et princeps induetur mœrore, et manus populi terræ conturbabuntur. (Ezech., c. vii, v. 27.)

avec saint Ambroise : *Stringebam brachia, sed jam amiseram quam tenebam*[1], « Je serrois les « bras, mais j'avois déja perdu ce que je te-« nois. » La princesse leur échappoit parmi des embrassements si tendres, et la mort plus puissante nous l'enlevoit entre ces royales mains[2]. Quoi donc, elle devoit périr sitôt! Dans la plupart des hommes, les changements se font peu à peu, et la mort les prépare ordinairement à son dernier coup : Madame cependant a passé du matin au soir, ainsi que l'herbe des champs[3]. Le matin elle fleurissoit, avec quelles graces! vous le savez : le soir nous la vîmes séchée; et ces fortes expressions par lesquelles l'Écriture sainte exagère l'inconstance des choses humaines, doivent être pour cette princesse si précises et si littérales! Hélas! nous composions son histoire de tout ce qu'on peut imaginer de plus glorieux; le passé et le présent nous garantissoient l'avenir, et on pouvoit tout attendre de tant d'excellentes qualités. Elle alloit

[1] Orat. de Ob. Sat. fr.
[2] Cette infortunée princesse, après avoir pris un verre d'eau de chicorée, sentit tout-à-coup des douleurs aiguës; et des symptômes de la nature la plus alarmante ne laissèrent pas même une foible espérance. Il paroît que, dans le premier moment de trouble où un événement si terrible avoit jeté tous les esprits, les médecins qu'on avoit appelés de Paris et de Versailles, ne voulant ou n'osant s'expliquer sur les causes réelles ou présumées d'une crise si extraordinaire, se méprirent dans le choix des remèdes; peut-être en reconnurent-ils l'inutilité. (Le C^{al} de Bausset.)
[3] Homo, sicut fœnum dies ejus, tanquam flos agri sic efflorebit. (Ps. CII, v. 15.)

s'acquérir deux puissants royaumes par des moyens agréables : toujours douce, toujours paisible autant que généreuse et bienfaisante, son crédit n'y auroit jamais été odieux ; on ne l'eût point vue s'attirer la gloire avec une ardeur inquiète et précipitée : elle l'eût attendue sans impatience, comme sûre de la posséder. Cet attachement qu'elle a montré si fidèle pour le roi jusqu'à la mort lui en donnoit les moyens ; et certes c'est le bonheur de nos jours, que l'estime se puisse joindre avec le devoir, et qu'on puisse autant s'attacher au mérite et à la personne du prince, qu'on en révère la puissance et la majesté. Les inclinations de Madame ne l'attachoient pas moins fortement à tous ses autres devoirs : la passion qu'elle ressentoit pour la gloire de Monsieur n'avoit point de bornes. Pendant que ce grand prince, marchant sur les pas de son invincible frère, secondoit avec tant de valeur et de succès ses grands et héroïques desseins dans la campagne de Flandre, la joie de cette princesse étoit incroyable. C'est ainsi que ses généreuses inclinations la menoient à la gloire par les voies que le monde trouve les plus belles ; et, si quelque chose manquoit encore à son bonheur, elle eût tout gagné par sa douceur et par sa conduite. Telle étoit l'agréable histoire que nous faisions pour Madame ; et pour achever ces nobles projets il n'y avoit que la durée de sa vie, dont nous ne croyions pas devoir être en peine. Car qui eût pu seulement penser que les années eussent dû manquer à une jeunesse qui sembloit si vive ? Toutefois c'est par cet endroit que tout se dissipe en un moment. Au lieu de l'histoire d'une belle vie, nous sommes réduits à faire l'histoire d'une admirable, mais triste mort. A la vérité, Messieurs, rien n'a jamais égalé la fermeté de son ame, ni ce courage paisible qui, sans faire effort pour s'élever, s'est trouvé, par sa naturelle situation, au-dessus des accidents les plus redoutables. Oui, Madame fut douce envers la mort [1] comme elle l'étoit envers tout le monde ; son grand cœur ni ne s'aigrit ni ne s'emporta contre elle : elle ne la brave non plus avec fierté, contente de l'envisager sans émotion et de la recevoir sans trouble. Triste consolation, puisque, malgré ce grand courage, nous l'avons perdue ! C'est la grande vanité des choses humaines. Après que, par le dernier effort de notre courage, nous avons pour ainsi dire surmonté la

---

[1] L'abbé de Vauxcelles a essayé de justifier cette phrase par celle-ci qui se trouve un peu plus bas : *Après que par le dernier effort de son courage*, etc. Il falloit se contenter de remarquer que ces deux phrases sont du petit nombre de celles qu'on est fâché de rencontrer dans Bossuet, qui porta si loin la simplicité et la clarté du style, mais qu'il ne faut pas toujours aveuglément admirer. On se garantiroit peut-être de ces surprises du génie, si, en lisant un aussi grand écrivain, on se rappeloit qu'Homère a sommeillé quelquefois, et que dans les plus beaux ouvrages on découvre quelques-unes de ces taches
. . . . quas aut incuria fudit,
   Aut humana parum cavit natura.
       (Horat., de Art. poet., v. 350.)

mort, elle éteint en nous jusqu'à ce courage par lequel nous semblons la défier. La voilà, malgré ce grand cœur, cette princesse si admirée et si chérie ! la voilà telle que la mort nous l'a faite [1] ; encore ce reste tel quel va-t-il disparoître ; cette ombre de gloire va s'évanouir, et nous l'allons voir dépouillée même de cette triste décoration [2]. Elle va descendre à ces sombres lieux, à ces demeures souterraines, pour y dormir dans la poussière avec les grands de la terre [3], comme parle Job, avec ces rois et ces princes anéantis, parmi lesquels à peine peut-on la placer, tant les rangs y sont pressés, tant la mort est prompte à remplir ces places. Mais ici notre imagination nous abuse encore : la mort ne nous laisse pas assez de corps pour occuper quelque place, et on ne voit là que les tombeaux qui fassent quelque figure ; notre chair change bientôt de nature; notre corps prend un autre nom; même

---

[1] Il y a une sorte d'expressions familières qui choqueroient dans un écrivain médiocre, parce qu'elles tiendroient de la foiblesse, et qui plaisent chez Bossuet : d'abord parce qu'elles ne peuvent paroître une impuissance de dire mieux dans un homme dont l'élocution est ordinairement si élevée ; ensuite parce qu'elles sont de nature à faire mieux sentir que leur extrême simplicité est ce qu'il y a de mieux pour la force du sens et le dessein de l'auteur. (LA HARPE.)

[2] Jamais les rois ont-ils reçu de pareilles leçons ? Jamais la philosophie s'exprima-t-elle avec autant d'indépendance ? Le diadème n'est rien aux yeux de l'orateur ; par lui le pauvre est égal au monarque, et le potentat le plus absolu du globe est obligé de s'entendre dire, devant des milliers de témoins, que ses grandeurs ne sont que vanité, que sa puissance n'est qu'un songe, et qu'il n'est lui-même que poussière. (M. de CHATEAUBRIAND.)

[3] JOB., c. XXI, v. 26.

celui de cadavre, dit Tertullien [1], parce qu'il nous montre encore quelque forme humaine, ne lui demeure pas long-temps ; il devient un je ne sais quoi qui n'a plus de nom dans aucune langue : tant il est vrai que tout meurt en lui, jusqu'à ces termes funèbres par lesquels on exprimoit ses malheureux restes !

C'est ainsi que la puissance divine, justement irritée contre notre orgueil, le pousse jusqu'au néant; et que, pour égaler à jamais les conditions, elle ne fait de nous tous qu'une même cendre [2]. Peut-on bâtir sur ces ruines? Peut-on appuyer quelque grand dessein sur ce débris inévitable des choses humaines? Mais quoi, Messieurs, tout est-il donc désespéré pour nous? Dieu, qui foudroie toutes nos grandeurs jusqu'à les réduire en poudre, ne nous laisse-t-il aucune espérance? Lui, aux yeux de qui rien ne se perd, et

---

[1] Cadit in originem terram, et cadaveris nomen, ex isto quoque nomine peritura, in nullum inde jam nomen, in omnis jam vocabuli mortem. (Tertull., de Resur. carnis, n. 4.)

[2] Nul n'a tiré un plus grand parti que Bossuet des idées de mort, de destruction, d'anéantissement, si fréquentes, chez les anciens, qui connoissoient le pouvoir qu'elles ont sur notre imagination, sur cette étrange faculté qui règne dans nous si impérieusement, qu'elle nous rend avides des impressions mêmes qui effraient notre raison et humilient notre orgueil. Mais ces idées lugubres ont ici un autre résultat que chez les anciens : ils appeloient la pensée de la mort comme un avertissement de jouir du moment qui passe et qui peut être le dernier. On conçoit au contraire qu'une religion qui ne considère le temps que comme un passage à l'éternité fournit à l'éloquence des instructions d'un ordre bien plus relevé ; et nulle part elles ne sont plus frappantes que dans Bossuet. (La Harpe.)

qui suit toutes les parcelles de nos corps, en quelque endroit écarté du monde que la corruption ou le hasard les jette, verra-t-il périr sans ressource ce qu'il a fait capable de le connoître et de l'aimer? Ici un nouvel ordre de choses se présente à moi : les ombres de la mort se dissipent; « les voies me sont ouvertes à la véritable vie [1]. » Madame n'est plus dans le tombeau ; la mort, qui sembloit tout détruire, a tout établi : voici le secret de l'Ecclésiaste, que je vous avois marqué dès le commencement de ce discours, et dont il faut maintenant découvrir le fond.

Il faut donc penser, chrétiens, qu'outre le rapport que nous avons du côté du corps avec la nature changeante et mortelle, nous avons d'un autre côté un rapport intime et une secrète affinité avec Dieu, parce que Dieu même a mis quelque chose en nous qui peut confesser la vérité de son être, en adorer la perfection, en admirer la plénitude; quelque chose qui peut se soumettre à sa souveraine puissance [2], s'abandonner à sa haute et incompréhensible sagesse, se confier en sa bonté, craindre sa justice, espé-

---

[1] Notas mihi fecisti vias vitæ. (PSAL. XV, v. 10.)

[2] Ne paroît-il pas singulier d'énoncer comme un titre de grandeur une faculté de soumission ? Non seulement ce contraste d'idées et d'expressions est sublime, mais il présente un mérite propre à Bossuet : c'est de jeter rapidement des idées étendues sans s'arrêter à les développer. On trouve ici un grand fonds d'idées philosophiques indiqué en peu de mots. En effet, quoiqu'il y ait infiniment moins de distance de la bête à l'homme que de l'homme à Dieu, cependant l'instinct de la bête ne

rer son éternité. De ce côté, Messieurs, si l'homme croit avoir en lui de l'élévation, il ne se trompera pas ; car, comme il est nécessaire que chaque chose soit réunie à son principe, et que c'est pour cette raison, dit l'Ecclésiaste, « que le corps « retourne à la terre, dont il a été tiré [1], » il faut, par la suite du même raisonnement, que ce qui porte en nous la marque divine, ce qui est capable de s'unir à Dieu, y soit aussi rappelé. Or, ce qui doit retourner à Dieu, qui est la grandeur primitive et essentielle, n'est-il pas grand et élevé ? C'est pourquoi, quand je vous ai dit que la grandeur et la gloire n'étoient parmi nous que des noms pompeux, vides de sens et de choses, je regardois le mauvais usage que nous faisons de ces termes ; mais, pour dire la vérité dans toute son étendue, ce n'est ni l'erreur ni la vanité qui ont inventé ces noms magnifiques ; au contraire, nous ne les aurions jamais trouvés si nous n'en avions porté le fonds en nous-mêmes : car où prendre ces nobles idées dans le néant ? La faute que nous faisons n'est donc pas de nous être servis de ces noms ; c'est de les avoir appliqués à des

---

va pas jusqu'à connoître la prodigieuse supériorité de la raison humaine, et la raison humaine, toute imparfaite qu'elle est, s'est élevée jusqu'à l'idée de l'intelligence divine, c'est-à-dire jusqu'à l'idée de l'infini : et comme la conséquence nécessaire de cette idée est un sentiment de soumission, il est rigoureusement vrai que ce sentiment tient à ce qu'il y a de plus grand dans l'homme, à sa raison, qui a conçu l'infini. (LA HARPE.)

[1] Revertatur pulvis ad terram suam, unde erat. (ECCL., c. XII, v. 7.) Spiritus redeat ad Deum, qui dedit illum. (*Ibid.*)

objets trop indignes. Saint Chrysostôme a bien compris cette vérité quand il a dit : « Gloire, ri-
« chesses, noblesse, puissance, pour les hommes
« du monde ne seront que des noms ; pour nous,
« si nous servons Dieu, ce sont des choses : au
« contraire la pauvreté, la honte, la mort, sont
« des choses trop effectives et trop réelles pour
« eux ; pour nous ce sont seulement des noms [1] ; »
parce que celui qui s'attache à Dieu ne perd ni ses biens, ni son honneur, ni sa vie. Ne vous étonnez donc pas si l'Ecclésiaste dit si souvent : « Tout
« est vanité. » Il s'explique, « tout est vanité sous
« le soleil [2], » c'est-à-dire tout ce qui est mesuré par les années, tout ce qui est emporté par la rapidité du temps. Sortez du temps et du changement ; aspirez à l'éternité : la vanité ne vous tiendra plus asservis. Ne vous étonnez pas si le même Ecclésiaste [3] méprise tout en nous, jusqu'à la sagesse, et ne trouve rien de meilleur que de goûter en repos le fruit de son travail. La sagesse dont il parle en ce lieu est cette sagesse insensée, ingénieuse à se tourmenter, habile à se tromper elle-même, qui se corrompt dans le présent, qui s'égare dans l'avenir, qui, par beaucoup de raisonnements et de grands efforts, ne fait que se

---

[1] Gloria enim et potentia, divitiæ et nobilitas, et his similia, nomina sunt apud ipsos, res autem apud nos : quemadmodum et tristitia, mors et ignominia, et paupertas, et similia, nomina sunt apud nos, res apud illos. (Homil. lviii, al. lix, in Matth., n. 5, t. VII, p. 591.)

[2] Eccl., c. i, v. 2, 14 ; c. iii, v. 11.

[3] Eccl., c. i, v. 17 ; c. ii, v. 14, 24.

consumer inutilement en amassant des choses que le vent emporte. « Eh! s'écrie ce sage roi, y « a-t-il rien de si vain[1]? » Et n'a-t-il pas raison de préférer la simplicité d'une vie particulière, qui goûte doucement et innocemment ce peu de biens que la nature nous donne, aux soucis et aux chagrins des avares, aux songes inquiets des ambitieux? « Mais cela même, dit-il, ce repos, « cette douceur de la vie, est encore une va- « nité[2], » parce que la mort trouble et emporte tout. Laissons-lui donc mépriser tous les états de cette vie, puisque enfin de quelque côté qu'on s'y tourne on voit toujours la mort en face, qui couvre de ténèbres tous nos plus beaux jours; laissons-lui égaler le fou et le sage, et même, je ne craindrai pas de le dire hautement en cette chaire, laissons-lui confondre l'homme avec la bête. *Unus interitus est hominis et jumentorum*[3]. En effet jusqu'à ce que nous ayons trouvé la véritable sagesse, tant que nous regarderons l'homme par les yeux du corps, sans y démêler par l'intelligence ce secret principe de toutes nos actions qui, étant capable de s'unir à Dieu, doit nécessairement y retourner, que verrons-nous autre chose dans notre vie que de folles inquiétudes? et que verrons-nous dans notre mort qu'une vapeur qui s'exhale, que des esprits qui

[1] Et est quidquam tam vanum? (Eccl., c. ii, v. 19.)
[2] Vidi quod hoc quoque esset vanitas. (Eccl., c. ii, v. 1, 2; c. viii, v. 10.)
[3] Ecc., c., iii, v. 19.

s'épuisent, que des ressorts qui se démontent et se déconcertent, enfin qu'une machine qui se dissout et qui se met en pièces? Ennuyés de ces vanités, cherchons ce qu'il y a de grand et de solide en nous. Le Sage nous l'a montré dans les dernières paroles de l'Ecclésiaste ; et bientôt Madame nous le fera paroître dans les dernières actions de sa vie. « Crains Dieu, et observe ses « commandements; car c'est là tout l'homme[1]. » Comme s'il disoit : Ce n'est pas l'homme que j'ai méprisé, ne le croyez pas ; ce sont les opinions, ce sont les erreurs par lesquelles l'homme abusé se déshonore lui-même. Voulez-vous savoir en un mot ce que c'est que l'homme? Tout son devoir, tout son objet, toute sa nature, c'est de craindre Dieu ; tout le reste est vain, je le déclare : mais aussi tout le reste n'est pas l'homme. Voici ce qui est réel et solide, et ce que la mort ne peut enlever ; car, ajoute l'Ecclésiaste, « Dieu examinera « dans son jugement tout ce que nous aurons « fait de bien et de mal[2]. » Il est donc maintenant aisé de concilier toutes choses. Le psalmiste dit [3] « qu'à la mort périront toutes nos pensées!: » oui, celles que nous aurons laissé emporter au monde, dont la figure passe et s'évanouit. Car encore que notre esprit soit de nature à vivre toujours, il abandonne à la mort tout ce qu'il con-

[1] Eccl., c. xii, v. 13.
[2] Ibid., c. xii, v. 14.
[3] Psal. cxlv, v. 4.

sacre aux choses mortelles ; de sorte que nos pensées, qui devoient être incorruptibles du côté de leur principe, deviennent périssables du côté de leur objet. Voulez-vous sauver quelque chose de ce débris si universel, si inévitable? donnez à Dieu vos affections; nulle force ne vous ravira ce que vous aurez déposé en ces mains divines : vous pourrez hardiment mépriser la mort, à l'exemple de notre héroïne chrétienne. Mais, afin de tirer d'un si bel exemple toute l'instruction qu'il nous peut donner, entrons dans une profonde considération des conduites de Dieu sur elle, et adorons en cette princesse le mystère de la prédestination et de la grace.

Vous savez que toute la vie chrétienne, que tout l'ouvrage de notre salut, est une suite continuelle de miséricorde; mais le fidèle interprète du mystère de la grace, je veux dire le grand Augustin, m'apprend cette véritable et solide théologie, que c'est dans la première grace et dans la dernière que la grace se montre; c'est-à-dire que c'est dans la vocation qui nous prévient, et dans la persévérance finale qui nous couronne, que la liberté qui nous sauve paroît toute gratuite et toute pure. En effet comme nous changeons deux fois d'état, en passant premièrement des ténèbres à la lumière, et ensuite de la lumière imparfaite de la foi à la lumière consommée de la gloire; comme c'est la vocation qui nous inspire la foi, et que c'est la persévérance qui nous transmet à la gloire ; il a plu à la divine bonté de se marquer elle-même au commencement de ces deux états par une impression illustre et particulière, afin que nous confessions que toute la vie du chrétien, et dans le temps qu'il espère, et dans le temps qu'il jouit, est un miracle de grace. Que ces deux principaux moments de la grace ont été bien marqués par les merveilles que Dieu a faites pour le salut éternel de Henriette d'Angleterre ! Pour la donner à l'église il a fallu renverser tout un grand royaume. La grandeur de la maison d'où elle est sortie n'étoit pour elle qu'un engagement plus étroit dans le schisme de ses ancêtres ; disons des derniers de ses ancêtres, puisque tout ce qui les précède, à remonter jusqu'aux premiers temps, est si pieux et si catholique [1]. Mais si les lois de l'état s'opposent à son salut éternel, Dieu ébranlera tout l'état pour l'affranchir de ces lois : il met les ames à ce prix ; il remue le ciel et la terre pour enfanter ses élus ; et comme rien ne lui est cher que ces enfants de sa dilection éternelle, que ces membres inséparables de son fils bien-aimé, rien ne lui coûte pourvu qu'il les sauve. Notre princesse est persécutée avant que de naître, délaissée aussitôt que mise au monde, arrachée en naissant à la piété d'une mère catholique, cap-

---

[1] L'an 1534, Henri VIII méconnut l'autorité de la cour de Rome, et se fit le chef suprême de l'église d'Angleterre.

tive dès le berceau des ennemis implacables de sa maison, et, ce qui étoit plus déplorable, captive des ennemis de l'Église, par conséquent destinée premièrement par sa glorieuse naissance, et ensuite par sa malheureuse captivité, à l'erreur et à l'hérésie. Mais le sceau de Dieu étoit sur elle; elle pouvoit dire avec le prophète : « Mon « père et ma mère m'ont abandonnée, mais « le Seigneur m'a reçue en sa protection[1] : » délaissée de toute la terre dès ma naissance, « je « fus comme jetée entre les bras de sa provi- « dence paternelle, et dès le ventre de ma mère « il se déclara mon Dieu. » Ce fut à cette garde fidèle que la reine sa mère commit ce précieux dépôt. Elle ne fut point trompée dans sa confiance; deux ans après, un coup imprévu, et qui tenoit du miracle, délivra la princesse des mains des rebelles. Malgré les tempêtes de l'Océan, et les agitations encore plus violentes de la terre, Dieu la prenant sur ses ailes, comme l'aigle prend ses petits, la porta lui-même dans ce royaume; lui-même la posa dans le sein de la reine sa mère, ou plutôt dans le sein de l'Église catholique. Là elle apprit les maximes de la piété véritable, moins par les instructions qu'elle y recevoit que par les exemples vivants de cette grande et religieuse reine. Elle a imité ses pieuses

---

[1] Pater meus et mater mea dereliquerunt me ; Dominus autem assumpsit me. — In te projectus sum ex utero : de ventre matris meæ Deus meus es tu. (PSALM. XXVI, v. 10, et XXI, v. 11.)

libéralités ; ses aumônes, toujours abondantes, se sont répandues principalement sur les catholiques d'Angleterre, dont elle a été la fidèle protectrice. Digne fille de saint Édouard et de saint Louis, elle s'attacha du fond de son cœur à la foi de ces deux grands rois. Qui pourroit assez exprimer le zèle dont elle brûloit pour le rétablissement de cette foi dans le royaume d'Angleterre, où l'on en conserve encore tant de précieux monuments? Nous savons qu'elle n'eût pas craint d'exposer sa vie pour un si pieux dessein : et le Ciel nous l'a ravie ! O Dieu ! que prépare ici votre éternelle providence? Me permettrez-vous, ô Seigneur, d'envisager en tremblant vos saints et redoutables conseils? Est-ce que les temps de confusion ne sont pas encore accomplis? est-ce que le crime, qui fit céder vos vérités saintes à des passions malheureuses, est encore devant vos yeux, et que vous ne l'avez pas assez puni par un aveuglement de plus d'un siècle? Nous ravissez-vous Henriette par un effet du même jugement qui abrégea les jours de la reine Marie, et son règne si favorable à l'Église? ou bien voulez-vous triompher seul? et, en nous ôtant les moyens dont nos désirs se flattoient, réservez-vous, dans les temps marqués par votre prédestination éternelle, de secrets retours à l'état et à la maison d'Angleterre? Quoi qu'il en soit, ô grand Dieu, recevez-en aujourd'hui les bienheureuses prémices en la personne de cette princesse : puisse toute sa maison et tout le royaume suivre l'exemple de sa foi ! Ce grand roi qui remplit de tant de vertus le trône de ses ancêtres, et fait louer tous les jours la divine main qui l'y a rétabli comme par miracle, n'improuvera pas notre zèle si nous souhaitons devant Dieu que lui et tous ses peuples soient comme nous. *Opto apud Deum, non tantum te, sed etiam omnes fieri tales, qualis et ego sum* [1]. Ce souhait est fait pour les rois ; et saint Paul, étant dans les fers, le fit la première fois en faveur du roi Agrippa : mais saint Paul en exceptoit ses liens, *exceptis vinculis his* : et nous, nous souhaitons principalement que l'Angleterre, trop libre dans sa croyance, trop licencieuse dans ses sentiments, soit enchaînée comme nous de ces bienheureux liens qui empêchent l'orgueil humain de s'égarer dans ses pensées, en le captivant sous l'autorité du Saint-Esprit et de l'Église.

Après avoir exposé le premier effet de la grace de Jésus-Christ en notre princesse, il me reste, Messieurs, de vous faire considérer le dernier, qui couronnera tous les autres. C'est par cette dernière grace que la mort change de nature pour les chrétiens, puisqu'au lieu qu'elle sembloit être faite pour nous dépouiller de tout, elle commence, comme dit l'apôtre [2], à nous

---

[1] Act., c. XXVI, v. 29.
[2] II, Cor., v. 3.

revêtir et nous assurer éternellement la possession des biens véritables. Tant que nous sommes détenus dans cette demeure mortelle, nous vivons assujettis aux changements, parce que, si vous me permettez de parler ainsi, c'est la loi du pays que nous habitons; et nous ne possédons aucun bien, même dans l'ordre de la grace, que nous ne puissions perdre, un moment après, par la mutabilité naturelle de nos désirs : mais aussitôt qu'on cesse pour nous de compter les heures, et de mesurer notre vie par les jours et par les années, sortis des figures qui passent et des ombres qui disparoissent, nous arrivons au règne de la vérité, où nous sommes affranchis de la loi des changements. Ainsi notre ame n'est plus en péril, nos résolutions ne vacillent plus, la mort, ou plutôt la grace de la persévérance finale, a la force de les fixer; et de même que le testament de Jésus-Christ, par lequel il se donne à nous, est confirmé à jamais, suivant le droit des testaments et la doctrine de l'apôtre, par la mort de ce divin testateur, ainsi la mort du fidèle fait que ce bienheureux testament, par lequel de notre côté nous nous donnons au Sauveur, devient irrévocable. Donc, Messieurs, si je vous fais voir encore une fois Madame aux prises avec la mort, n'appréhendez rien pour elle; quelque cruelle que la mort vous paroisse, elle ne doit servir, à cette fois, que pour accomplir l'œuvre de la grace, et sceller en cette princesse le conseil de son éternelle prédestination. Voyez donc ce dernier combat : mais, encore un coup, affermissons-nous; ne mêlons point de foiblesse à une si forte action, et ne déshonorons point par nos larmes une si belle victoire. Voulez-vous voir combien la grace qui a fait triompher Madame a été puissante? voyez combien la mort a été terrible. Premièrement elle a plus de prise sur une princesse qui a tant à perdre : que d'années elle va ravir à cette jeunesse! que de joie elle enlève à cette fortune! que de gloire elle ôte à ce mérite! d'ailleurs peut-elle venir ou plus prompte [1] ou plus cruelle? c'est ramasser toutes ses forces, c'est unir tout ce qu'elle a de plus redoutable, que de joindre, comme elle fait, aux plus vives douleurs l'attaque la plus imprévue ; mais quoique, sans menacer et sans avertir, elle se fasse sentir tout entière dès le premier coup, elle trouve la princesse prête. La grace, plus active encore, l'a déjà mise en défense; ni la gloire ni la jeunesse n'auront un soupir : un regret immense de ses péchés ne lui permet pas de regretter autre chose. Elle demande le crucifix sur lequel elle avoit vu expirer la reine sa belle-mère, comme pour y recueillir les impressions de constance et de piété que cette ame vraiment chrétienne y avoit laissées avec les derniers soupirs. A la vue d'un si grand objet n'attendez pas de cette princesse

---

[1] Hebr., c. x, v. 15.

des discours étudiés et magnifiques; une sainte simplicité fait ici toute la grandeur. Elle s'écrie : « O mon Dieu, pourquoi n'ai-je pas tou- « jours mis en vous ma confiance? » Elle s'afflige, elle se rassure, elle confesse humblement et avec tous les sentiments d'une profonde douleur que de ce jour seulement elle commence à connoître Dieu, n'appelant pas le connoître que de regarder encore tant soit peu le monde. Qu'elle nous parut au-dessus de ces lâches chrétiens qui s'imaginent avancer leur mort quand ils préparent leur confession, qui ne reçoivent les saints sacrements que par force, dignes certes de recevoir pour leur jugement ce mystère de piété qu'ils ne reçoivent qu'avec répugnance! Madame appelle les prêtres plutôt que les médecins, elle demande d'elle-même les sacrements de l'Église : la pénitence, avec componction; l'eucharistie, avec crainte, et puis avec confiance; la sainte onction des mourants, avec un pieux empressement. Bien loin d'en être effrayée, elle veut la recevoir avec connoissance; elle écoute l'explication de ces saintes cérémonies, de ces prières apostoliques, qui, par une espèce de charme divin, suspendent les douleurs les plus violentes, qui font oublier la mort (je l'ai vu souvent [1]) à qui les écoute avec foi : elle les suit, elle s'y conforme; on lui voit pai-

---

[1] Bossuet cache la vérité par modestie quand il s'efface lui-même do

siblement présenter son corps à cette huile sacrée, ou plutôt au sang de Jésus qui coule si abondamment avec cette précieuse liqueur. Ne croyez pas que ces excessives et insupportables douleurs aient tant soit peu troublé sa grande ame. Ah! je ne veux plus tant admirer les braves ni les conquérants : Madame m'a fait connoître la vérité de cette parole du Sage : « Le patient « vaut mieux que le brave, et celui qui dompte « son cœur vaut mieux que celui qui prend des « villes [1]. » Combien a-t-elle été maîtresse du sien! avec quelle tranquillité a-t-elle satisfait à tous ses devoirs! Rappelez en votre pensée ce qu'elle a dit à Monsieur ; quelle force! quelle tendresse! O paroles qu'on voyoit sortir de l'abondance d'un cœur qui se sent au-dessus de tout, paroles que la mort présente, et Dieu plus présent encore, ont consacrées; sincères productions d'une ame qui, tenant au Ciel, ne doit plus rien à la terre que la vérité, vous vivrez éternellement dans la mémoire des hommes, mais surtout vous vivrez éternellement dans le cœur de ce grand prince. Madame ne peut plus

récit de cette agonie, quand il attribue tout le prodige de son propre talent aux belles et touchantes prières de l'Église ; quand il rappelle toujours comme témoin, jamais comme acteur, l'héroïsme de la foi de cette princesse, dont la religion seule, selon lui, eut la gloire de *suspendre les douleurs les plus violentes* en lui faisant même *oublier la mort*. (Le C^{al} MAURY.)

[1] Melior est patiens viro forti; et qui dominatur animo suo, expugnatore urbium. (PROV., c. XVI, v. 32.)

résister aux larmes qu'elle lui voit répandre : invincible par tout autre endroit, ici elle est contrainte de céder ; elle prie Monsieur de se retirer, parce qu'elle ne veut plus sentir de tendresse que pour ce Dieu crucifié qui lui tend les bras. Alors qu'avons-nous vu? qu'avons-nous ouï? elle se conformoit aux ordres de Dieu ; elle lui offroit ses souffrances en expiation de ses fautes ; elle professoit hautement la foi catholique, et la résurrection des morts, cette précieuse consolation des fidèles mourants ; elle excitoit le zèle de ceux qu'elle avoit appelés pour l'exciter elle-même, et ne vouloit point qu'ils cessassent un moment de l'entretenir des vérités chrétiennes : elle souhaita mille fois d'être plongée au sang de l'agneau ; c'étoit un nouveau langage que la grace lui apprenoit. Nous ne voyions en elle ni cette ostentation par laquelle on veut tromper les autres, ni ces émotions d'une ame alarmée par lesquelles on se trompe soi-même ; tout étoit simple, tout étoit précis, tout étoit tranquille, tout partoit d'une ame soumise et d'une source sanctifiée par le Saint-Esprit.

En cet état, Messieurs, qu'avions-nous à demander à Dieu pour cette princesse, sinon qu'il l'affermît dans le bien, et qu'il conservât en elle les dons de sa grace ? Ce grand Dieu nous exauçoit : mais souvent, dit saint Augustin [1],

---

[1] In ep. Joan, tract. vi, n. 7, 8 ; tom. III, part. 2, col. 866, 867.

en nous exauçant il trompe heureusement notre prévoyance. La princesse est affermie dans le bien d'une manière plus haute que celle que nous entendions. Comme Dieu ne vouloit plus exposer aux illusions du monde les sentiments d'une piété si sincère, il a fait ce que dit le Sage : « Il s'est hâté[1], » en effet quelle diligence! en neuf heures l'ouvrage est accompli ; « il s'est hâté « de la tirer du milieu des iniquités. » Voilà, dit le grand saint Ambroise, la merveille de la mort dans les chrétiens : elle ne finit pas leur vie, elle ne finit que leurs péchés[2] et les périls où ils sont exposés. Nous nous sommes plaints que la mort, ennemie des fruits que nous promettoit la princesse, les a ravagés dans la fleur; qu'elle a effacé, pour ainsi dire, sous le pinceau même, un tableau qui s'avançoit à la perfection avec une incroyable diligence, dont les premiers traits, dont le seul dessin montroit déjà tant de grandeur : changeons maintenant de langage; ne disons plus que la mort a tout d'un coup arrêté le cours de la plus belle vie du monde, et de l'histoire qui se commençoit le plus noblement, disons qu'elle a mis fin aux plus grands périls dont une ame chrétienne peut être assaillie; et, pour ne point parler ici des tentations infinies qui attaquent à chaque

---

[1] Properavit educere de medio iniquitatum. (Sap., c. iv, v. 14.)
[2] Finis factus est erroris, quia culpa, non natura defecit. (De bono mortis, cap. ix, n. 38 ; tom. I, col. 405.)

pas la foiblesse humaine, quel péril n'eût point trouvé cette princesse dans sa propre gloire! La gloire! qu'y a-t-il pour le chrétien de plus pernicieux et de plus mortel? quel appât plus dangereux? quelle fumée plus capable de faire tourner les meilleures têtes? Considérez la princesse; représentez-vous cet esprit qui, répandu par tout son extérieur, en rendoit les graces si vives. Tout étoit esprit, tout étoit bonté. Affable à tous avec dignité, elle savoit estimer les uns sans fâcher les autres; et, quoique le mérite fût distingué, la foiblesse ne se sentoit pas dédaignée : quand quelqu'un traitoit avec elle, il sembloit qu'elle eût oublié son rang pour ne se soutenir que par sa raison; on ne s'apercevoit presque pas qu'on parlât à une personne si élevée, on sentoit seulement au fond de son cœur qu'on eût voulu lui rendre au centuple la grandeur dont elle se dépouilloit si obligeamment. Fidèle en ces paroles, incapable de déguisement, sûre à ses amis, par la lumière et la droiture de son esprit elle les mettoit à couvert des vains ombrages, et ne leur laissoit à craindre que leurs propres fautes. Très reconnoissante des services, elle aimoit à prévenir les injures par sa bonté; vive à les sentir, facile à les pardonner. Que dirai-je de sa libéralité? elle donnoit non seulement avec joie, mais avec une hauteur d'ame qui marquoit tout ensemble et le mépris du don et l'estime de la personne :

tantôt par des paroles touchantes, tantôt même par son silence, elle relevoit ses présents; et cet art de donner agréablement, qu'elle avoit si bien pratiqué durant sa vie, l'a suivie, je le sais [1], jusque entre les bras de la mort. Avec tant de grandes et tant d'aimables qualités, qui eût pu lui refuser son admiration? mais avec son crédit, avec sa puissance, qui n'eût voulu s'attacher à elle? n'alloit-elle pas gagner tous les cœurs? c'est-à-dire la seule chose qu'ont à gagner ceux à qui la naissance et la fortune sem-

---

[1] Bossuet fait ici allusion à un trait qui montre jusqu'où cette princesse porta la grace et la délicatesse qui lui étoient naturelles, même *entre les bras de la mort*. Sa première femme-de-chambre s'étant approchée pour lui donner quelque chose, elle lui dit en anglois, afin que Bossuet ne l'entendît pas: Donnez à M. de Condom, lorsque je serai morte, l'émeraude que j'ai fait faire pour lui. (Le C^{al} de Bausset.) — Louis XIV voulut mettre lui-même cette bague au doigt de Bossuet; il lui dit qu'il l'invitoit à la porter toute sa vie en mémoire de Madame; et il ajouta qu'il ne croyoit pas pouvoir mieux témoigner son intérêt à la mémoire de cette princesse, qu'en le chargeant de prêcher son oraison funèbre. On félicita Bossuet en lui exprimant seulement quelques regrets de ce que les bienséances de la chaire ne lui permettoient peut-être pas de rappeler dans cet éloge un legs aussi honorable pour la princesse que pour l'orateur. *Eh! pourquoi pas?* dit-il dans un premier mouvement de reconnoissance. Trois syllabes suffirent à Bossuet pour retracer avec autant de dignité que de mesure l'histoire généralement divulguée de cette bague qu'on voyoit briller à son doigt : c'est le triomphe des bienséances oratoires. Ces trois mots, *je le sais*, fondus pour ainsi dire dans une narration où ils ne figurent pas moins par leur précision que par leur clarté, mais dont on ne peut deviner le vrai sens sans être instruit de l'anecdote qui les motive; ces trois mots enfin, si simples et si frappants par un trait sublime de situation unique en éloquence, attendrirent et enthousiasmèrent tout l'auditoire, qui se montra digne de les sentir et de les apprécier, en les répétant plusieurs fois avec un transport unanime. (Le C^{al} Maury.)

blent tout donner; et si cette haute élévation est un précipice affreux pour les chrétiens, ne puis-je pas dire, Messieurs, pour me servir des paroles fortes du plus grave des historiens, « qu'elle alloit être précipitée dans la gloire [1]? » car quelle créature fut jamais plus propre à être l'idole du monde? Mais ces idoles que le monde adore, à combien de tentations délicates ne sont-elles pas exposées! La gloire, il est vrai, les défend de quelques foiblesses; mais la gloire les défend-elle de la gloire même? ne s'adorent-elles pas secrètement? ne veulent-elles pas être adorées? que n'ont-elles pas à craindre de leur amour-propre! et que se peut refuser la foiblesse humaine pendant que le monde lui accorde tout? n'est-ce pas là qu'on apprend à faire servir à l'ambition, à la grandeur, à la politique, et la vertu, et la religion, et le nom de Dieu? La modération que le monde affecte n'étouffe pas les mouvements de la vanité : elle ne sert qu'à les cacher; et plus elle ménage les dehors, plus elle livre le cœur aux sentiments les plus délicats et les plus dangereux de la fausse gloire : on ne compte plus que soi-même, et on dit au fond de son cœur : « Je suis, et il n'y a « que moi sur la terre [2]. » En cet état, Messieurs, la vie n'est-elle pas un péril? la mort n'est-elle pas une grace? Que ne doit-on craindre

---

[1] In ipsam gloriam præceps agebatur. (TACIT., Agr., § 41.)
[2] Ego sum, et præter me non est altera. (IsA., c. XLVII, v. 10.)

de ces vices, si les bonnes qualités sont si dangereuses! N'est-ce donc pas un bienfait de Dieu d'avoir abrégé les tentations avec les jours de Madame; de l'avoir arrachée à sa propre gloire avant que cette gloire par son excès eût mis en hasard sa modération? Qu'importe que sa vie ait été si courte? Jamais ce qui doit finir ne peut être long. Quand nous ne compterions point ses confessions plus exactes, ses entretiens de dévotion plus fréquents, son application plus forte à la piété dans les derniers temps de sa vie; ce peu d'heures saintement passées parmi les plus rudes épreuves et dans les sentiments les plus purs du christianisme, tiennent lieu toutes seules d'un âge accompli. Le temps a été court, je l'avoue; mais l'opération de la grace a été forte; mais la fidélité de l'ame a été parfaite. C'est l'effet d'un art consommé de réduire en petit tout un grand ouvrage; et la grace, cette excellente ouvrière, se plaît quelquefois à renfermer en un jour la perfection d'une longue vie?[1] Je sais que Dieu ne veut pas qu'on s'attende à de tels miracles: mais si la témérité insensée des hommes abuse de ses bontés, son bras pour cela n'est pas raccourci, et sa main n'est pas affoiblie. Je me confie pour Madame en cette miséricorde, qu'elle a si sincèrement et si humble-

---

[1] Rien ne peut mieux faire connoître l'esprit de douceur et de charité chrétienne dont Bossuet fit usage dans les derniers moments de Henriette d'Angleterre que ce qu'il dit ici lui-même. (Le C^{al} de Bausset.)

ment réclamée. Il semble que Dieu ne lui ait conservé le jugement libre jusqu'au dernier soupir qu'afin de faire durer les témoignages de sa foi. Elle a aimé en mourant le Sauveur Jésus, les bras lui ont manqué plutôt que l'ardeur d'embrasser la croix ; j'ai vu sa main défaillante chercher encore en tombant de nouvelles forces pour appliquer sur ses lèvres ce bienheureux signe de notre rédemption [1] : n'est-ce pas mourir entre les bras et dans le baiser du Seigneur ? Ah ! nous pouvons achever ce saint sacrifice pour le repos de Madame avec une pieuse confiance ; ce Jésus en qui elle a espéré, dont elle a porté la croix en son corps par des douleurs si cruelles, lui donnera encore son sang, dont elle est déjà toute teinte, toute pénétrée, par la participation à ces sacrements, et par la communion avec ses souffrances. Mais en priant pour son ame, chrétiens, songeons à nous-mêmes. Qu'attendons-nous pour nous convertir ? Et quelle dureté est semblable à la nôtre, si un accident si étrange, qui devroit nous pénétrer jusqu'au fond de l'ame, ne fait que nous étourdir pour quelques moments ! Attendons-

---

[1] Fénelon n'est pas plus sensible. Bossuet emploie ici et consacre, pour ainsi dire, ces deux beaux vers de Tibulle :
    Te spectem, suprema mihi cum venerit hora;
    Te teneam moriens, deficiente manu.
                                              (L. I, eleg. I, v. 63.)
On sait que le pieux et ingénieux Commire avoit placé cette inscription au pied de son crucifix.   (L'abbé de VAUXCELLES.)

nous que Dieu ressuscite des morts pour nous instruire? Il n'est point nécessaire que les morts reviennent, ni que quelqu'un sorte du tombeau, ce qui entre aujourd'hui dans le tombeau doit suffire pour nous convertir : car, si nous savons nous connoître, nous confesserons, chrétiens, que les vérités de l'éternité sont assez bien établies; nous n'avons rien que de foible à leur opposer; c'est par passion et non par raison que nous osons les combattre. Si quelque chose les empêche de régner sur nous, ces saintes et salutaires vérités, c'est que le monde nous occupe, c'est que les sens nous enchantent, c'est que le présent nous entraîne. Faut-il un autre spectacle pour nous détromper et des sens, et du présent, et du monde? La providence divine pouvoit-elle nous mettre en vue ni de plus près ni plus fortement la vanité des choses humaines? et si nos cœurs s'endurcissent après un avertissement si sensible, que lui reste-t-il autre chose que de nous frapper nous-mêmes sans miséricorde? Prévenons un coup si funeste, et n'attendons pas toujours des miracles de la grace. Il n'est rien de plus odieux à la souveraine puissance que de la vouloir forcer par des exemples, et de lui faire une loi de ses graces et de ses faveurs. Qu'y a-t-il donc, chrétiens, qui puisse nous empêcher de recevoir sans différer ses inspirations? Quoi! le charme de sentir est-il si fort que nous ne puissions rien prévoir? les adorateurs des grandeurs humaines seront-ils satisfaits de leur fortune quand ils verront que dans un moment leur gloire passera à leur nom, leurs titres à leurs tombeaux, leurs biens à des ingrats, et leurs dignités peut-être à leurs envieux? Que si nous sommes assurés qu'il viendra un dernier jour où la mort nous forcera de confesser toutes nos erreurs, pourquoi ne pas mépriser par raison ce qu'il faudra un jour mépriser par force? et quel est notre aveuglement si, toujours avançant vers notre fin, et plutôt mourants que vivants, nous attendons les derniers soupirs pour prendre les sentiments que la seule pensée de la mort nous devroit inspirer à tous les moments de notre vie? Commencez aujourd'hui à mépriser les faveurs du monde; et toutes les fois que vous serez dans ces lieux augustes, dans ces superbes palais à qui Madame donnoit un éclat que vos yeux recherchent encore, toutes les fois que, regardant cette grande place qu'elle remplissoit si bien, vous sentirez qu'elle y manque, songez que cette gloire que vous admiriez faisoit son péril en cette vie, et que dans l'autre elle est devenue le sujet d'un examen rigoureux, où rien n'a été capable de la rassurer que cette sincère résignation qu'elle a eue aux ordres de Dieu, et les saintes humiliations de la pénitence [1].

---

[1] Bossuet, en envoyant l'oraison funèbre de la reine d'Angleterre et de Madame Henriette à l'abbé de Rancé, lui écrivoit : « J'ai laissé ordre

de vous faire passer deux oraisons funèbres qui, parce qu'elles font voir le néant du monde, peuvent avoir place parmi les livres d'un solitaire, et que, en tout cas, il peut regarder comme deux têtes de mort assez touchantes. » Ces mots, jetés au hasard dans une lettre qui n'étoit pas destinée à voir le jour, révèlent la pensée habituelle de Bossuet. Jamais la puissance et la grandeur ne venoient se présenter à son esprit qu'il ne vît la mort à côté. (Le C^{al} de Bausset.) — L'intérêt que peut inspirer une princesse expirant à la fleur de son âge semble se devoir épuiser vite : tout consiste en quelques oppositions vulgaires de la beauté, de la jeunesse, de la grandeur et de la mort; et c'est pourtant sur ce fonds stérile que Bossuet a bâti un des plus beaux monuments de l'éloquence; c'est de là qu'il est parti pour montrer la misère de l'homme par son côté périssable, et sa grandeur par son côté immortel. Il commence par le ravaler au-dessous des vers qui le rongent au sépulcre, pour le peindre ensuite glorieux avec la vertu dans des royaumes incorruptibles. (M. de Chateaubriand.)

ORAISON FUNÈBRE

DE

MARIE-THÉRÈSE D'AUTRICHE.

NOTICE

SUR

MARIE-THÉRÈSE D'AUTRICHE,

REINE DE FRANCE.

La vie de cette princesse offre peu de faits que l'histoire ait dû recueillir : ses jours coulèrent uniformément dans les paisibles pratiques d'une vive, mais tranquille piété. Elle naquit le 20 septembre 1638, et fut l'unique fruit du mariage de Philippe IV, roi d'Espagne, avec Élisabeth de France, fille de Henri IV; elle étoit cousine-germaine de Louis XIV, dont elle devoit être l'épouse, et du même âge que ce prince; ils avoient l'un et l'autre vingt-deux ans, lorsqu'ils furent unis, en 1660, par suite d'un des articles du fameux traité conclu, l'année précédente, entre la France et l'Espagne. Ce traité, qui mettoit fin aux trop longues dissensions de ces deux puissances, fut regardé comme le chef-d'œuvre de la politique du cardinal Mazarin : l'Europe attentive eut, pendant quatre mois, les yeux fixés sur l'île des Faisans, appelée depuis l'île de la Conférence, où cet habile ministre balançoit, avec don Louis de Haro, les intérêts des deux royaumes. Lorsque tout fut terminé, Louis XIV se rendit à Saint-Jean-de-Luz, où, en présence des deux cours brillantes de toute leur magnificence, il épousa, en personne, l'infante, qu'il avoit épousée par procureur, six jours auparavant, à Fontarabie. Paris ressentit et fit éclater la plus vive allégresse, en voyant arriver dans ses murs cette reine, qui étoit le gage d'une paix désirée : le calme qui régnoit dans la physionomie et dans tous les traits de Marie-Thérèse sembloit être l'expression de cette concorde que son mariage avoit rétablie entre deux grands peuples, comme l'extrême blancheur de son teint paroissoit le symbole de la candeur de son ame ; tout son extérieur respiroit quelque chose de pacifique ; et le sang d'Henri IV, qui couloit de si près dans ses veines, la rendoit plus chère encore aux François.

Le spectacle de ses rares qualités, de sa piété, de la pureté de son caractère, ajouta bientôt la plus profonde vénération à tous les sentiments de respect et de tendresse qu'avoit d'abord inspirés sa seule présence : sa dévotion étoit celle d'une sainte ; on admiroit sa religieuse immobilité au pied des autels ; elle faisoit souvent des retraites dans les cloîtres les plus austères ; ses abondantes aumônes alloient partout chercher les besoins du pauvre ; elle travailloit de ses mains royales aux parures sacrées des églises, visitoit fréquemment les hôpitaux, soignoit, servoit elle-même les malades, sans penser aux dangers qui l'environnoient dans ces tristes séjours de la contagion et de la mort. Elle souffrit avec une résignation pieuse, et une patience toute chrétienne, les profanes amours du roi son époux et son maître : elle vit se succéder toutes les maîtresses de Louis XIV, sans que jamais aucun discours amer sortît de sa bouche, sans que jamais aucune trace d'humeur parût sur son visage ; elle offrit en secret à Dieu toutes les afflictions de son cœur navré ; et, lorsqu'elle mourut, le roi lui rendit ce témoignage, que sa mort étoit la seule peine que jamais elle lui eût causée. Ainsi se passèrent dans le calme les vingt-trois années que dura son mariage, au milieu d'une cour toute voluptueuse, dont elle étoit chérie pour sa douceur, qu'elle remplit de respect pour ses vertus, et qu'elle ne cessa d'édifier par ses exemples.

La fécondité, cette bénédiction des épouses, et particulièrement des reines, ne lui manqua pas : elle eut six enfants, trois princes et trois princesses : l'aîné, qui fut Louis dauphin, nommé Monseigneur, échappa seul à la mort prématurée dont tous les autres furent frappés ; car le Ciel sembla vouloir mettre le cœur de Marie-Thérèse à toutes les épreuves. Dans l'oraison funèbre de cette princesse, Bossuet peint d'une manière touchante les douleurs qu'elle ressentit de toutes ces pertes, et surtout de celle du duc d'Anjou, son second fils, qui, dans un âge très tendre, joignoit aux agréments de la figure les plus heureuses dispositions de l'esprit et du caractère : « Représen-
« tons-nous, dit l'éloquent orateur, ce jeune prince que
« les grâces elles-mêmes sembloient avoir formé de leurs
« mains, pardonnez-moi ces expressions ; il me semble
« que je vois encore tomber cette fleur : alors, triste
« message d'un événement si funeste, je fus aussi le té-
« moin, en voyant le roi et la reine, d'un côté, de la
« douleur la plus pénétrante, et de l'autre, des plaintes
« les plus lamentables, et, sous des formes différentes, je
« vis une affliction sans mesure.... etc. » Le dauphin, né en 1661, vécut jusqu'en 1711, c'est-à-dire cinquante ans ; il eut trois fils, le duc de Bourgogne, le duc d'Anjou et le duc de Berry ; le duc d'Anjou, devenu roi d'Espagne, survécut seul à Louis XIV, qui vit périr presque à la fois le dauphin son fils, le duc de Bourgogne, le duc de Berry, ses petits-fils, et le duc de Bretagne, fils du duc de Bourgogne ; le frère du duc de Bretagne resta seul, âgé de cinq ans, à la mort de Louis XIV, pour remplir le trône de son bisaïeul, sous le nom de Louis XV ; ainsi, Louis XIV, dont la naissance même avoit été regardée comme un miracle, fut entouré des ruines de sa postérité ; et le sang de Henri IV, qui, plus d'une fois, devoit teindre le fer des assassins, sembloit par lui-même tarir de toutes parts.

Marie-Thérèse, renfermée presque entièrement dans

le cercle d'une vie toute dévouée aux pratiques religieuses, prit peu de part à la politique; cependant, lorsqu'en 1672, le roi partit pour la guerre de Hollande, il nomma la reine régente du royaume, pendant son absence. On vit alors cette princesse, dans la courte durée de sa régence, déployer des talents, et faire éclater des lumières qu'on ne lui soupçonnoit pas : elle cachoit sous le voile de sa modestie beaucoup de sens, un esprit juste et net, une rare clarté d'idées; dès son enfance, elle avoit montré une intelligence prompte et facile; sa capacité pour les affaires, dont elle s'étoit toujours éloignée, fut reconnue dans cette circonstance; la manière dont elle s'y conduisit servit beaucoup à augmenter l'estime que le roi avoit toujours eue pour elle, et qu'il avoit voulu lui témoigner particulièrement, en remettant ainsi momentanément dans ses mains les rênes de l'État.

Ce prince, destiné à voir tout périr et disparoître autour de lui, la perdit neuf ans après, en 1683 : elle étoit âgée de quarante-cinq ans; elle en avoit passé vingt-trois avec Louis XIV, qui lui survécut trente-deux années : en 1680, elle avoit vu le dauphin son fils s'unir à Marie-Anne de Bavière; et, onze mois avant sa mort, naître le duc de Bourgogne; sa maladie fut de quatre jours; au bout de deux ans et demi, Louis XIV, dégoûté des amours illégitimes, épousa madame de Maintenon.

On peut remarquer ici, que l'Oraison funèbre de Marie-Thérèse est encore plus l'éloge du roi que celui de cette princesse : l'uniformité d'une vie si peu variée resserroit trop l'éloquence de Bossuet; elle se répandit sur un champ plus vaste et plus riche; les parties les plus brillantes de l'administration de Louis XIV, peintes à grands traits, sont les principaux ornements de ce discours, où l'orateur, en dépit de la stérilité de la matière, prodigue, comme dans tous les autres, les trésors de son génie fécond et sublime. Dussault.

ORAISON FUNÈBRE

DE

MARIE-THÉRÈSE D'AUTRICHE,

INFANTE D'ESPAGNE,
REINE DE FRANCE ET DE NAVARRE,

Prononcée à Saint-Denis le 1er septembre 1683 en présence de Monseigneur le Dauphin.

> Sine macula enim sunt ante thronum Dei.
> Ils sont sans tache devant le trône de Dieu.
>
> Paroles de l'apôtre S. Jean, dans sa Révélation,
> c. xiv, v. 5.

MONSEIGNEUR,

Quelle assemblée l'apôtre saint Jean nous fait paroître ! Ce grand prophète nous ouvre le ciel, et notre foi y découvre « sur la sainte montagne « de Sion, » dans la partie la plus élevée de la Jérusalem bienheureuse, l'Agneau qui ôte le péché du monde, avec une compagnie digne de lui. Ce sont ceux dont il est écrit au commencement de l'Apocalypse : « Il y a dans l'église de « Sardis un petit nombre de fidèles, *pauca no-* « *mina*, qui n'ont pas souillé leurs vêtements [1] : »

---

[1] Habes pauca nomina in Sardis, qui non inquinaverunt vestimenta sua. (Apoc., c. iii, v. 4.)

ces riches vêtements dont le baptême les a revêtus, vêtements qui ne sont rien moins que Jésus-Christ même, selon ce que dit l'apôtre : « Vous tous qui avez été baptisés, vous avez été « revêtus de Jésus-Christ [1]. » Ce petit nombre chéri de Dieu pour son innocence, et remarquable pour la rareté d'un don si exquis, a su conserver ce précieux vêtement et la grace du baptême. Et quelle sera la récompense d'une si rare fidélité ? Écoutez parler le juste et le saint : « Ils marchent, dit-il, avec moi, revêtus de « blanc, parce qu'ils en sont dignes [2] ; » dignes par leur innocence de porter dans l'éternité la livrée de l'Agneau sans tache, et de marcher toujours avec lui, puisque jamais ils ne l'ont quitté depuis qu'il les a mis dans sa compagnie : ames pures et innocentes, ames vierges [3], comme les appelle saint Jean, au même sens que saint Paul disoit à tous les fidèles de Corinthe : « Je « vous ai promis, comme une vierge pudique, à « un seul homme, qui est Jésus-Christ [4]. » La vraie chasteté de l'ame, la vraie pudeur chrétienne est de rougir du péché, de n'avoir d'yeux ni d'amour que pour Jésus-Christ, et de tenir tou-

---

[1] Quicumque in Christo baptizati estis, Christum induistis. (Gal., c. III, v. 27.)

[2] Ambulabunt mecum in albis, quia digni sunt. (Apoc., c. III, v. 4.)

[3] Virgines enim sunt. Hi sequuntur Agnum quocumque ierit. (Apoc., c. XIV, v. 4.)

[4] Despondi vos uni viro virginem castam exhibere Christo. (II Cor., c. XI, v. 2.)

jours ses sens épurés de la corruption du siècle. C'est dans cette troupe innocente et pure que la reine a été placée; l'horreur qu'elle a toujours eue du péché lui a mérité cet honneur. La foi, qui pénètre jusqu'aux cieux, nous la fait voir aujourd'hui dans cette bienheureuse compagnie. Il me semble que je reconnois cette modestie, cette paix, ce recueillement que nous lui voyions devant les autels, qui inspiroit du respect pour Dieu et pour elle : Dieu ajoute à ces saintes dispositions le transport d'une joie céleste. La mort ne l'a point changée, si ce n'est qu'une immortelle beauté a pris la place d'une beauté changeante et mortelle. Cette éclatante blancheur, symbole de son innocence et de la candeur de son ame, n'a fait, pour ainsi parler, que passer au dedans, où nous la voyons rehaussée d'une lumière divine. « Elle marche « avec l'Agneau, car elle en est digne [1]. » La sincérité de son cœur sans dissimulation et sans artifice la range au nombre de ceux dont saint Jean a dit, dans les paroles qui précèdent celles de mon texte, que « le mensonge ne s'est point « trouvé en leur bouche, » ni aucun déguisement dans leur conduite, « ce qui fait qu'on les voit sans tache devant le trône de Dieu [2]. » *Sine macula sunt enim ante thronum Dei.* En effet,

---

[1] Apoc., c. III, v. 4.
[2] In ore eorum non est inventum mendacium : sine macula enim sunt ante thronum Dei. (Apoc., c. XIX, v. 5.)

elle est sans reproche devant Dieu et devant les hommes : la médisance ne peut attaquer aucun endroit de sa vie, depuis son enfance jusqu'à sa mort; et une gloire si pure, une si belle réputation, est un parfum précieux qui réjouit le ciel et la terre.

Monseigneur, ouvrez les yeux à ce grand spectacle. Pouvois-je mieux essuyer vos larmes, celles des princes qui vous environnent, et de cette auguste assemblée, qu'en vous faisant voir au milieu de cette troupe resplendissante, et dans cet état glorieux, une mère si chérie et si regrettée? Louis même, dont la constance ne peut vaincre ses justes douleurs, les trouveroit plus traitables dans cette pensée. Mais ce qui doit être votre unique consolation doit aussi, Monseigneur, être votre exemple; et, ravi de l'éclat immortel d'une vie toujours réglée et toujours si irréprochable, vous devez en faire passer toute la beauté dans la vôtre.

Qu'il est rare, chrétiens, qu'il est rare, encore une fois, de trouver cette pureté parmi les hommes! mais surtout, qu'il est rare de la trouver parmi les grands! « Ceux que vous voyez « revêtus d'une robe blanche, ceux-là, dit saint « Jean, viennent d'une grande affliction [1], » *de tribulatione magna;* afin que nous entendions que cette divine blancheur se forme ordinaire-

---

[1] Hi qui amicti sunt stolis albis.... hi sunt qui venerunt de tribulatione magna. (Apoc., c. vii, v. 13, 14.)

ment sous la croix, et rarement dans l'éclat, trop plein de tentation, des grandeurs humaines.

Et toutefois, il est vrai, Messieurs, que Dieu, par un miracle de sa grace, se plaît à choisir parmi les rois de ces ames pures. Tel a été saint Louis, toujours pur et toujours saint dès son enfance; et Marie-Thérèse sa fille a eu de lui ce bel héritage.

Entrons, Messieurs, dans les desseins de la Providence, et admirons les bontés de Dieu, qui se répandent sur nous et sur tous les peuples dans la prédestination de cette princesse. Dieu l'a élevée au faîte des grandeurs humaines, afin de rendre la pureté et la perpétuelle régularité de sa vie plus éclatantes et plus exemplaires. Ainsi sa vie et sa mort, également pleines de sainteté et de grace, deviennent l'instruction du genre humain : notre siècle n'en pouvoit recevoir de plus parfaite, parce qu'il ne voyoit nulle part dans une si haute élévation une pareille pureté. C'est ce rare et merveilleux assemblage que nous aurons à considérer dans les deux parties de ce discours. Voici, en peu de mots, ce que j'ai à dire de la plus pieuse des reines; et tel est le digne abrégé de son éloge : Il n'y a rien que d'auguste dans sa personne; il n'y a rien que de pur dans sa vie. Accourez, peuples : venez contempler dans la première place du monde la rare et majestueuse beauté d'une vertu toujours constante. Dans une vie si égale, il n'importe pas à cette princesse où la mort frappe; on n'y voit point d'endroit foible par où elle pût craindre d'être surprise : toujours vigilante, toujours attentive à Dieu et à son salut, sa mort, si précipitée et si effroyable pour nous, n'avoit rien de dangereux pour elle. Ainsi son élévation ne servira qu'à faire voir à tout l'univers, comme du lieu le plus éminent qu'on découvre dans son enceinte, cette importante vérité : Qu'il n'y a rien de solide ni de vraiment grand parmi les hommes que d'éviter le péché, et que la seule précaution contre les attaques de la mort c'est l'innocence de la vie. C'est, Messieurs, l'instruction que nous donne dans ce tombeau, ou plutôt du plus haut des cieux, très haute, très excellente, très puissante, et très chrétienne princesse MARIE – THÉRÈSE D'AUTRICHE, INFANTE D'ESPAGNE, REINE DE FRANCE ET DE NAVARRE.

Je n'ai pas besoin de vous dire que c'est Dieu qui donne les grandes naissances, les grands mariages, les enfants, la postérité. C'est lui qui dit à Abraham : « Les rois sortiront de vous[1]. » et qui fait dire par son prophète à David : « Le « Seigneur vous fera une maison[2]. » « Dieu, « qui d'un seul homme a voulu former tout le

---

[1] Reges ex te egredientur. (GEN., c. XVII, v. 6.)
[2] Prædicit tibi Dominus, quod domum faciat tibi Dominus. (II REG., c. VII, v. 11.)

« genre humain, » comme dit saint Paul, « et
« de cette source commune le répandre sur
« toute la face de la terre, » en a vu et prédestiné dès l'éternité les alliances et les divisions,
« marquant les temps, poursuit-il, et donnant
« des bornes à la demeure des peuples¹, » et
enfin un cours réglé à toutes ces choses. C'est
donc Dieu qui a voulu élever la reine par une
auguste naissance à un auguste mariage, afin
que nous la vissions honorée au-dessus de toutes
les femmes de son siècle, pour avoir été chérie,
estimée, et trop tôt, hélas! regrettée par le plus
grand de tous les hommes!

Que je méprise ces philosophes qui, mesurant
les conseils de Dieu à leurs pensées, ne le font
auteur que d'un certain ordre général d'où le
reste se développe comme il peut! comme s'il
avoit, à notre manière, des vues générales et
confuses; et comme si la souveraine intelligence
pouvoit ne pas comprendre dans ses desseins les
choses particulières, qui seules subsistent vé-
ritablement². N'en doutons pas, chrétiens, Dieu

---

¹ Deus..... qui fecit ex uno omne genus hominum inhabitare super universam faciem terræ, definiens statuta tempora, et terminos habitationis eorum. (Act., c. xvii, v. 24, 26.)

² Toujours Bossuet rend compte de tout par les décrets de la Providence, et *méprise les philosophes* qui veulent s'en passer. Dieu, *dans son conseil éternel*, a préparé Marie-Thérèse pour épouse au plus grand des hommes; et cet homme sera Louis. On a beau se récrier, le soupçonner de flatterie, l'accuser d'appeler *Dieu* cet arrangement politique de deux cours pour le mariage d'une infante, il ne s'inquiète pas de cela, sûr que, quand il recourt à la Providence, il remonte à

a préparé dans son conseil éternel les premières familles qui sont la source des nations, et dans toutes les nations les qualités dominantes qui doivent en faire la fortune. Il a aussi ordonné dans les nations les familles particulières dont elles sont composées, mais principalement celles qui devoient gouverner ces nations, et en particulier dans ces familles tous les hommes par lesquels elles doivent ou s'élever, ou se soutenir, ou s'abattre.

C'est par la suite de ces conseils que Dieu a fait naître les deux puissantes maisons d'où la reine devoit sortir, celle de France et celle d'Autriche, dont il se sert pour balancer les choses humaines : jusqu'à quel degré et jusqu'à quel temps? il le sait, et nous l'ignorons.

On remarque dans l'Écriture que Dieu donne aux maisons royales certains caractères propres, comme celui que les Syriens, quoique ennemis des rois d'Israël, leur attribuoient par ces paroles : « Nous avons appris que les rois de la « maison d'Israël sont cléments [1]. »

Je n'examinerai pas les caractères particuliers qu'on a donnés aux maisons de France et d'Autriche ; et sans dire que l'on redoutoit davantage

---

la vraie source des événements et à celle des plus beaux mouvements oratoires. (L'abbé de Vauxcelles.) — Voilà la philosophie de la religion, et Bossuet y rattache tout de suite la philosophie de la politique. (Le C^{al} de Bausset.)

[1] Ecce audivimus quod reges domus Israel clementes sunt. (III Reg., c. xx, v. 31.)

les conseils de celle d'Autriche, ni qu'on trouvoit quelque chose de plus vigoureux dans les armes et dans le courage de celle de France, maintenant que par une grace particulière ces deux caractères se réunissent visiblement en notre faveur, je remarquerai seulement ce qui faisoit la joie de la reine : c'est que Dieu avoit donné à ces deux maisons, d'où elle est sortie, la piété en partage; de sorte que, sanctifiée [1], qu'on m'entende bien, c'est-à-dire consacrée à la sainteté par sa naissance, selon la doctrine de saint Paul, elle disoit avec cet apôtre : « Dieu, « que ma famille a toujours servi, et à qui je « suis dédiée par mes ancêtres [2]; » *Deus cui servio a progenitoribus.*

Que s'il faut venir au particulier de l'auguste maison d'Autriche, que peut-on voir de plus illustre que sa descendance immédiate, où, durant l'espace de quatre cents ans, on ne trouve que des rois et des empereurs, et une si grande affluence de maisons royales, avec tant d'états et tant de royaumes, qu'on a prévu, il y a longtemps, qu'elle en seroit surchargée.

Qu'est-il besoin de parler de la très chrétienne maison de France, qui par sa noble constitution est incapable d'être assujettie à une famille étrangère; qui est toujours dominante dans son chef; qui, seule dans tout l'univers et dans tous

---

[1] Filii vestri... sancti sunt. (I Cor., c. vii, v. 14.)
[2] II Tim., c. 1, v. 3.

les siècles, se voit après sept cents ans d'une royauté établie (sans compter ce que la grandeur d'une si haute origine fait trouver ou imaginer aux curieux observateurs des antiquités), seule, dis-je, se voit après tant de siècles encore dans sa force et dans sa fleur, et toujours en possession du royaume le plus illustre qui fût jamais sous le soleil, et devant Dieu et devant les hommes : devant Dieu, d'une pureté inaltérable dans la foi ; et devant les hommes, d'une si grande dignité, qu'il a pu perdre l'empire sans perdre sa gloire ni son rang ?

La reine a eu part à cette grandeur, non seulement par la riche et fière maison de Bourgogne, mais encore par Isabelle de France [1], sa mère, digne fille de Henri le Grand, et, de l'aveu de l'Espagne, la meilleure reine comme la plus regrettée qu'elle eût jamais vue sur le trône. Triste rapport de cette princesse avec la reine sa fille ! elle avoit à peine quarante-deux ans quand l'Espagne la pleura ; et, pour notre malheur, la vie de Marie-Thérèse n'a guère eu un plus long cours. Mais la sage, la courageuse, et la pieuse Isabelle devoit une partie de sa gloire aux malheurs de l'Espagne, dont on sait qu'elle trouva le remède par un zèle et par des conseils qui ranimèrent les grands et les peuples, et, si on le peut dire, le roi même. Ne

---

[1] Plus connue sous le nom d'Élisabeth, morte en 1644. Elle avoit épousé le roi d'Espagne, Philippe IV.

nous plaignons pas, chrétiens, de ce que la reine sa fille, dans un état plus tranquille, donne aussi un sujet moins vif à nos discours; et contentons-nous de penser que, dans des occasions aussi malheureuses dont Dieu nous a préservés, nous y eussions pu trouver les mêmes ressources.

Avec quelle application et quelle tendresse Philippe IV son père ne l'avoit-il pas élevée! On la regardoit en Espagne non pas comme une infante, mais comme un infant; car c'est ainsi qu'on y appelle la princesse qu'on reconnoît comme héritière de tant de royaumes. Dans cette vue on approcha d'elle tout ce que l'Espagne avoit de plus vertueux et de plus habile. Elle se vit, pour ainsi parler, dès son enfance tout environnée de vertus; et on voyoit paroître en cette jeune princesse plus de belles qualités qu'elle n'attendoit de couronnes. Philippe l'élève ainsi pour ses états: Dieu qui nous aime la destine à Louis.

Cessez, princes et potentats, de troubler par vos prétentions [1] le projet de ce mariage; que l'amour, qui semble aussi le vouloir troubler, cède lui-même [2]. L'amour peut bien remuer le cœur des héros du monde; il peut bien y

---

[1] Toutes les maisons souveraines de l'Europe recherchoient l'alliance d'une princesse qui, selon les apparences, devoit un jour posséder tant d'états.

[2] Louis XIV faisoit alors une cour assidue à Marie Mancini, nièce du Cal Mazarin.

soulever des tempêtes, et y exciter des mouvements qui fassent trembler les politiques, et qui donnent des espérances aux insensés : mais il y a des ames d'un ordre supérieur à ses lois, à qui il ne peut inspirer des sentiments indignes de leur rang; il y a des mesures prises dans le ciel, qu'il ne peut rompre; et l'infante, non seulement par son auguste naissance, mais encore par sa vertu et par sa réputation, est seule digne de Louis.

C'étoit « la femme prudente qui est donnée « proprement par le Seigneur [1], » comme dit le Sage. Pourquoi donnée proprement par le Seigneur, puisque c'est le Seigneur qui donne tout? et quel est ce merveilleux avantage qui mérite d'être attribué d'une façon si particulière à la divine bonté? Il ne faut, pour l'entendre, que considérer ce que peut dans les maisons la prudence tempérée d'une femme sage pour les soutenir, pour y faire fleurir dans la piété la véritable sagesse, et pour calmer des passions violentes qu'une résistance emportée ne feroit qu'aigrir.

Ile pacifique où se doivent terminer les différends de deux grands empires à qui tu sers de limites, île éternellement mémorable [2] par les

[1] A Domino proprie uxor prudens. (Prov., c. xix, v. 14.)
[2] Le 7 novembre 1659, après vingt-quatre conférences tenues par le C^{al} Mazarin et don Louis de Haro, dans l'île des Faisans, sur la Bidassoa, un traité de paix fut conclu entre la France et l'Espagne.

conférences de deux grands ministres ; où l'on vit développer toutes les adresses et tous les secrets d'une politique si différente ; où l'un se donnoit du poids par la lenteur, et l'autre prenoit l'ascendant par sa pénétration : auguste journée où deux fières nations long-temps ennemies, et alors réconciliées par Marie-Thérèse, s'avancent sur leurs confins, leurs rois à leur tête, non plus pour se combattre, mais pour s'embrasser ; où ces deux rois, avec leur cour, d'une grandeur, d'une politesse et d'une magnificence aussi bien que d'une conduite si différentes, furent l'un à l'autre, et à tout l'univers, un si grand spectacle : fêtes sacrées, mariage fortuné, voile nuptial, bénédiction, sacrifice, puis-je mêler aujourd'hui vos cérémonies et vos pompes avec ces pompes funèbres, et le comble des grandeurs avec leurs ruines ? Alors l'Espagne perdit ce que nous gagnions : maintenant nous perdons tout les uns et les autres ; et Marie-Thérèse périt pour toute la terre. L'Espagne pleuroit seule ; maintenant que la France et l'Espagne mêlent leurs larmes, et en versent des torrents, qui pourroit les arrêter ? Mais si l'Espagne pleuroit son infante qu'elle voyoit monter sur le trône le plus glorieux de l'univers, quels seront nos gémissements à la vue de ce tombeau, où tous ensemble

---

La principale clause de ce traité étoit le mariage de Marie-Thérèse d'Autriche avec Louis XIV, mariage qui se fit l'année suivante.

nous ne voyons plus que l'inévitable néant des grandeurs humaines? Taisons-nous; ce n'est pas des larmes que je veux tirer de vos yeux. Je pose les fondements des instructions que je veux graver dans vos cœurs : aussi bien la vanité des choses humaines, tant de fois étalée dans cette chaire, ne se montre que trop d'elle-même, sans le secours de ma voix, dans ce sceptre sitôt tombé d'une royale main, et dans une si haute majesté si promptement dissipée.

Mais ce qui en faisoit le plus grand éclat n'a pas encore paru. Une reine si grande par tant de titres le devenoit tous les jours par les grandes actions du roi et par le continuel accroissement de sa gloire. Sous lui la France a appris à se connoître; elle se trouve des forces que les siècles précédents ne savoient pas; l'ordre et la discipline militaire s'augmentent avec les armées. Si les François peuvent tout, c'est que leur roi est partout leur capitaine; et, après qu'il a choisi l'endroit principal qu'il doit animer par sa valeur, il agit de tous côtés par l'impression de sa vertu.

Jamais on n'a fait la guerre avec une force plus inévitable, puisqu'en méprisant les saisons il a ôté jusqu'à la défense à ses ennemis. Les soldats, ménagés et exposés quand il faut, marchent avec confiance sous ses étendards; nul fleuve ne les arrête, nulle forteresse ne les effraie. On sait que Louis foudroie les villes plutôt qu'il ne les assiége, et tout est ouvert à sa puissance.

Les politiques ne se mêlent plus de deviner ses desseins. Quand il marche, tout se croit également menacé : un voyage tranquille devient tout-à-coup une expédition redoutable à ses ennemis. Gand tombe avant qu'on pense à le munir ; Louis y vient par de longs détours : et la reine, qui l'accompagne au cœur de l'hiver, joint au plaisir de le suivre celui de servir secrètement [1] à ses desseins.

Par les soins d'un si grand roi la France entière n'est plus, pour ainsi parler, qu'une seule forteresse qui montre de tous côtés un front redoutable. Couverte de toutes parts, elle est capable de tenir la paix avec sûreté dans son sein, mais aussi de porter la guerre partout où il faut, et de frapper de près et de loin avec une égale force. Nos ennemis le savent bien dire, et nos alliés ont ressenti dans le plus grand éloignement combien la main de Louis étoit secourable.

Avant lui la France, presque sans vaisseaux, tenoit en vain aux deux mers ; maintenant on

---

[1] Le roi, pour donner le change aux ennemis, s'étoit transporté en Lorraine, au mois de février 1678, avec la reine et toute sa cour, et avoit fait investir Charlemont, Namur et Luxembourg, lorsque tout-à-coup, passant des bords de la Moselle à ceux de l'Escaut, il commanda au maréchal d'Humières d'investir la ville de Gand, qui fut prise le 9 mars de la même année, après quatre jours de siége seulement. (Le président Hénault.)

les voit couvertes depuis le levant jusqu'au couchant de nos flottes victorieuses, et la hardiesse françoise porte partout la terreur avec le nom de Louis. Tu céderas, ou tu tomberas sous ce vainqueur, Alger, riche des dépouilles de la chrétienté. Tu disois en ton cœur avare : Je tiens la mer sous mes lois, et les nations sont ma proie. La légèreté de tes vaisseaux te donnoit de la confiance; mais tu te verras attaqué dans tes murailles comme un oiseau ravissant qu'on iroit chercher parmi ses rochers et dans son nid où il partage son butin à ses petits. Tu rends déja tes esclaves; Louis a brisé les fers dont tu accablois ses sujets, qui sont nés pour être libres sous son glorieux empire. Tes maisons ne sont plus qu'un amas de pierres; dans ta brutale fureur tu te tournes contre toi-même, et tu ne sais comment assouvir ta rage impuissante. Mais nous verrons la fin de tes brigandages : les pilotes étonnés s'écrient par avance : « Qui est « semblable à Tyr? et toutefois elle s'est tue dans « le milieu de la mer [1]; » et la navigation va être assurée par les armes de Louis [2].

L'éloquence s'est épuisée à louer la sagesse de

[1] Quæ est ut Tyrus, quæ obmutuit in medio maris? Ezéch., c. XXVII, v. 32.)
[2] Dans le courant de l'année 1664, le duc de Beaufort battit les corsaires d'Afrique, et s'empara même de Gigeri au royaume d'Alger. En 1683, Du Quesne fut chargé de briser les entraves que ces barbares mettoient au commerce françois; il s'en acquitta avec gloire : Alger fut bombardée deux fois, et forcée de rendre les prisonniers chrétiens qu'elle retenoit esclaves.

ses lois et l'ordre de ses finances : que n'a-t-on pas dit de sa fermeté, à laquelle nous voyons céder jusqu'à la fureur des duels ! La sévère justice de Louis, jointe à ses inclinations bienfaisantes, fait aimer à la France l'autorité sous laquelle heureusement réunie elle est tranquille et victorieuse. Qui veut entendre combien la raison préside dans les conseils de ce prince, n'a qu'à prêter l'oreille quand il lui plaît d'en expliquer les motifs. Je pourrois ici prendre à témoin les sages ministres des cours étrangères, qui le trouvent aussi convaincant dans ses discours que redoutable par ses armes. La noblesse de ses expressions vient de celle de ses sentiments, et ses paroles précises sont l'image de la justesse qui règne dans ses pensées. Pendant qu'il parle avec tant de force, une douceur surprenante lui ouvre les cœurs, et donne, je ne sais comment, un nouvel éclat à la majesté qu'elle tempère.

N'oublions pas ce qui faisoit la joie de la reine. Louis est le rempart de la religion ; c'est à la religion qu'il fait servir ses armes redoutées par mer et par terre. Mais songeons qu'il ne l'établit partout au dehors que parce qu'il la fait régner au dedans et au milieu de son cœur. C'est là qu'il abat des ennemis plus terribles que ceux que tant de puissances jalouses de sa grandeur, et l'Europe entière, pourroient armer contre lui. Nos vrais ennemis sont en nous-mêmes, et Louis combat ceux-là plus que tous les autres. Vous voyez tomber de toutes parts les temples de l'hérésie[1] : ce qu'il renverse au dedans est un sacrifice bien plus agréable ; et l'ouvrage du chrétien c'est de détruire les passions, qui feroient de nos cœurs un temple d'idoles. Que serviroit à Louis d'avoir étendu sa gloire partout où s'étend le genre humain ? Ce ne lui est rien d'être l'homme que les autres hommes admirent ; il veut être avec David « l'homme selon le cœur de Dieu[2]. » C'est pourquoi Dieu le bénit. Tout le genre humain demeure d'accord qu'il n'y a rien de plus grand que ce qu'il a fait, si ce n'est qu'on veuille compter pour plus grand encore tout ce qu'il n'a pas voulu faire, et les bornes qu'il a données à sa puissance. Adorez donc, ô grand roi, celui qui vous fait régner, qui vous fait vaincre, et qui vous donne dans la victoire, malgré la fierté qu'elle inspire, des sentiments si modérés. Puisse la chrétienté ouvrir les yeux, et reconnoître le vengeur que Dieu lui envoie ! Pendant, ô malheur ! ô honte ! ô juste punition de nos péchés ! pendant, dis-je, qu'elle est ravagée par les infidèles qui pénètrent jusqu'à ses entrailles, que tarde-t-elle à se souvenir et des secours de Can-

[1] Près de sept cents temples appartenant aux réformés avoient été détruits avant la révocation de l'édit de Nantes. Cette révocation n'eut lieu que le 22 octobre 1685, c'est-à-dire plus de deux ans après la mort de Marie-Thérèse d'Autriche.
[2] I Reg., c. xiii, v. 14.

die [1], et de la fameuse journée du Raab [2], où Louis renouvela dans le cœur des infidèles l'ancienne opinion qu'ils ont des armes françoises, fatales à leur tyrannie, et par des exploits inouïs devint le rempart de l'Autriche, dont il avoit été la terreur?

Ouvrez donc les yeux, chrétiens, et regardez ce héros, dont nous pouvons dire, comme saint Paulin disoit du grand Théodose, que nous voyons en Louis, « Non un roi, mais un servi-
« teur de Jésus-Christ, et un prince qui s'élève
« au-dessus des hommes, plus encore par sa foi
« que par sa couronne [3]. »

C'étoit, Messieurs, d'un tel héros, que Marie-Thérèse devoit partager la gloire d'une façon particulière, puisque, non contente d'y avoir part comme compagne de son trône, elle ne cessoit

---

[1] La ville de Candie tomba au pouvoir des Turcs le 16 septembre 1669. Les secours que les ducs de Beaufort et de Navailles avoient introduits dans cette place en retardèrent la prise plus de trois mois. On croit généralement que le duc de Beaufort y périt, le 25 juin, dans une sortie. Toutefois ceux qui veulent voir en lui le *Masque de fer* soutiennent qu'il n'y fut point tué, mais qu'il fut transféré de là aux îles de Lérins.

[2] Le 1er août 1664, à la journée de Saint-Gothard, près du Raab, les Turcs furent défaits par les Allemands que commandoit Montécuculli secondé par Coligny et La Feuillade, à la tête de 6,000 François, et par le prince Charles-Léopold, neveu du duc de Lorraine. (Le présid. Hénault.)

[3] In Theodosio non imperatorem, sed Christi servum; nec regno, sed fide, principem prædicamus [*].

[*] *Le texte porte :* « In Theodosio non tam imperatorem, quam Christi servum....; nec regno, sed fide, principem prædicarem. » (Paulin., ep. 12, ad Sev.; nov. edit. xxviii, n. 6.)

d'y contribuer par la persévérance de ses vœux.

Pendant que ce grand roi la rendoit la plus illustre de toutes les reines, vous la faisiez, Monseigneur, la plus illustre de toutes les mères. Vos respects l'ont consolée de la perte de ses autres enfans, vous les lui avez rendus : elle s'est vue renaître dans ce prince[1] qui fait vos délices et les nôtres; et elle a trouvé une fille digne d'elle dans cette auguste princesse qui, par son rare mérite autant que par les droits d'un nœud sacré, ne fait avec vous qu'un même cœur. Si nous l'avons admirée dès le moment qu'elle parut, le roi a confirmé notre jugement; et maintenant devenue, malgré ses souhaits, la principale décoration d'une cour dont un si grand roi fait le soutien, elle est la consolation de toute la France.

Ainsi notre reine, heureuse par sa naissance, qui lui rendoit la piété aussi bien que la grandeur comme héréditaires, par sa sainte éducation, par son mariage, par la gloire et par l'amour d'un si grand roi, par le mérite et par les respects de ses enfants, et par la vénération de tous les peuples, ne voyoit rien sur la terre qui ne fût au-dessous d'elle. Élevez maintenant, ô Seigneur, et mes pensées et ma voix:

---

[1] Il s'agit ici de Louis de France, dit *Monseigneur*, ou le *Grand Dauphin*, élève de Bossuet, et qui épousa Marie-Anne-Christine-Victoire de Bavière. Des six enfants que Louis XIV eut de Marie-Thérèse, ce prince est le seul qui ait survécu à sa mère.

que je puisse représenter à cette auguste audience l'incomparable beauté d'une ame que vous avez toujours habitée, qui n'a jamais « affligé votre esprit saint[1], » qui jamais n'a perdu « le goût du don céleste[2]; » afin que nous commencions, malheureux pécheurs, à verser sur nous-mêmes un torrent de larmes, et que, ravis des chastes attraits de l'innocence, jamais nous ne nous lassions d'en pleurer la perte.

A la vérité, chrétiens, quand on voit dans l'Évangile la brebis perdue[3] préférée par le bon pasteur à tout le reste du troupeau; quand on y lit cet heureux retour du prodigue retrouvé, et ce transport d'un père attendri qui met en joie toute sa famille; on est tenté de croire que la pénitence est préférée à l'innocence même, et que le prodigue retourné reçoit plus de graces que son aîné, qui ne s'est jamais échappé de la maison paternelle. Il est l'aîné toutefois, et deux mots que lui dit son père lui font bien entendre qu'il n'a pas perdu ses avantages : « Mon fils, « lui dit-il, vous êtes toujours avec moi, et tout « ce qui est à moi est à vous[4]. » Cette parole, Messieurs, ne se traite guère dans les chaires, parce que cette inviolable fidélité ne se trouve

[1] Nolite contristare Spiritum sanctum Dei. (Eph., c. iv, v. 30.)
[2] Gustaverunt donum cœleste. (Heb., c. vi, v. 4.)
[3] Luc., c. xv, v. 4, 20.
[4] Fili, tu semper mecum es, et omnia mea tua sunt. (Ibid., v. 31.)

guère dans les mœurs. Expliquons-la toutefois, puisque notre illustre sujet nous y conduit, et qu'elle a une parfaite conformité avec notre texte. Une excellente doctrine de saint Thomas nous la fait entendre, et concilie toutes choses. Dieu témoigne plus d'amour au juste toujours fidèle; il en témoigne davantage aussi au pécheur réconcilié, mais en deux manières différentes. L'un paroîtra plus favorisé si l'on a égard à ce qu'il est, et l'autre si l'on remarque d'où il est sorti. Dieu conserve au juste un plus grand don; il retire le pécheur d'un plus grand mal; le juste semblera plus avantagé si l'on pèse son mérite, et le pécheur plus chéri si l'on considère son indignité. Le père du prodigue l'explique lui-même : « Mon fils, vous êtes toujours « avec moi, et tout ce qui est à moi est à vous[1] : » c'est ce qu'il dit à celui à qui il conserve un plus grand don : « Il falloit se réjouir, parce que « votre frère étoit mort, et il est ressuscité[2] : » c'est ainsi qu'il parle de celui qu'il retire d'un plus grand abîme de maux. Ainsi les cœurs sont saisis d'une joie soudaine par la grace inespérée d'un beau jour d'hiver, qui, après un temps pluvieux, vient réjouir tout d'un coup la face du monde; mais on ne laisse pas de lui préférer la constante sérénité d'une saison plus bénigne;

---

[1] Luc., c. xv, v. 31.

[2] Gaudere oportebat, quia frater tuus hic mortuus erat, et revixit. (*Ibid.*, v. 32.)

et, s'il nous est permis d'expliquer les sentiments du Sauveur par ces sentiments humains, il s'émeut plus sensiblement sur les pécheurs convertis qui sont sa nouvelle conquête, mais il réserve une plus douce familiarité aux justes qui sont ses anciens et perpétuels amis : puisque s'il dit, parlant du prodigue : « Qu'on lui rende « sa première robe [1], » il ne lui dit pas toutefois : « Vous êtes toujours avec moi ; » ou, comme saint Jean le répète dans l'Apocalypse : « Ils sont toujours avec l'Agneau, et paroissent « sans tache devant son trône ; » *sine macula sunt ante thronum Dei* [2].

Comment se conserve cette pureté dans ce lieu de tentations, et parmi les illusions des grandeurs du monde, vous l'apprendrez de la reine : elle est de ceux dont le Fils de Dieu a prononcé dans l'Apocalypse : « Celui qui sera victorieux, « je le ferai comme une colonne dans le temple « de mon Dieu ; » *faciam illum columnam in templo Dei mei* [3] : il en sera l'ornement, il en sera le soutien par son exemple ; il sera haut, il sera ferme. Voilà déjà quelque image de la reine. « Il ne sortira jamais du temple ; » *foras non egredietur amplius* [4]. Immobile comme une colonne, il aura sa demeure fixe dans la maison

---

[1] Dixit pater ad servos suos : Cito proferte stolam primam, et induite illum. (Luc., c. xv, v. 22.)
[2] Apoc., c. xiv, v. 4, 5.
[3] *Ibid.*, c. iii, v. 12.
[4] *Ibid.*

du Seigneur, et n'en sera jamais séparé par aucun crime. « Je le ferai, » dit Jésus-Christ, et c'est l'ouvrage de ma grace. Mais comment affermira-t-il cette colonne? Écoutez, voici le mystère : « et j'écrirai dessus¹, » poursuit le Sauveur, j'élèverai la colonne; mais en même temps je mettrai dessus une inscription mémorable. Eh! qu'écrirez-vous, ô Seigneur? Trois noms seulement, afin que l'inscription soit aussi courte que magnifique. « J'y écrirai, dit-il, le
« nom de mon Dieu, et le nom de la cité de
« mon Dieu, la nouvelle Jérusalem, et mon
« nouveau nom². » Ces noms, comme la suite le fera paroître, signifient une foi vive dans l'intérieur, les pratiques extérieures de la piété dans les saintes observances de l'Église, et la fréquentation des saints sacrements; trois moyens de conserver l'innocence, et l'abrégé de la vie de notre sainte princesse. C'est ce que vous verrez écrit sur la colonne : et vous lirez dans son inscription les causes de sa fermeté; et d'abord, « J'y écrirai, dit-il, le nom de mon Dieu, » en lui inspirant une foi vive. C'est, Messieurs, par une telle foi que le nom de Dieu est gravé profondément dans nos cœurs. Une foi vive est le fondement de la stabilité que nous admirons ; car, d'où viennent nos inconstances, si ce n'est

¹ Apoc., c. III, v. 12.
² Scribam super eum nomen Dei mei, et nomen civitatis Dei mei, novæ Jerusalem... et nomen meum novum. (*Ibid.*)

de notre foi chancelante? parce que ce fondement est mal affermi, nous craignons de bâtir dessus, et nous marchons d'un pas douteux dans le chemin de la vertu. La foi seule a de quoi fixer l'esprit vacillant; car écoutez les qualités que saint Paul lui donne : *Fides sperandarum substantia rerum :* « La foi, dit-il, est une sub« stance [1], » un solide fondement, un ferme soutien. Mais de quoi? de ce qui se voit dans le monde? Comment donner une consistance, ou, pour parler avec saint Paul, « une substance » et un corps à cette ombre fugitive? La foi est donc un soutien, mais des choses « qu'on doit « espérer. » Et quoi encore? *Argumentum non apparentium :* « C'est une pleine conviction de ce « qui ne paroît pas. » La foi doit avoir en elle la conviction. Vous ne l'avez pas, direz-vous : j'en sais la cause; c'est que vous craignez de l'avoir, au lieu de la demander à Dieu qui la donne; c'est pourquoi tout tombe en ruine dans vos mœurs, et vos sens trop décisifs emportent si facilement votre raison incertaine et irrésolue. Et que veut dire cette conviction dont parle l'apôtre, si ce n'est, comme il dit ailleurs, une soumission de « l'intelligence entièrement cap« tivée [2] » sous l'autorité d'un Dieu qui parle?

---

[1] Fides sperandarum substantia rerum, argumentum non apparentium. (Hebr., c. xi, v. 1.)

[2] In captivitatem redigentes omnem intellectum in obsequium Christi. (II Cor., c. x, v. 5.)

Considérez la pieuse reine devant les autels, voyez comme elle est saisie de la présence de Dieu : ce n'est pas par sa suite qu'on la connoît, c'est par son attention et par cette respectueuse immobilité qui ne lui permet pas même de lever les yeux. Le sacrement adorable approche : ah ! la foi du centurion, admirée par le Sauveur même, ne fut pas plus vive, et il ne dit pas plus humblement : « Je ne suis pas digne¹. » Voyez comme elle frappe cette poitrine innocente, comme elle se reproche les moindres péchés, comme elle abaisse cette tête auguste devant laquelle s'incline l'univers : la terre, son origine et sa sépulture, n'est pas encore assez basse pour la recevoir ; elle voudroit disparoître tout entière devant la majesté du Roi des rois. Dieu lui grave par une foi vive dans le fond du cœur ce que disoit Isaïe :
« Cherchez des antres profonds, cachez-vous
« dans les ouvertures de la terre devant la face
« du Seigneur et devant la gloire d'une si haute
« majesté². »

Ne vous étonnez donc pas si elle est si humble sur le trône. O spectacle merveilleux et qui ravit en admiration le ciel et la terre ! vous allez voir une reine qui, à l'exemple de David, attaque de tous côtés sa propre grandeur et tout l'orgueil qu'elle inspire ; vous verrez dans les pa-

---

¹ Matt., c. viii, v. 8, 10.
² Ingredere in petram, et abscondere in fossa humo a facie timoris Domini, et a gloria majestatis ejus. (Isa., c. ii, v. 10.)

roles de ce grand roi la vive peinture de la reine, et vous en reconnoîtrez tous les sentiments. *Domine, non est exaltatum cor meum!* « O Seigneur, « mon cœur ne s'est point haussé [1]! » voilà l'orgueil attaqué dans sa source. *Neque elati sunt oculi mei;* « mes regards ne se sont pas éle-« vés : » voilà l'ostentation et le faste réprimés. Ah, Seigneur! je n'ai pas eu ce dédain qui empêche de jeter les yeux sur les mortels trop rampants, et qui fait dire à l'ame arrogante : « Il « n'y a que moi sur la terre [2]. » Combien étoit ennemie la pieuse reine de ces regards dédaigneux! et, dans une si haute élévation, qui vit jamais paroître en cette princesse ou le moindre sentiment d'orgueil, ou le moindre air de mépris? David poursuit : *Neque ambulavi in magnis, neque in mirabilibus super me :* « Je ne « marche point dans de vastes pensées, ni « dans des merveilles qui me passent. » Il combat ici les excès où tombent naturellement les grandes puissances. « L'orgueil, qui monte tou-« jours [3], » après avoir porté ses prétentions à ce que la grandeur humaine a de plus solide ou plutôt de moins ruineux, pousse ses desseins jusqu'à l'extravagance, et donne témérairement dans des projets insensés, comme faisoit ce roi

---

[1] Psal. cxxx, v. 1.

[2] Dicis in corde tuo: Ego sum, et non est præter me amplius. (Isa., c. xlvii, v. 8.)

[3] Superbia eorum qui te oderunt ascendit semper. (Psal. lxxiii, v. 23.)

superbe (digne figure de l'ange rebelle) lorsqu'il disoit en son cœur : « Je m'élèverai au-dessus « des nues, je poserai mon trône sur les astres, « et je serai semblable au Très-Haut¹. » « Je ne « me perds point, dit David, dans de tels ex- « cès : » et voilà l'orgueil méprisé dans ses égarements. Mais après l'avoir ainsi rabattu dans tous les endroits par où il sembloit vouloir s'élever, David l'atterre tout-à-fait par ces paroles : « Si, dit-il, je n'ai pas eu d'humbles sentiments, « et que j'aie exalté mon ame ; » *si non humiliter sentiebam, sed exaltavi animam meam ;* ou, comme traduit saint Jérôme : *Si non silere feci animam meam ;* « si je n'ai pas fait taire mon « ame ; » si je n'ai pas imposé silence à ces flatteuses pensées qui se présentent sans cesse pour enfler nos cœurs. Et enfin il conclut ainsi ce beau psaume : *Sicut ablactatus ad matrem suam, sic ablactata est anima mea :* « Mon ame a été, « dit-il, comme un enfant sevré : » je me suis arraché moi-même aux douceurs de la gloire humaine, peu capables de me soutenir, pour donner à mon esprit une nourriture plus solide. Ainsi l'ame supérieure domine de tous côtés cette impérieuse grandeur, et ne lui laisse dorénavant aucune place. David ne donna jamais de plus beau combat. Non, mes frères, les

---

¹ Qui dicebas in corde tuo : In cœlum conscendam ; super astra Dei exaltabo solium meum... Ascendam super altitudinem nubium : similis ero Altissimo. (Isa., c. xiv, v. 13, 1́.)

Philistins défaits, et les ours mêmes déchirés de ses mains, ne sont rien en comparaison de sa grandeur qu'il a domptée ; mais la sainte princesse que nous célébrons l'a égalé dans la gloire d'un si beau triomphe.

Elle sut pourtant se prêter au monde avec toute la dignité que demandoit sa grandeur. Les rois[1], non plus que le soleil, n'ont pas reçu en vain l'éclat qui les environne : il est nécessaire au genre humain ; et ils doivent, pour le repos autant que pour la décoration de l'univers, soutenir une majesté qui n'est qu'un rayon de celle de Dieu. Il étoit aisé à la reine de faire sentir une grandeur qui lui étoit naturelle[2] ; elle étoit née dans une cour où la majesté se plaît à paroître avec tout son appareil, et d'un père qui sut conserver, avec une grace comme avec une jalousie particulière, ce qu'on appelle en Espagne les coutumes de qualité et les bienséances du palais : mais elle aimoit mieux tempérer la majesté et l'anéantir devant Dieu, que de la faire éclater devant les hommes. Ainsi nous la

---

[1] On lit dans la première édition : « Les rois doivent cet éclat à l'univers, comme le soleil lui doit sa lumière ; et, pour le repos du genre humain, ils doivent soutenir une majesté, etc.

[2] On ne sauroit donner une idée plus juste des mœurs de cette princesse et de la hauteur de ses sentiments, qu'en rapportant une réponse qu'elle fit un jour à une carmélite qu'elle avoit priée de lui aider à faire son examen de conscience pour une confession générale. Cette religieuse lui demanda si, avant son mariage, elle n'avoit point eu envie de plaire à quelques-uns des jeunes gens de la cour du roi son père : « Oh non, ma mère, dit-elle, il n'y avoit point de rois. » (Le présid. Hénault.)

voyions courir aux autels pour y goûter avec David un humble repos, et s'enfoncer dans son oratoire, où, malgré le tumulte de la cour, elle trouvoit le Carmel d'Élie, le désert de Jean, et la montagne si souvent témoin des gémissements de Jésus.

J'ai appris de saint Augustin que « l'ame at- « tentive se fait elle-même une solitude; » *gignit enim sibi ipsa mentis intentio solitudinem*[1]. Mais, mes frères, ne nous flattons pas; il faut savoir se donner des heures d'une solitude effective, si l'on veut conserver les forces de l'ame. C'est ici qu'il faut admirer l'inviolable fidélité que la reine gardoit à Dieu : ni les divertissements, ni les fatigues du voyage, ni aucune occupation, ne lui faisoient perdre ces heures particulières qu'elle destinoit à la méditation et à la prière. Auroit-elle été si persévérante dans cet exercice, si elle n'y eût goûté la manne cachée que « nul ne connoît que celui qui en res- « sent les saintes douceurs[2]? » C'est là qu'elle disoit avec David : » O Seigneur, votre servante « a trouvé son cœur pour vous faire cette « prière ! » *invenit servus tuus cor suum*[3]. Où allez-vous, cœurs égarés! Quoi! même pendant la prière, vous laissez errer votre imagination

---

[1] De divers. quæst. ad simplic., lib. II, quæst. IV; tom. VI, col. 118.

[2] Vincenti dabo manna absconditum... et... nomen novum... quod nemo scit, nisi qui accipit. (Apoc., c. II, v. 17.)

[3] Invenit servus tuus cor suum ut oraret te oratione hac. (II Reg., c. VII, v. 27.)

vagabonde! vos ambitieuses pensées vous reviennent devant Dieu! elles font même le sujet de votre prière! Par l'effet du même transport qui vous fait parler aux hommes de vos prétentions, vous en venez encore parler à Dieu, pour faire servir le ciel et la terre à vos intérêts! Ainsi votre ambition, que la prière devoit éteindre, s'y échauffe; feu bien différent de celui que David sentoit allumer dans sa méditation [1]. Ah! plutôt puissiez-vous dire avec ce grand roi, et avec la pieuse reine que nous honorons : « O « Seigneur, votre serviteur a trouvé son cœur! » J'ai rappelé ce fugitif, et le voilà tout entier devant votre face.

Ange saint [2], qui présidiez à l'oraison de cette sainte princesse, et qui portiez cet encens au-dessus des nues pour le faire brûler sur l'autel que saint Jean a vu dans le ciel, racontez-nous les ardeurs de ce cœur blessé de l'amour divin : faites-nous paroître ces torrents de larmes que la reine versoit devant Dieu pour ses péchés. Quoi donc! les ames innocentes ont-elles aussi les pleurs et les amertumes de la pénitence? Oui, sans doute, puisqu'il est écrit que « rien n'est « pur sur la terre [3], » et que « celui qui dit qu'il

---

[1] Concaluit cor meum intra me : et in meditatione mea exardescet ignis. (Psal. xxxviii, v. 4.)

[2] Apoc., c. viii, v. 3.

[3] Cœli non sunt mundi in conspectu ejus. (Job., c. xv, v. 15.)

ne pèche pas se trompe lui-même[1]. » Mais ce sont des péchés légers, légers par comparaison, je le confesse, légers en eux-mêmes : la reine n'en connoît aucun de cette nature. C'est ce que porte en son fonds toute ame innocente ; la moindre ombre se remarque sur ces vêtements qui n'ont pas encore été salis, et leur vive blancheur en accuse toutes les taches. Je trouve ici les chrétiens trop savants. Chrétien[2], tu sais trop la distinction des péchés véniels d'avec les mortels. Quoi ! le nom commun de péché ne suffira pas pour te les faire détester les uns et les autres ? Sais-tu que ces péchés, qui semblent légers, deviennent accablants par leur multitude, à cause des funestes dispositions qu'ils mettent dans les consciences ? C'est ce qu'enseignent d'un commun accord tous les saints docteurs après saint Augustin et saint Grégoire. Sais-tu que les péchés qui seroient véniels par leur objet peuvent devenir mortels par l'excès de l'attachement ? Les plaisirs innocents le deviennent bien, selon la doctrine des saints, et seuls ils ont pu damner le mauvais riche pour avoir été trop goûtés. Mais qui sait le degré qu'il faut pour leur inspirer ce poison mortel ? et n'est-ce pas une des raisons qui fait que David s'écrie : *Delicta quis*

---

[1] Si dixerimus quoniam peccatum non habemus, ipsi nos seducimus. (I Joan., c. 1, v. 8.)

[2] Cette apostrophe est vive et belle ; mais tout ce long morceau est du genre des sermons. (L'abbé de Vauxcelles.)

intelligit? « Qui peut connoître ses péchés[1]? » Que je hais donc ta vaine science et ta mauvaise subtilité, ame téméraire qui prononces si hardiment : Ce péché que je commets sans crainte est véniel ! L'ame vraiment pure n'est pas si savante. La reine sait en général qu'il y a des péchés véniels, car la foi l'enseigne; mais la foi ne lui enseigne pas que les siens le soient. Deux choses vous vont faire voir l'éminent degré de sa vertu. Nous le savons, chrétiens, et nous ne donnons point de fausses louanges devant ces autels; elle a dit souvent, dans cette bienheureuse simplicité qui lui étoit commune avec tous les saints, qu'elle ne comprenoit pas comment on pouvoit commettre volontairement un seul péché pour petit qu'il fût. Elle ne disoit donc pas : Il est véniel; elle disoit : Il est péché; et son cœur innocent se soulevoit. Mais comme il échappe toujours quelque péché à la fragilité humaine, elle ne disoit pas : Il est léger; encore une fois, Il est péché, disoit-elle : alors pénétrée des siens, s'il arrivoit quelque malheur à sa personne, à sa famille, à l'état, elle s'en accusoit seule. Mais quels malheurs, direz-vous, dans cette grandeur et dans un si long cours de prospérités? Vous croyez donc que les déplaisirs et les plus mortelles douleurs ne se cachent pas sous la pourpre; ou qu'un royaume est un remède universel à tous les maux, un baume

---

[1] Psal. XVIII, v. 13.

qui les adoucit, un charme qui les enchante ? Au lieu que, par un conseil de la Providence divine, qui sait donner aux conditions les plus élevées leur contre-poids, cette grandeur, que nous admirons de loin comme quelque chose au-dessus de l'homme, touche moins quand on y est né, ou se confond elle-même dans son abondance; et qu'il se forme au contraire parmi les grandeurs une nouvelle sensibilité pour les déplaisirs, dont le coup est d'autant plus rude qu'on est moins préparé à le soutenir.

Il est vrai que les hommes aperçoivent moins cette malheureuse délicatesse dans les ames vertueuses; on les croit insensibles, parce que non seulement elles savent taire, mais encore sacrifier leurs peines secrètes. Mais le Père céleste se plaît à les regarder dans ce secret; et, comme il sait leur préparer leur croix, il y mesure aussi leur récompense. Croyez-vous que la reine pût être en repos dans ces fameuses campagnes qui nous apportoient coup sur coup tant de surprenantes nouvelles? Non, Messieurs, elle étoit toujours tremblante, parce qu'elle voyoit toujours cette précieuse vie, dont la sienne dépendoit, trop facilement hasardée. Vous avez vu ses terreurs : vous parlerai-je de ses pertes, et de la mort de ses chers enfants? ils lui ont tous déchiré le cœur. Représentons-nous ce jeune prince[1]

---

[1] En 1672, Bossuet, alors précepteur du Dauphin, avoit été chargé d'annoncer à Louis XIV et à la reine la mort du jeune duc d'Anjou, leur

que les graces sembloient elles-mêmes avoir formé de leurs mains (pardonnez-moi ces expressions); il me semble que je vois encore tomber cette fleur [1]. Alors, triste messager d'un événement si funeste, je fus aussi le témoin, en voyant le roi et la reine, d'un côté, de la douleur pénétrante, et de l'autre, des plaintes les plus lamentables; et, sous des formes différentes, je vis une affliction sans mesure : mais je vis aussi des deux côtés la foi également victorieuse; je vis le sacrifice agréable de l'ame humiliée sous la main de Dieu, et deux victimes royales immoler d'un commun accord leur propre cœur.

Pourrai-je maintenant jeter les yeux sur la terrible menace du Ciel irrité lorsqu'il sembla si long-temps vouloir frapper ce Dauphin même, notre plus chère espérance? Pardonnez-moi, Messieurs, pardonnez-moi si je renouvelle vos frayeurs; il faut bien, et je le puis dire, que je me fasse à moi-même cette violence, puisque je ne puis montrer qu'à ce prix la constance de la reine. Nous vîmes alors dans cette princesse, au milieu des alarmes d'une mère, la foi d'une

---

second fils. Il rappelle cet événement avec un charme d'expression et de sensibilité qui retrace les images les plus touchantes de Virgile. (Le C^{al} de BAUSSET.)

[1] Quand Bossuet se sert d'une métaphore qui paroît hasardée, il s'en excuse quelquefois; mais aussitôt il renchérit sur cette première image qu'il ne trouve ni assez grande, ni assez hardie au gré de son imagination. (Le C^{al} MAURY.)

chrétienne; nous vîmes un Abraham prêt à immoler Isaac, et quelques traits de Marie quand elle offrit son Jésus. Ne craignons point de le dire, puisqu'un Dieu ne s'est fait homme que pour assembler autour de lui des exemples pour tous les états : la reine, pleine de foi, ne se propose pas un moindre modèle que Marie; Dieu lui rend aussi son fils unique, qu'elle lui offre d'un cœur déchiré, mais soumis, et veut que nous lui devions encore une fois un si grand bien.

On ne se trompe pas, chrétiens, quand on attribue tout à la prière : Dieu qui l'inspire ne lui peut rien refuser. « Un roi, dit David, ne « se sauve pas par ses armées, et le puissant « ne se sauve pas par sa valeur [1]. » Ce n'est pas aussi aux sages conseils qu'il faut attribuer les heureux succès : « Il s'élève, dit le Sage, « plusieurs pensées dans le cœur de l'homme [2] : » reconnoissez l'agitation et les pensées incertaines des conseils humains. « Mais, poursuit-il, la « volonté du Seigneur demeure ferme, » et pendant que les hommes délibèrent, il ne s'exécute que ce qu'il résout. « Le Terrible, » le Tout-Puissant, « qui ôte » quand il lui plaît, « l'esprit des princes [3], » le leur laisse aussi

---

[1] Non salvatur rex per multam virtutem : et gigas non salvabitur in multitudine virtutis suæ. (PSAL. XXXII, v. 16.)

[2] Multæ cogitationes in corde viri : voluntas autem Domini permanebit. (PROV., c. XIX, v. 21.)

[3] Vovete et reddite Domino Deo vestro... terribili, et ei qui aufert spiritum principum. (PSAL., LXXV, v. 12, 13.)

quand il veut pour les confondre davantage, « et les prendre dans leurs propres finesses [1] » Car « il « n'y a point de prudence, il n'y a point de sagesse, « et il n'y a point de conseil contre le Seigneur [2]. » Les Machabées étoient vaillants; et néanmoins il est écrit « qu'ils combattoient par leurs priè- » res plus que par leurs armes; » *per orationes congressi sunt* [3], assurés par l'exemple de Moïse, que les mains élevées à Dieu enfoncent plus de bataillons que celles qui frappent. Quand tout cédoit à Louis, et que nous crûmes voir revenir le temps des miracles où les murailles tomboient au bruit des trompettes, tous les peuples jetoient les yeux sur la reine, et croyoient voir partir de son oratoire la foudre qui accabloit tant de villes.

Que si Dieu accorde aux prières les prospérités temporelles, combien plus leur accorde-t-il les vrais biens, c'est-à-dire les vertus ! Elles sont le fruit naturel d'une ame unie à Dieu par l'oraison; l'oraison, qui nous les obtient, nous apprend à les pratiquer, non seulement comme nécessaires, mais encore comme reçues « du « Père des lumières, d'où descend sur nous « tout don parfait [4]; » et c'est là le comble de

---

[1] Qui apprehendit sapiente in astutia eorum. (Job., c. v, v. 13; I Cor., c. III, v. 19.)

[2] Non est sapientia, non est prudentia, non est consilium contra Dominum. (Prov., c. XXI, v. 30.)

[3] II Machab., c. XV, v. 26.

[4] Omne datum optimum, et omne donum perfectum desursum est, descendens à Patre luminum. (Jac., c. 1, v. 17.)

la perfection, parce que c'est le fondement de l'humilité. C'est ainsi que Marie-Thérèse attira par la prière toutes les vertus dans son ame. Dès sa première jeunesse elle fut, dans les mouvements d'une cour alors assez turbulente, la consolation et le seul soutien de la vieillesse infirme du roi son père. La reine sa belle-mère, malgré ce nom odieux, trouva en elle, non seulement un respect, mais encore une tendresse que ni le temps ni l'éloignement n'ont pu altérer; aussi pleure-t-elle sans mesure, et ne veut point recevoir de consolation. Quel cœur, quel respect, quelle soumission n'a-t-elle pas eus pour le roi! toujours vive pour ce grand prince, toujours jalouse de sa gloire, uniquement attachée aux intérêts de son état, infatigable dans les voyages, et heureuse pourvu qu'elle fût en sa compagnie; femme enfin où saint Paul auroit vu l'Église occupée de Jésus-Christ et unie à ses volontés par une éternelle complaisance [1]. Si nous osions demander au grand prince qui lui rend ici avec tant de piété les derniers devoirs quelle mère il a perdue, il nous répondroit par ses sanglots; et je vous dirai en son nom ce que j'ai vu avec joie, ce que je répète avec admiration, que les tendresses inexplicables de Marie-Thérèse tendoient toutes à lui inspirer la foi, la piété, la crainte de Dieu, un attachement inviolable pour le roi, des entrailles de miséricorde

[1] Ephes., c. v., v. 24.

pour les malheureux, une immuable persévérance dans tous ses devoirs, et tout ce que nous louons dans la conduite de ce prince. Parlerai-je des bontés de la reine tant de fois éprouvées par ses domestiques? et ferai-je retentir encore devant ces autels les cris de sa maison désolée? Et vous, pauvres de Jésus-Christ, pour qui seuls elle ne pouvoit endurer qu'on lui dît que ses trésors étoient épuisés; vous, premièrement, pauvres volontaires, victimes de Jésus-Christ, religieux, vierges sacrées, ames pures dont le monde n'étoit pas digne; et vous, pauvres, quelque nom que vous portiez, pauvres connus, pauvres honteux, malades, impotents, estropiés, « restes « d'hommes¹, » pour parler avec saint Grégoire de Naziance, car la reine respectoit en vous tous les caractères de la croix de Jésus-Christ; vous donc qu'elle assistoit avec tant de joie, qu'elle visitoit avec de si saints empressements, qu'elle servoit avec tant de foi, heureuse de se dépouiller d'une majesté empruntée, et d'adorer dans votre bassesse la glorieuse pauvreté de Jésus-Christ, quel admirable panégyrique prononceriez-vous, par vos gémissements, à la gloire de cette princesse, s'il m'étoit permis de vous introduire dans cette auguste assemblée? Recevez, père Abraham, dans votre sein, cette héritière de votre foi, comme vous, servante des pau-

¹ Veterum hominum miseræ reliquiæ. (ORAT. XVI, t. I, p. 244.)

vres, et digne de trouver en eux, non plus des anges, mais Jésus-Christ même. Que dirai-je davantage? Écoutez tout en un mot: fille, femme, mère, maîtresse, reine telle que nos vœux l'auroient pu faire, plus que tout cela, chrétienne, elle accomplit tous ses devoirs sans présomption, et fut humble non seulement parmi toutes les grandeurs, mais encore parmi toutes les vertus.

J'expliquerai en peu de mots les deux autres noms que nous voyons écrits sur la colonne mystérieuse de l'Apocalypse, et dans le cœur de la reine. Par le « nom de la sainte cité de Dieu[1], « la nouvelle Jérusalem, » vous voyez bien, Messieurs, qu'il faut entendre le nom de l'Église catholique, cité sainte dont toutes « les pierres « sont vivantes[2], » dont Jésus-Christ est le fondement, qui « descend du ciel » avec lui, parce qu'elle y est renfermée comme dans le chef dont tous les membres reçoivent leur vie ; cité qui se répand par toute la terre, et s'élève jusqu'aux cieux pour y placer ses citoyens. Au seul nom de l'Église, toute la foi de la reine se réveilloit. Mais une vraie fille de l'Église, non contente d'en embrasser la sainte doctrine, en aime les observances, où elle fait consister la principale partie des pratiques extérieures de la piété.

[1] Qui vicerit... scribam super eum nomen... civitatis Dei mei, novæ Jerusalem, quæ descendit de cœlo à Deo meo. (Apoc., c. III, v. 12.)

[2] Ad quem (Christum) accedentes lapidem vivum... ei ipsi tamquam lapides vivi superædificamini, domus spiritualis. (I Petr., c. II, v. 4, 5.)

L'Église, inspirée de Dieu, et instruite par les saints apôtres, a tellement disposé l'année, qu'on y trouve avec la vie, avec les mystères, avec la prédication et la doctrine de Jésus-Christ, le vrai fruit de toutes ces choses dans les admirables vertus de ses serviteurs, et dans les exemples de ses saints; et enfin un mystérieux abrégé de l'ancien et du nouveau Testament et de toute l'histoire ecclésiastique. Par là toutes les saisons sont fructueuses pour les chrétiens, tout y est plein de Jésus-Christ, qui est toujours « admirable[1], » selon le prophète, et non seulement en lui-même, mais encore « dans ses saints[2]. » Dans cette variété qui aboutit toute à l'unité sainte tant recommandée par Jésus-Christ[3], l'ame innocente et pieuse trouve avec des plaisirs célestes une solide nourriture et un perpétuel renouvellement de sa ferveur. Les jeûnes y sont mêlés dans les temps convenables, afin que l'ame, toujours sujette aux tentations et au péché, s'affermisse et se purifie par la pénitence. Toutes ces pieuses observances avoient dans la reine l'effet bienheureux que l'Église même demande : elle se renouveloit dans toutes les fêtes; elle se sacrifioit dans tous les jeûnes et dans toutes les abstinences. L'Espagne sur ce sujet a des coutumes que la France ne suit pas; mais la

---

[1] Vocabitur nomen ejus : admirabilis. (Isa., c. ix, v. 6.)
[2] Mirabilis in sanctis suis. (Psal. lxvii, v. 36.)
[3] Porro unum est necessarium. (Luc., c. x, v. 42.)

reine se rangea bientôt à l'obéissance : l'habitude ne put rien contre la règle, et l'extrême exactitude de cette princesse marquoit la délicatesse de sa conscience. Quel autre a mieux profité de cette parole : « Qui vous écoute m'écoute[1] ? » Jésus-Christ nous y enseigne cette excellente pratique de marcher dans les voies de Dieu sous la conduite particulière de ses serviteurs qui exercent son autorité dans son Église. Les confesseurs de la reine pouvoient tout sur elle dans l'exercice de leur ministère, et il n'y avoit aucune vertu où elle ne pût être élevée par son obéissance. Quel respect n'avoit-elle pas pour le souverain pontife, vicaire de Jésus-Christ, et pour tout l'ordre ecclésiastique ! Qui pourroit dire combien de larmes lui ont coûté ces divisions toujours trop longues, et dont on ne peut demander la fin avec trop de gémissements ? Le nom même et l'ombre de division faisoient horreur à la reine, comme à toute ame pieuse. Mais qu'on ne s'y trompe pas, le saint-siége ne peut jamais oublier la France, ni la France manquer au saint-siége; et ceux qui, pour leurs intérêts particuliers, couverts, selon les maximes de leur politique, du prétexte de piété, semblent vouloir irriter le saint-siége contre un royaume qui en a toujours été le principal soutien sur la terre, doivent penser qu'une

---

[1] Qui vos audit, me audit. (Luc., cap. x, v. 16.)

chaire si éminente, à qui Jésus-Christ a tant donné, ne veut pas être flattée par les hommes, mais honorée selon la règle avec une soumission profonde; qu'elle est faite pour attirer tout l'univers à son unité, et y rappeler à la fin tous les hérétiques; et que ce qui est excessif, loin d'être le plus attirant, n'est pas même le plus solide ni le plus durable [1].

Avec le saint nom de Dieu et avec le nom de la cité sainte, la nouvelle Jérusalem, je vois, Messieurs, dans le cœur de notre pieuse reine, le nom nouveau du Sauveur. Quel est, Seigneur, votre nom nouveau, sinon celui que vous expliquez, quand vous dites : « Je suis le pain de « vie, » et « ma chair est vraiment viande [2]; » et « prenez, mangez : ceci est mon corps [3] ? » Ce nom nouveau du Sauveur est celui de l'eucharistie, nom composé de bien et de grace, qui nous montre dans cet adorable sacrement une source de miséricorde, un miracle d'amour, un mémorial et un abrégé de toutes les graces, et le Verbe même tout changé en grace et en douceur pour ses fidèles. Tout est nouveau dans ce

---

[1] Pour l'intelligence de ce passage, il faut se rappeler que l'édit de 1673, relatif à la régale, ayant été accepté par les évêques de France, le pape Innocent XI leur adressa des brefs qui renfermoient des maximes contraires à cet édit, et qui provoquèrent une nouvelle réunion des prélats du royaume. Le résultat de cette assemblée fut la fameuse déclaration du 19 mars 1682, à laquelle Bossuet eut la plus grande part.

[2] Ego sum panis vitæ..., caro mea vere est cibus. (JOAN., c. VI, v. 48, 56.)

[3] Accipite et comedite : hoc est corpus meum. (MATT., c. XXVI, v. 26.)

mystère : c'est le « nouveau Testament » de notre Sauveur [1], et on commence à y boire ce « vin nouveau [2] » dont la céleste Jérusalem est transportée. Mais pour le boire dans ce lieu de tentation et de péché, il s'y faut préparer par la pénitence. La reine fréquentoit ces deux sacrements avec une ferveur toujours nouvelle. Cette humble princesse se sentoit dans son état naturel, quand elle étoit comme pécheresse aux pieds d'un prêtre, y attendant la miséricorde et la sentence de Jésus-Christ. Mais l'eucharistie étoit son amour : toujours affamée de cette viande céleste, et toujours tremblante en la recevant, quoiqu'elle ne pût assez communier pour son désir, elle ne cessoit de se plaindre humblement et modestement des communions fréquentes qu'on lui ordonnoit. Mais qui eût pu refuser l'eucharistie à l'innocence, et Jésus-Christ à une foi si vive et si pure? La règle que donne saint Augustin est de modérer l'usage de la communion quand elle tourne en dégoût. Ici, on voyoit toujours une ardeur nouvelle, et cette excellente pratique de chercher dans la communion la meilleure préparation comme la plus parfaite action de graces pour la communion même. Par ces admirables pratiques, cette princesse est venue à sa dernière heure sans

[1] Hic est sanguis meus novi Testamenti. (MATT., c. XXVI, v. 28.)
[2] Non bibam amodo de hoc genimine vitis, usque in diem illum, cum illud bibam vobiscum novum in regno patris mei. (*Ibid.*, v. 29.)

qu'elle eût besoin d'apporter à ce terrible passage une autre préparation que celle de sa sainte vie; et les hommes, toujours hardis à juger les autres, sans épargner les souverains, car on n'épargne que soi-même dans ses jugements; les hommes, dis-je, de tous les états, et autant les gens de bien que les autres, ont vu la reine emportée avec une telle précipitation dans la vigueur de son âge, sans être en inquiétude pour son salut. Apprenez donc, chrétiens, et vous principalement qui ne pouvez vous accoutumer à la pensée de la mort, en attendant que vous méprisiez celle que Jésus-Christ a vaincue, ou même que vous aimiez celle qui met fin à nos péchés et nous introduit à la vraie vie, apprenez à la désarmer d'une autre sorte, et embrassez la belle pratique où, sans se mettre en peine d'attaquer la mort, on n'a besoin que de s'appliquer à sanctifier sa vie.

La France a vu de nos jours deux reines plus unies encore par la piété que par le sang, dont la mort, également précieuse devant Dieu, quoique avec des circonstances différentes, a été d'une singulière édification à toute l'Église. Vous entendez bien que je veux parler d'Anne d'Autriche et de sa chère nièce, ou plutôt de sa chère fille, Marie-Thérèse. Anne dans un âge déjà avancé, et Marie-Thérèse dans sa vigueur, mais toutes deux d'une si heureuse constitution qu'elle sembloit nous promettre le bonheur de les posséder un siècle entier, nous sont enlevées contre notre attente, l'une par une longue maladie, et l'autre par un coup imprévu. Anne, avertie de loin par un mal aussi cruel qu'irremédiable, vit avancer la mort à pas lents, et sous la figure qui lui avoit toujours paru la plus affreuse. Marie-Thérèse, aussitôt emportée que frappée par la maladie, se trouve toute vive et tout entière entre les bras de la mort sans presque l'avoir envisagée. A ce fatal avertissement, Anne, pleine de foi, ramasse toutes les forces qu'un long exercice de la piété lui avoit acquises, et regarde sans se troubler toutes les approches de la mort : humiliée sous la main de Dieu, elle lui rend graces de l'avoir ainsi avertie; elle multiplie ses aumônes toujours abondantes; elle redouble ses dévotions toujours assidues; elle apporte de nouveaux soins à l'examen de sa conscience toujours rigoureux. Avec quel renouvellement de foi et d'ardeur lui vîmes-nous recevoir le saint viatique! Dans de semblables actions il ne fallut à Marie-Thérèse que sa ferveur ordinaire : sans avoir besoin de la mort pour exciter sa piété, sa piété s'excitoit toujours assez elle-même, et prenoit dans sa propre force un continuel accroissement. Que dirons-nous, chrétiens, de ces deux reines? Par l'une Dieu nous apprit comment il faut profiter du temps, et l'autre nous a fait voir que la vie vraiment chrétienne n'en a pas besoin. En effet, chrétiens, qu'attendons-nous ? Il n'est pas digne d'un chrétien de ne s'évertuer contre la mort qu'au moment qu'elle se présente pour l'enlever. Un chrétien, toujours attentif à combattre ses passions, « meurt tous les jours, » avec l'apôtre : *quotidie morior*[1]. Un chrétien n'est jamais vivant sur la terre, parce qu'il y est toujours mortifié, et que la mortification est un essai, un apprentissage, un commencement de la mort. Vivons-nous, chrétiens, vivons-nous ? Cet âge que nous comptons et où tout ce que nous comptons n'est plus à nous, est-ce une vie ? Et pouvons-nous n'apercevoir pas ce que nous perdons sans cesse avec les années ? Le repos et la nourriture ne sont-ils pas de foibles remèdes de la continuelle maladie qui nous travaille ? Et celle que nous appelons la dernière, qu'est-ce autre chose, à le bien entendre, qu'un redoublement, et comme le dernier accès du mal que nous apportons au monde en naissant ? Quelle santé nous couvroit la mort que la reine portoit dans son sein ! De combien près la menace a-t-elle été suivie du coup ; et où en étoit cette grande reine avec toute la majesté qui l'environnoit, si elle eût été moins préparée ? Tout d'un coup on voit arriver le moment fatal où la terre n'a plus rien pour elle que des pleurs. Que peuvent tant de fidèles domestiques empressés

---

[1] I Cor., c. xv, v. 31.

autour de son lit? Le roi même, que pouvoit-il, lui, Messieurs, lui qui succomboit à la douleur avec toute sa puissance et tout son courage? Tout ce qui environne ce prince l'accable : Monsieur, Madame, venoient partager ses déplaisirs, et les augmentoient par les leurs; et vous, Monseigneur, que pouviez-vous que de lui percer le cœur par vos sanglots? Il l'avoit assez percé par le tendre ressouvenir d'un amour qu'il trouvoit toujours également vif après vingt-trois ans écoulés. On en gémit, on en pleure : voilà ce que peut la terre pour une reine si chérie; voilà ce que nous avons à lui donner, des pleurs, des cris inutiles. Je me trompe, nous avons encore des prières; nous avons ce saint sacrifice, rafraîchissement de nos peines, expiation de nos ignorances et des restes de nos péchés. Mais songeons que ce sacrifice d'une valeur infinie, où toute la croix de Jésus est renfermée, ce sacrifice seroit inutile à la reine, si elle n'avoit mérité par sa bonne vie que l'effet en pût passer jusqu'à elle : autrement, dit saint Augustin [1], qu'opère un tel sacrifice? Nul soulagement pour les morts, une foible consolation pour les vivants. Ainsi tout le salut vient de cette vie, dont la fuite précipitée nous trompe toujours. « Je viens, dit Jésus-Christ, comme un vo-« leur [2]. » Il a fait selon sa parole : il est venu

[1] Serm. CLXXII, t. V, col. 827.
[2] Veniam ad te tamquam fur. (Apoc., c. III, v. 3.)

surprendre la reine dans le temps que nous la croyions la plus saine, dans le temps qu'elle se se trouvoit la plus heureuse. Mais c'est ainsi qu'il agit : il trouve pour nous tant de tentations, et une telle malignité dans tous les plaisirs, qu'il vient troubler les plus innocents dans ses élus. Mais il vient, dit-il, « comme un vo- « leur, » toujours surprenant, et impénétrable dans ses démarches. C'est lui-même qui s'en glorifie dans toute son Écriture. Comme un voleur, direz-vous, indigne comparaison! N'importe qu'elle soit indigne de lui, pourvu qu'elle nous effraie, et qu'en nous effrayant elle nous sauve. Tremblons donc, chrétiens, tremblons devant lui à chaque moment, car qui pourroit ou l'éviter quand il éclate, ou le découvrir quand il se cache? « Ils mangeoient, dit-il, ils bu- « voient, ils achetoient, ils vendoient, ils plan- « toient, ils bâtissoient, ils faisoient des ma- « riages aux jours de Noé et aux jours de Loth [1], » et une subite ruine les vint accabler. Ils mangeoient, ils buvoient, ils se marioient : c'étoient des occupations innocentes; que sera-ce quand, en contentant nos impudiques désirs, en assouvissant nos vengeances et nos secrètes jalousies, en accumulant dans nos coffres des

---

[1] Sicut factum est in diebus Noe, vita erit et in diebus filii hominis... Uxores ducebant, et dabantur ad nuptias... similiter sicut factum est in diebus Loth : edebant et bibebant, emebant et vendebant, plantabant et ædificabant. (Luc., c. xvii, v. 26, 27, 28.)

trésors d'iniquité, sans jamais vouloir séparer le bien d'autrui d'avec le nôtre, trompés par nos plaisirs, par nos jeux, par notre santé, par notre jeunesse, par l'heureux succès de nos affaires, par nos flatteurs, parmi lesquels il faudroit peut-être compter des directeurs infidèles que nous avons choisis pour nous séduire; et enfin par nos fausses pénitences, qui ne sont suivies d'aucun changement de nos mœurs, nous viendrons tout-à-coup au dernier jour? La sentence partira d'en-haut : « La fin est venue, « la fin est venue ; *finis venit, venit finis* : la fin « est venue sur vous ; *nunc finis super te*[1] : tout « va finir pour vous en ce moment. Tranchez, « concluez ; *fac conclusionem*[2]. » « Frappez l'ar- « bre infructueux qui n'est plus bon que pour le « feu ; coupez l'arbre, arrachez ses branches, se- « couez ses feuilles, abattez ses fruits[3] : » périsse par un seul coup tout ce qu'il avoit avec lui-même ! Alors s'élèveront des frayeurs mortelles et des grincements de dents, préludes de ceux de l'enfer. Ah ! mes frères, n'attendons pas ce coup terrible ! Le glaive qui a tranché les jours de la reine est encore levé sur nos têtes ; nos péchés en ont affilé le tranchant fatal. « Le « glaive que je tiens en main, dit le Seigneur

---

[1] Ezech., c. vii, v. 2.

[2] *Ibid.*, v. 23.

[3] Clamavit fortiter, et sic ait : Succidite arborem, et præcidite ramos ejus; excutite folia ejus, et dispergite fructus ejus. (Dan., c. iv, v. 11.)

« notre Dieu, est aiguisé et poli : il est aiguisé,
« afin qu'il perce ; il est poli et limé, afin qu'il
« brille [1]. » Tout l'univers en voit le brillant
éclat. Glaive du Seigneur, quel coup vous venez de faire ! Toute la terre en est étonnée. Mais
que nous sert ce brillant qui nous étonne, si
nous ne prévenons le coup qui nous tranche ?
Prévenons-le, chrétiens, par la pénitence. Qui
pourroit n'être pas ému à ce spectacle ? Mais ces
émotions d'un jour, qu'opèrent-elles ? Un dernier endurcissement, parce qu'à force d'être
touché inutilement on ne se laisse plus toucher
d'aucun objet. Le sommes-nous des maux de la
Hongrie et de l'Autriche ravagées ? Leurs habitants passés au fil de l'épée, et ce sont encore
les plus heureux (la captivité entraîne bien d'autres maux et pour le corps et pour l'ame), ces
habitants désolés, ne sont-ce pas des chrétiens
et des catholiques, nos frères, nos propres membres, enfants de la même Église, et nourris à la
même table du pain de vie ? Dieu accomplit sa
parole : « Le jugement commence par sa mai-
« son [2], » et le reste de la maison ne tremble
pas ! Chrétiens, laissez-vous fléchir, faites pénitence ; apaisez Dieu par vos larmes. Écoutez la
pieuse reine qui parle plus haut que tous les

---

[1] Hæc dicit Dominus Deus, loquere : Gladius, gladius exacutus est et limatus. Ut cædat victimas, exacutus est ; ut splendeat, limatus est. (Ezech., c. xxi, v. 9, 10.)

[2] Tempus est ut incipiat judicium a domo Dei. (I Petr., c. iv, v. 17.)

prédicateurs : écoutez-la, princes; écoutez-la, peuples; écoutez-la, Monseigneur, plus que tous les autres. Elle vous dit par ma bouche, et par une voix qui vous est connue, que la grandeur est un songe, la joie une erreur, la jeunesse une fleur qui tombe, et la santé un nom trompeur. Amassez donc les biens qu'on ne peut perdre; prêtez l'oreille aux graves discours que saint Grégoire de Nazianze adressoit aux princes et à la maison régnante : « Respectez, leur di-
« soit-il, votre pourpre; respectez votre puis-
« sance, qui vient de Dieu, et ne l'employez
« que pour le bien. Connoissez ce qui vous a été
« confié, et le grand mystère que Dieu accom-
« plit en vous : il se réserve à lui seul les choses
« d'en-haut; il partage en vous celles d'en-bas :
« montrez-vous dieux aux peuples soumis, en
« imitant la bonté et la munificence divines[1]. »
C'est, Monseigneur, ce que vous demandent ces empressements de tous les peuples, ces perpétuels applaudissements et tous ces regards qui vous suivent. Demandez à Dieu, avec Salomon, la sagesse[2] qui vous rendra digne de l'amour des peuples et du trône de vos ancêtres; et quand vous songerez à vos devoirs, ne manquez pas de considérer à quoi vous obligent les immortelles

---

[1] Imperatores, purpuram vereamini... Cognoscite quantum id sit, quod vestræ fidei commissum est, quantumque circa vos mysterium... Supera solius Dei sunt : infera autem vestra etiam sunt. Subditis vestris deos vos præbete. (Orat. xxvii, t. I, p. 471.)

[2] Sap., c. ix, v. 4.

actions de Louis le Grand et l'incomparable piété de Marie-Thérèse[1].

[1] Louis XIV, au moment de la mort de Marie-Thérèse, en avoit fait le plus grand éloge possible : *Voilà*, dit-il, *le premier chagrin qu'elle m'ait donné*. Le discours de Bossuet ne pouvoit être que le développement de ce beau mot qui renferme l'éloge le plus complet qu'un époux, et surtout un époux roi, puisse jamais faire de sa femme. Mais on sait que les vertus domestiques et modestes ne sont pas celles qui prêtent le plus à la grande éloquence, à celle qui s'adresse aux hommes assemblés. Dans tout ce qui prétend aux grands effets, il faut quelque chose qui se rapproche du dramatique, des désastres, des révolutions, des scènes, des contrastes : voilà ce qui sert le mieux le poète, l'orateur, l'historien ; il semble que l'homme aime mieux être ému que d'être instruit. L'éloge de la simple vertu est comme un beau portrait : quelque parfaite qu'en soit l'exécution, il frappera beaucoup moins qu'une physionomie passionnée dans un tableau d'histoire ; et c'est encore là un de ces principes généraux par lesquels tous les arts se rapprochent les uns des autres. (LA HARPE.)

ORAISON FUNÈBRE

D'ANNE DE GONZAGUE DE CLÈVES,

PRINCESSE PALATINE.

NOTICE

SUR

ANNE DE GONZAGUE DE CLÈVES,

PRINCESSE PALATINE.

Anne de Gonzague, princesse palatine, qu'il ne faut pas confondre avec une autre princesse palatine qui fut la seconde femme de Monsieur, frère de Louis XIV, naquit en 1616. Charles de Gonzague-Clèves, premier du nom, duc de Nevers et de Rethel, puis de Mantoue et de Montferrat, eut, de son mariage avec Catherine de Lorraine, cinq enfants, dont trois filles. Anne étoit la seconde : elle n'avoit que deux ans, et sa sœur aînée Marie n'en avoit que six lorsqu'elles perdirent leur mère en 1618. Bénédicte, la troisième, née au commencement de 1617, fut mise, à peine sortie de l'enfance, à la tête de l'abbaye d'Avenay, appelée le Val-d'Or, dans le diocèse de Reims. « La prin-
« cesse Marie, dit Bossuet, pleine alors de l'esprit du
« monde, croyoit, selon la coutume des grandes maisons,
« que ses jeunes sœurs devoient être sacrifiées à ses grands
« desseins. Qui ne sait où son rare mérite et son éclatante
« beauté, avantage toujours trompeur, lui firent porter
« ses espérances? Et d'ailleurs, dans les plus puissantes mai-
« sons, les partages ne sont-ils pas regardés comme une
« espèce de dissipation par où elles se détruisent d'elles-

« mêmes : tant le néant y est attaché? La princesse Béné-
« dicte, la plus jeune des trois sœurs, fut la première im-
« molée à ces intérêts de famille : on la fit abbesse, sans
« que dans un âge si tendre elle sût ce qu'elle faisoit ; et
« la marque d'une si grave dignité fut comme un jouet
« entre ses mains. Un sort semblable étoit destiné à la
« princesse Anne : elle eût pu renoncer à sa liberté, si on
« lui eût permis de la sentir; et il eût fallu la conduire,
« et non pas la précipiter dans le bien. » Suivant le dessein qu'on avoit artificieusement médité, son éducation fut confiée, comme celle de sa sœur Bénédicte, aux soins de la célèbre mère Françoise de La Châtre, abbesse de Faremoutiers. Elle resta douze ans dans cette solitude de Sainte-Fare, que Bossuet nous représente autant éloignée des voies du siècle que sa bienheureuse situation la séparoit de tout commerce du monde; où les joies de la terre, ajoute-t-il, étoient inconnues ; où les vestiges des hommes du monde, des curieux et des vagabonds ne paroissoient pas : on l'y préparoit insensiblement à remplacer un jour l'illustre abbesse qui gouvernoit ce fameux monastère. Mais elle ne tarda pas à s'apercevoir du projet qu'on avoit formé sur elle ; et, pressée trop indiscrètement de faire le sacrifice de sa liberté, elle rompit tout à coup les mesures, et déconcerta les vues de l'injuste ambition qui vouloit l'immoler à ses intérêts et à ses calculs : elle s'échappe à la hâte de Faremoutiers, comme d'une prison, va trouver à Avenay sa sœur Bénédicte, lui ouvre son cœur, lui fait part de son indignation et lui demande un asile. Elle passe quelque temps dans cette retraite du Val-d'Or; elle y reprend avec facilité les habitudes de cette vie solitaire et religieuse à laquelle elle s'étoit pliée dès son enfance ; les sentiments dont elle fut d'abord pénétrée sont réveillés dans son ame par les discours pleins d'attraits de Bénédicte, devenue un modèle de vertu, malgré une vocation dont Bossuet lui-même blâme l'irrégularité.

Avenay alloit, peut-être, voir consommer ce qu'avoit ébauché Sainte-Fare, quand la mobile destinée de la princesse Anne prit une nouvelle face.

Le duc de Mantoue, son père, vient à mourir en 1637. Anne avoit alors vingt-un ans; les dons de l'esprit se joignoient en elle aux graces de l'extérieur : elle étoit belle, vive, engageante. Les affaires de la succession de son père l'obligent de quitter sa solitude : elle paroît à la cour auprès de Marie, sa sœur aînée; bientôt elle perd Bénédicte, qui l'avoit accompagnée, et qui meurt à vingt ans, et avec cette sœur chérie toute idée des engagements monastiques. Henri de Guise, qui, sans être encore dans les ordres sacrés, avoit été nommé à l'archevêché de Reims, sent de l'inclination pour elle; elle partage trop aisément cette passion trompeuse. Henri lui fait une promesse de mariage; cette promesse ne s'exécute pas, et ne sert qu'à la plonger dans la douleur : enfin, elle épouse quelques années après, en 1645, le prince Édouard, comte palatin du Rhin, le sixième des treize enfants que Frédéric V, duc de Bavière, comte palatin du Rhin et électeur, avoit eus d'Élisabeth, fille de Jacques Ier, roi d'Angleterre. Le prince Édouard, né en 1614, avoit deux ans de plus que la princesse Anne; il se trouvoit à la cour de France par suite des infortunes de son père, qui, élu et couronné roi de Bohême en 1619, perdit en 1620, à la bataille de Prague, et ce royaume, et tous ses autres états. Anne eut quatre enfants, un prince mort au berceau, et trois princesses, dont une fut mariée à la fin de 1663 à Henri-Jules de Bourbon, fils du grand Condé. Devenue trop tôt veuve, quoique après dix-huit années de mariage, la princesse palatine tomba dans des égarements qui ne firent que trop d'éclat, et qui n'eurent que trop de célébrité.

Avant cette époque, l'élève de la pieuse mère Françoise de La Châtre, effaçant de son cœur toutes les impressions de son enfance et tous les souvenirs de Faremoutiers et

d'Avenay, avoit déjà cessé de mettre un frein à ses passions déréglées et s'étoit livrée sans retenue à tous les plaisirs de l'amour. Les troubles de la Fronde, qui prirent naissance dans l'année 1648 et se prolongèrent au-delà de leur importance, jusqu'en 1654, étoient favorables à tous les genres d'intrigues, de manéges et de désordres. La princesse palatine y prit, comme on le sait, beaucoup de part, et y joua un grand rôle : on la voit partout sur ce théâtre mouvant de la politique; elle se mêle de tout, agit sans cesse, négocie auprès de tous les partis, dont elle obtient et mérite la confiance, montre un grand talent pour les affaires, déploie un caractère plein de loyauté, une éloquence pleine d'insinuation, sert avec zèle et avec succès la cause royale, et contribue au retour du cardinal Mazarin, qui lui promet beaucoup et la trompe. Outrée de cette supercherie, elle quitte la cour : elle y revient quelques années après pour le mariage d'une de ses filles avec le fils du grand Condé; elle avoit alors quarante-sept ans. La maturité de l'âge et le progrès du temps, loin de corriger ses penchants, sembloient les avoir fortifiés; la liberté du veuvage leur imprime un nouveau mouvement : la cour la revoit plus disposée que jamais à goûter toutes les perfides douceurs et toutes les séductions d'un séjour si dangereux ; elle affiche même l'incrédulité, ne déguise pas son mépris pour les choses saintes, et devient un objet de scandale au milieu même d'un monde où la sévérité des doctrines n'est pas généralement plus admise que celle des mœurs. Bossuet, dans l'oraison funèbre de cette princesse, ne dissimule pas les difficultés qu'une pareille vie présentoit au panégyriste qui devoit la développer devant les autels : « Ne croyez pas, s'écrie-t-il,
« qu'il vous soit permis d'apporter seulement à ce discours
« des oreilles curieuses!... Mon discours, dont vous vous
« croyez peut-être les juges, vous jugera au dernier jour!...
« Si vous n'en sortez plus chrétiens, vous en sortirez plus

« coupables ! » Ces vives exclamations et ces menaces foudroyantes témoignent les pénibles embarras qu'éprouvoit l'orateur. La conversion même de la princesse palatine offroit des circonstances dont le génie du plus éloquent des hommes ne pouvoit triompher avec bonheur qu'en les abordant avec franchise.

Deux songes déterminèrent cette conversion : la vieillesse approchoit; Anne de Gonzague avoit cinquante-six ans, lorsque, pendant son sommeil, elle eut ces deux visions, où elle crut reconnoître les avertissements et la volonté du Ciel. Elle a peint l'effet que ces deux rêves produisirent sur elle dans un petit écrit cité par Bossuet, qu'elle composa à la sollicitation du célèbre abbé Bouthillier de Rancé, réformateur de la Trappe. Son changement fut aussi éclatant que sa conduite précédente avoit été scandaleuse : elle passe les douze dernières années de sa vie dans de continuels exercices de piété, comme elle avoit passé douze années de sa jeunesse dans les saintes occupations de Faremoutiers : elle va de temps en temps recueillir dans cette solitude les souvenirs innocents et purs de son premier âge; sa maison même devient une espèce de monastère. Ces sentiments religieux soutiennent son courage au milieu des langueurs affreuses et des douleurs aiguës dont sa vieillesse est perpétuellement assiégée; enfin, après un redoublement de ses maux, qui dure pendant quarante jours, elle meurt en 1684, au palais du Luxembourg, âgée de soixante-huit ans.

Bossuet, dans l'oraison funèbre de cette princesse, a surmonté à force d'art les difficultés d'un sujet extrêmement épineux, comme il en a déguisé la foiblesse à force de génie : les morceaux sur la Fronde et sur la Pologne sont au rang des plus sublimes inspirations de l'éloquence. La princesse palatine envoya quelques secours à sa sœur Marie, reine de Pologne, lorsque ce royaume fut envahi par Charles-Gustave, roi de Suède, cousin de la fameuse

Christine, qui lui avoit laissé le trône, et neveu de l'illustre Gustave-Adolphe. Rien dans tous les monuments du génie oratoire n'est égal à la peinture que cette circonstance fournit à l'imagination du sublime panégyriste.

Dussault.

ORAISON FUNÈBRE

D'ANNE DE GONZAGUE DE CLÈVES,

PRINCESSE PALATINE,

Prononcée en présence de monseigneur le Duc, de madame la Duchesse, et de monseigneur le duc de Bourbon, dans l'église des Carmélites du faubourg Saint-Jacques, le neuvième jour d'août 1685.

Apprehendi te ab extremis terræ, et a longinquis ejus vocavi te : elegi te, et non abjeci te ; ne timeas, quia ego tecum sum.

« Je t'ai pris par la main pour te ramener des extrémités de la terre ; je t'ai appelé des lieux les plus éloignés ; je t'ai choisi, et je ne t'ai pas rejeté : ne crains point, parce que je suis avec toi. »
C'est Dieu même qui parle ainsi. (Isa., c. xli, v. 9, 10.)

MONSEIGNEUR,

Je voudrois que toutes les ames éloignées de Dieu, que tous ceux qui se persuadent qu'on ne peut se vaincre soi-même ni soutenir sa constance parmi les combats et les douleurs, tous ceux enfin qui désespèrent de leur conversion ou de leur persévérance, fussent présents à cette assemblée : ce discours leur feroit connoître qu'une ame fidèle à la grace, malgré les obstacles les plus invincibles, s'élève à la perfection la plus éminente. La princesse à qui nous rendons les derniers devoirs, en récitant selon sa coutume l'office divin, lisoit les paroles d'Isaïe que j'ai rapportées. Qu'il est beau de méditer l'Écriture sainte ; et que Dieu y sait bien parler non seulement à toute l'Église, mais encore à chaque fidèle selon ses besoins ! Pendant qu'elle méditait ces paroles (c'est elle-même qui le raconte dans une lettre admirable), Dieu lui imprima dans le cœur que c'étoit à elle qu'il les adressoit. Elle crut entendre une voix douce et paternelle qui lui disoit : « Je t'ai ramenée des « extrémités de la terre, des lieux les plus éloi- « gnés[1], » des voies détournées où tu te perdois, abandonnée à ton propre sens, si loin de la céleste patrie et de la véritable voie, qui est Jésus-Christ. Pendant que tu disois en ton cœur rebelle : Je ne puis me captiver, j'ai mis sur toi ma puissante main, « et j'ai dit : Tu seras ma servante, je t'ai choisie » dès l'éternité, « et je n'ai pas rejeté » ton ame superbe et dédaigneuse. Vous voyez par quelles paroles Dieu lui fait sentir l'état d'où il l'a tirée ; mais écoutez comme il l'encourage parmi les dures épreuves où il met sa patience : « Ne crains point » au milieu des maux dont tu te sens accablée, « parce que je suis ton Dieu » qui te fortifie ; « ne te détourne pas de la voie[2] » où je t'engage,

[1] Isa., c. XLI, v. 9, 10.
[2] Ibid., v. 10.

« puisque je suis avec toi; » jamais je ne cesserai de te secourir; « et le juste que j'envoie au « monde, » ce Sauveur miséricordieux, ce pontife compatissant, « te tient par la main : » *tenebit te dextera justi mei*[1]. Voilà, Messieurs, le passage entier du saint prophète Isaïe, dont je n'avois récité que les premières paroles. Puis-je mieux vous représenter les conseils de Dieu sur cette princesse que par des paroles dont il s'est servi pour lui expliquer les secrets de ces admirables conseils? Venez maintenant, pécheurs, quels que vous soyez, en quelques régions écartées que la tempête de vos passions vous ait jetés, fussiez-vous dans ces terres ténébreuses dont il est parlé dans l'Écriture, et dans l'ombre de la mort[2]; s'il vous reste quelque pitié de votre ame malheureuse, venez voir d'où la main de Dieu a retiré la princesse Anne, venez voir où la main de Dieu l'a élevée. Quand on voit de pareils exemples dans une princesse d'un si haut rang, dans une princesse qui fut nièce d'une impératrice, et unie par ce lien à tant d'empereurs, sœur d'une puissante reine[3], épouse d'un fils de roi, mère de deux grandes princesses[4], dont l'une est un ornement dans

---

[1] Isa., c. IX, v. 2.
[2] *Populus qui ambulabat in tenebris... Habitantibus in regione umbræ mortis.* (Isa., c. IX, v. 2.)
[3] La reine de Pologne.
[4] L'une étoit l'épouse du duc d'Enghien, fils du grand Condé; l'autre fut mariée à Jean-Frédéric de Brunswick, duc de Hanovre.

l'auguste maison de France, et l'autre s'est fait admirer dans la puissante maison de Brunswick; enfin dans une princesse dont le mérite passe la naissance, encore que, sortie d'un père et de tant d'aïeux souverains, elle ait réuni en elle avec le sang de Gonzague et de Clèves celui des Paléologues [1], celui de Lorraine, et celui de France par tant de côtés; quand Dieu joint à ces avantages une égale réputation, et qu'il choisit une personne d'une si grand éclat pour être l'objet de son éternelle miséricorde, il ne se propose rien moins que d'instruire tout l'univers. Vous donc qu'il assemble en ce saint lieu, et vous principalement, pécheurs, dont il attend la conversion avec une si longue patience, n'endurcissez pas vos cœurs, ne croyez pas qu'il vous soit permis d'apporter seulement à ce discours des oreilles curieuses. Toutes les vaines excuses dont vous couvrez votre impénitence vous vont être ôtées : ou la princesse palatine portera la lumière dans vos yeux, ou elle fera tomber, comme un déluge de feu, la vengeance de Dieu sur vos têtes. Mon discours, dont vous vous croyez peut-être les juges, vous jugera au dernier jour; ce sera sur vous un nouveau fardeau, comme parloient les prophètes : *Onus verbi Domini super Israel* [2]; et si vous n'en sor-

---

[1] Du côté de son père, la princesse descendoit des Paléologues, famille qui occupa le trône de Constantinople vers le milieu des XIIIe et XIVe siècles.

[2] Zach., c. XII, v. 1.

tez plus chrétiens, vous en sortirez plus coupables. Commençons donc avec confiance l'œuvre de Dieu. Apprenons avant toutes choses à n'être pas éblouis du bonheur qui ne remplit pas le cœur de l'homme, ni des belles qualités qui ne le rendent pas meilleur, ni des vertus, dont l'enfer est rempli, qui nourrissent le péché et l'impénitence, et qui empêchent l'horreur salutaire que l'ame pécheresse auroit d'elle-même. Entrons encore plus profondément dans les voies de la divine Providence, et ne craignons pas de faire paroître notre princesse dans les états différents où elle a été. Que ceux-là craignent de découvrir les défauts des ames saintes, qui ne savent pas combien est puissant le bras de Dieu pour faire servir ces défauts non seulement à sa gloire, mais encore à la perfection de ses élus. Pour nous, mes frères, qui savons à quoi ont servi à saint Pierre ses reniements, à saint Paul les persécutions qu'il a fait souffrir à l'Église[1], à saint Augustin ses erreurs, à tous les saints pénitents leurs péchés, ne craignons pas de mettre la princesse palatine dans ce rang, ni de la suivre jusque dans l'incrédulité où elle étoit enfin tombée. C'est de là que nous la verrons sortir pleine de gloire et de vertu, et nous

[1] Saint Paul, né à Tarse en Cilicie, d'un citoyen romain, fut élevé à l'école des Pharisiens et nourri dans la haine du christianisme. Il assista avec joie au martyre de saint Étienne; et il se rendoit à Damas pour y persécuter les chrétiens, lorsque, éclairé tout-à-coup par la lumière divine, il se convertit au vrai Dieu.

bénirons avec elle la main qui l'a relevée : heureux si la conduite que Dieu tient sur elle nous fait craindre la justice qui nous abandonne à nous-mêmes, et désirer la miséricorde qui nous en arrache ! C'est ce que demande de vous très haute et très puissante princesse Anne de Gonzague et de Clèves, princesse de Mantoue et de Montferrat, et comtesse palatine du Rhin.

Jamais plante ne fut cultivée avec plus de soin, ni ne se vit plus tôt couronnée de fleurs et de fruits que la princesse Anne. Dès ses plus tendres années, elle perdit sa pieuse mère Catherine de Lorraine; Charles, duc de Nevers, et depuis duc de Mantoue, son père, lui en trouva une digne d'elle, et ce fut la vénérable mère Françoise de La Châtre, d'heureuse et sainte mémoire, abbesse de Faremoutiers, que nous pouvons appeler la restauratrice de la règle de saint Benoît, et la lumière de la vie monastique. Dans la solitude de Sainte-Fare, autant éloignée des voies du siècle que sa bienheureuse situation la sépare de tout commerce du monde; dans cette sainte montagne que Dieu avoit choisie depuis mille ans, où les épouses de Jésus-Christ faisoient revivre la beauté des anciens jours, où les joies de la terre étoient inconnues, où les vestiges des hommes du monde, des curieux et des vagabonds ne paroissoient pas, sous la conduite de la sainte abbesse, qui savoit donner le lait aux enfants aussi bien que le pain aux forts, les commencements de la princesse Anne étoient heureux. Les mystères lui furent révélés, l'Écriture lui devint familière. On lui avoit appris la langue latine, parce que c'étoit celle de l'Église; et l'office divin faisoit ses délices. Elle aimoit tout dans la vie religieuse, jusqu'à ses austérités et ses humiliations; et durant douze ans qu'elle fut dans ce monastère on lui voyoit tant de modestie et tant de sagesse, qu'on ne savoit à quoi elle étoit le plus propre, ou à commander, ou à obéir; mais la sage abbesse, qui la crut capable de soutenir sa réforme, la destinoit au gouvernement; et déja on la comptoit parmi les princesses qui avoient conduit cette célèbre abbaye, quand sa famille, trop empressée à exécuter ce pieux projet, le rompit. Nous sera-t-il permis de le dire? la princesse Marie[1], pleine alors de l'esprit du monde, croyoit, selon la coutume des grandes maisons, que ses jeunes sœurs devoient être sacrifiées à ses grands desseins. Qui ne sait où son rare mérite et son éclatante beauté, avantage toujours trompeur, lui firent porter ses espérances? Et d'ailleurs, dans les plus puissantes maisons, les partages ne sont-ils pas regardés comme une espèce de dissipation par où elles se détruisent d'elles-mêmes : tant le néant y est attaché! La princesse Bénédicte, la plus jeune

---

[1] Reine de Pologne, et sœur aînée de la princesse palatine.

des trois sœurs, fut la première immolée à ces intérêts de famille : on la fit abbesse, sans que dans un âge si tendre elle sût ce qu'elle faisoit ; et la marque d'une si grave dignité fut comme un jouet entre ses mains. Un sort semblable étoit destiné à la princesse Anne ; elle eût pu renoncer à sa liberté si on lui eût permis de la sentir, et il eût fallu la conduire et non pas la précipiter dans le bien. C'est ce qui renversa tout-à-coup les desseins de Faremoutiers. Avenay[1] parut avoir un air plus libre ; et la princesse Bénédicte y présentoit à sa sœur une retraite agréable. Quelle merveille de la grace ! Malgré une vocation si peu régulière, la jeune abbesse devint un modèle de vertu ; ses douces conversations rétablirent dans le cœur de la princesse Anne ce que d'importuns empressements en avoient banni : elle prêtoit de nouveau l'oreille à Dieu, qui l'appeloit avec tant d'attraits à la vie religieuse ; et l'asile qu'elle avoit choisi pour défendre sa liberté devint un piége innocent pour la captiver. On remarquoit dans les deux princesses la même noblesse dans les sentiments, le même agrément, et, si vous me permettez de parler ainsi, les mêmes insinuations dans les entretiens, au-dedans les mêmes désirs, au-dehors les mêmes graces ; et jamais sœurs ne furent unies par des liens ni si doux ni si puis-

---

[1] Petite ville de Champagne.

sants. Leur vie eût été heureuse dans leur éternelle union ; et la princesse Anne n'aspiroit plus qu'au bonheur d'être une humble religieuse d'une sœur dont elle admiroit la vertu. En ce temps, le duc de Mantoue, leur père, mourut : les affaires les appelèrent à la cour ; la princesse Bénédicte, qui avoit son partage dans le ciel, fut jugée propre à concilier les intérêts différents dans la famille. Mais, ô coup funeste pour la princesse Anne ! la pieuse abbesse mourut dans ce beau travail et dans la fleur de son âge. Je n'ai pas besoin de vous dire combien le cœur tendre de la princesse Anne fut profondément blessé par cette mort ; mais ce ne fut pas là sa plus grande plaie. Maîtresse de ses désirs, elle vit le monde, elle en fut vue : bientôt elle sentit qu'elle plaisoit, et vous savez le poison subtil qui entre dans un jeune cœur avec ces pensées. Ses beaux desseins furent oubliés. Pendant que tant de naissance, tant de biens, tant de graces qui l'accompagnoient, lui attiroient les regards de toute l'Europe, le prince Édouard de Bavière, fils de l'électeur Frédéric V, comte palatin du Rhin et roi de Bohême, jeune prince qui s'étoit réfugié en France durant les malheurs de sa maison, la mérita. Elle préféra aux richesses les vertus de ce prince, et cette noble alliance où de tous côtés on ne trouvoit que des rois. La princesse Anne l'invite à se faire instruire ; il connut bientôt les erreurs où les derniers de ses pères, déserteurs de l'ancienne foi, l'avoient engagé : heureux présages pour la maison palatine ! Sa conversation fut suivie de celle de la princesse Louise, sa sœur, dont les vertus font éclater par toute l'Église la gloire du saint monastère de Maubuisson ; et ces bienheureuses prémices ont attiré une telle bénédiction sur la maison palatine, que nous la voyons enfin catholique dans son chef. Le mariage de la princesse Anne fut un heureux commencement d'un si grand ouvrage. Mais, hélas ! tout ce qu'elle aimoit devoit être de peu de durée. Le prince son époux lui fut ravi, et lui laissa trois princesses, dont les deux qui restent pleurent encore la meilleure mère qui fut jamais, et ne trouvent de consolation que dans le souvenir de ses vertus. Ce n'est pas encore le temps de vous en parler. La princesse palatine est dans l'état le plus dangereux de sa vie. Que le monde voit peu de ces veuves dont parle saint Paul, « qui vraiment veuves et désolées[1] » s'ensevelissent, pour ainsi dire, elles-mêmes dans le tombeau de leurs époux, y enterrent tout amour humain avec ces cendres chéries, et, délaissées sur la terre, « mettent leur espérance « en Dieu, et passent les nuits et les jours dans la prière ! » Voilà l'état d'une veuve chrétienne,

---

[1] Viduas honora, quæ vere viduæ sunt... Quæ autem vere vidua est et desolata, speret in Deum, et instet obsecrationibus et orationibus, nocte ac die. (I Timoth., c. v., v. 3 et seq.)

selon les préceptes de saint Paul : état oublié parmi nous, où la viduité est regardée, non plus comme un état de désolation, car ces mots ne sont plus connus, mais comme un état désirable, où, affranchi de tout joug, on n'a plus à contenter que soi-même, sans songer à cette terrible sentence de saint Paul : « La veuve qui « passe sa vie dans les plaisirs, » remarquez qu'il ne dit pas, la veuve qui passe sa vie dans les crimes, il dit, « La veuve qui la passe dans « les plaisirs est morte toute vive[1], » parce que, oubliant le deuil éternel et le caractère de désolation qui fait le soutien comme la gloire de son état, elle s'abandonne aux joies du monde. Combien donc en devroit-on pleurer comme mortes, de ces veuves jeunes et riantes que le monde trouve si heureuses ! Mais surtout, quand on a connu Jésus-Christ et qu'on a eu part à ses graces, quand la lumière divine s'est découverte, et qu'avec des yeux illuminés on se jette dans les voies du siècle ; qu'arrive-t-il à une ame qui tombe d'un si haut état, qui renouvelle contre Jésus-Christ, et encore contre Jésus-Christ connu et goûté, tous les outrages des Juifs, et le crucifie encore une fois ? Vous reconnoissez le langage de saint Paul. Achevez donc, grand apôtre, et dites-nous ce qu'il faut attendre d'une chute si déplorable. « Il est im- « possible, dit-il, qu'une telle ame soit renou-

---

[1] Nam quæ in deliciis est, vivens mortua est. (1 Tim., c. v, v. 6.)

« velée par la pénitence¹. » Impossible! quelle parole! soit, Messieurs, qu'elle signifie que la conversion de ces ames autrefois si favorisées surpasse toute la mesure des dons ordinaires, et demande, pour ainsi parler, le dernier effort de la puissance divine, soit que l'impossibilité dont parle saint Paul veuille dire qu'en effet il n'y a plus de retour à ces premières douceurs qu'a goûtées une ame innocente, quand elle y a renoncé avec connoissance, de sorte qu'elle ne peut rentrer dans la grace que par des chemins difficiles et avec des peines extrêmes.

Quoi qu'il en soit, chrétiens, l'un et l'autre s'est vérifié dans la princesse palatine : pour la plonger entièrement dans l'amour du monde il falloit ce dernier malheur. Quoi? la faveur de la cour! La cour veut toujours unir les plaisirs avec les affaires. Par un mélange étonnant, il n'y a rien de plus sérieux ni ensemble de plus enjoué. Enfoncez, vous trouvez partout des intérêts cachés, des jalousies délicates qui causent une extrême sensibilité, et, dans une ardente ambition, des soins et un sérieux aussi triste qu'il est vain : tout est couvert d'un air gai, et vous diriez qu'on ne songe qu'à s'y divertir. Le génie de la princesse palatine se trouva éga-

¹ Impossibile est enim eos qui semel sunt illuminati, gustaverunt etiam donum cœleste, et participes facti sunt Spiritus sancti, gustaverunt nihilominus bonum Dei verbum, virtutesque sæculi venturi, et prolapsi sunt, rursus renovari ad pœnitentiam, rursum crucifigentes sibimetipsis Filium Dei, et ostentui habentes. (Heb., c. vi, v. 4 et seq.)

lement propre aux divertissements et aux affaires ; la cour ne vit jamais rien de plus engageant ; et, sans parler de sa pénétration ni de la fertilité infinie de ses expédients, tout cédoit au charme secret de ses entretiens. Que vois-je durant ce temps ! quel trouble ! quel affreux spectacle se présente ici à mes yeux ! La monarchie ébranlée jusqu'aux fondements, la guerre civile, la guerre étrangère, le feu au-dedans et au-dehors ; les remèdes de tous côtés plus dangereux que les maux ; les princes arrêtés avec grand péril, et délivrés avec un péril encore plus grand ; ce prince[1], que l'on regardoit comme le héros de son siècle, rendu inutile à sa patrie dont il avoit été le soutien, et ensuite, je ne sais comment, contre sa propre inclination[2], armé contre elle ; un ministre persécuté, et devenu nécessaire, non seulement par l'importance de ses services, mais encore par ses malheurs où l'autorité souveraine étoit engagée[3]. Que dirai-je ? Étoit-ce là de ces tempêtes par où le Ciel a besoin de se décharger quelquefois, et le calme profond de nos jours devoit-il être précédé par de tels orages ? ou bien étoient-ce les derniers efforts d'une liberté remuante qui alloit céder la place à l'autorité légitime ? ou

---

[1] Le grand Condé.

[2] Il ne prit les armes que pour se venger de Mazarin.

[3] Tous les échecs qu'éprouvoit le cardinal retomboient en effet sur la cour, qu'il gouvernoit alors.

bien étoit-ce comme un travail de la France prête à enfanter le règne miraculeux de Louis? Non, non; c'est Dieu qui vouloit montrer qu'il donne la mort et qu'il ressuscite, qu'il plonge jusqu'aux enfers et qu'il en retire [1], qu'il secoue la terre et la brise, et qu'il guérit en un moment toutes ses brisures [2]. Ce fut là que la princesse palatine signala sa fidélité, et fit paroître toutes les richesses de son esprit. Je ne dis rien qui ne soit connu. Toujours fidèle à l'état et à la grande reine Anne d'Autriche, on sait qu'avec le secret de cette princesse elle eut encore celui de tous les partis : tant elle étoit pénétrante! tant elle s'attiroit de confiance! tant il lui étoit naturel de gagner les cœurs! Elle déclaroit aux chefs des partis jusqu'où elle pouvoit s'engager, et on la croyoit incapable ni de tromper ni d'être trompée; mais son caractère particulier étoit de concilier les intérêts opposés, et, en s'élevant au-dessus, de trouver le secret endroit et comme le nœud par où on les peut réunir [3]. Que lui servirent ses rares talents? Que lui servit d'avoir mérité la confiance intime de la cour; d'en soutenir le ministre,

[1] Dominus mortificat et vivificat; deducit ad inferos et reducit. (I Reg., c. II, v. 6.)

[2] Commovisti terram, et conturbasti eam : sana contritiones ejus, quia commota est. (Psal. LIX, v. 4.)

[3] Suivant madame de Motteville, Anne se mêla de tout ce qui se fit alors; elle détermina l'élargissement des princes, rendit à la reine-mère d'importants services, et lui donna les moyens de soutenir Mazarin, qui n'en fut pas fort reconnoissant.

deux fois éloigné, contre sa mauvaise fortune, contre ses propres frayeurs, contre la malignité de ses ennemis, et enfin contre ses amis, ou partagés, ou irrésolus, ou infidèles? Que ne lui promit-on pas dans ces besoins! Mais quel fruit lui en revint-il, sinon de connoître par expérience le foible des grands politiques, leurs volontés changeantes, ou leurs paroles trompeuses[1], la diverse face des temps, les amusements des promesses, l'illusion des amitiés de la terre qui s'en vont avec les années et les intérêts, et la profonde obscurité du cœur de l'homme, qui ne sait jamais ce qu'il voudra, qui souvent ne sait pas bien ce qu'il veut, et qui n'est pas moins caché ni moins trompeur à lui-même qu'aux autres[2]?

[1] La princesse palatine fit, en effet, l'expérience des *volontés changeantes*, des *paroles trompeuses*, des *promesses illusoires* d'un ministre qui ne vouloit être fidèle ni à la haine ni à l'amitié. On lui avoit promis la place de surintendante de la maison de la jeune reine; mais le cardinal Mazarin, toujours tourmenté de la fureur insensée d'enrichir et d'élever une famille qu'il n'aimoit pas plus qu'il n'en étoit aimé, porta le roi à demander à la princesse palatine la démission d'une place dont elle avoit déja le titre, pour la faire passer à la comtesse de Soissons, sa nièce. (Le C^{al} de BAUSSET.)

[2] Toutes ces idées ont été depuis répétées mille fois : mais que cette façon de les concevoir et de les rendre est hors de toute comparaison! Ce sont des lieux communs dans les imitateurs, je le veux; mais aussi ont-ils, comme Bossuet, ce sentiment intime, cette piété si sincèrement dédaigneuse, ce mépris atterrant qui semble flétrir à chaque mot toutes les jouissances temporelles? (LA HARPE.) — Dans ce tableau fidèle de toutes les cours, il est facile de démêler les traits qui conviennent au cardinal Mazarin en particulier. Bossuet le juge sans prévention, sans haine, sans amertume. Il parloit devant des hommes qui avoient été les amis ou les ennemis de ce ministre; il parloit sous un roi qui avoit conservé du respect et de la reconnoissance pour la mémoire d'un ministre

O éternel roi des siècles, qui possédez seul l'immortalité, voilà ce qu'on vous préfère, voilà ce qui éblouit les ames qu'on appelle grandes !

Dans ces déplorables erreurs, la princesse palatine avoit les vertus que le monde admire, et qui font qu'une ame séduite s'admire elle-même; inébranlable dans ses amitiés et incapable de manquer aux devoirs humains. La reine sa sœur en fit l'épreuve dans un temps où leurs cœurs étoient désunis. Un nouveau conquérant s'élève en Suède; on y voit un autre [1] Gustave, non moins fier ni moins hardi ou moins belliqueux que celui dont le nom fait encore trembler l'Allemagne. Charles-Gustave parut à la Pologne surprise et trahie comme un lion qui tient sa proie dans ses ongles, tout prêt à la mettre en pièces. Qu'est devenue cette redoutable cavalerie qu'on voit fondre sur l'ennemi avec la vitesse d'un aigle? où sont ces ames guerrières, ces marteaux d'armes tant vantés, et ces arcs qu'on ne vit jamais tendus en vain? ni les chevaux ne sont vites, ni les hommes ne sont adroits que pour fuir devant le vainqueur. En même temps la Pologne se voit ravagée par le rebelle Cosaque,

---

à qui il croyoit devoir beaucoup, et qui, en effet, lui avoit rendu de grands services. Bossuet s'élève au-dessus de toutes ces considérations ; il juge son siècle et ses contemporains avec la même impartialité et la même indépendance qu'il auroit jugé les hommes et les événements placés dans un long éloignement, et jusque dans ses *Oraisons funèbres* Bossuet est l'interprète de la postérité. (Le C^{al} de BAUSSET.)

[1] Gustave-Adolphe, père de la reine Christine, battit les Impériaux en 1631, à Leipsick; et en 1632, à Lutzen.

par le Moscovite infidèle, et plus encore par le Tartare, qu'elle appelle à son secours dans son désespoir. Tout nage dans le sang, et on ne tombe que sur des corps morts. La reine n'a plus de retraite, elle a quitté le royaume; après de courageux, mais de vains efforts, le roi est contraint de la suivre : réfugiés dans la Silésie, où ils manquent des choses les plus nécessaires, il ne leur reste qu'à considérer de quel côté alloit tomber ce grand arbre [1] ébranlé par tant de mains, et frappé de tant de coups à sa racine, ou qui en enlèveroit les rameaux épars. Dieu en avoit disposé autrement; la Pologne étoit nécessaire à son Église, et lui devoit un vengeur [2]. Il la regarde en pitié [3]; sa main puissante ramène en arrière le Suédois indompté, tout frémissant qu'il étoit. Il se venge sur le Danois, dont la soudaine invasion l'avoit rappelé, et déja il l'a réduit à l'extrémité. Mais l'Empire et la Hollande se remuent contre un conquérant qui menaçoit tout le Nord de la servitude. Pendant qu'il rassemble de nouvelles forces et médite de nouveaux carnages, Dieu tonne du plus haut

---

[1] Clamavit fortiter, et sic ait : Succidite arborem, et præcidite ramos ejus; excutite folia ejus, et dispergite fructus ejus. (Dan., c. iv, v. 11, 20.) Succident eum alieni, et crudelissimi nationum, et projicient eum super montes; et in cunctis convallibus corruent rami ejus, et confringentur arbusta ejus in universis rupibus terræ. (Ezech., c. xxxi, v. 12.)

[2] Jean Sobieski, depuis roi de Pologne, défit les Turcs à la bataille de Choczim, le 11 novembre 1673, et leur tua 28,000 hommes.

[3] Reducam te in viam, per quam venisti. (IV R., c. xix, v. 28.)

des cieux; le redouté capitaine tombe au plus beau temps de sa vie, et la Pologne est délivrée¹. Mais le premier rayon d'espérance vint de la princesse palatine; honteuse de n'envoyer que cent mille livres au roi et à la reine de Pologne, elle les envoie du moins avec une incroyable promptitude. Qu'admira-t-on davantage, ou de ce que ce secours vint si à propos, ou de ce qu'il vint d'une main dont on ne l'attendoit pas, ou de ce que, sans chercher d'excuse dans le mauvais état où se trouvoient ses affaires, la princesse palatine s'ôta tout pour soulager une sœur qui ne l'aimoit pas? Les deux princesses ne furent plus qu'un même cœur : la reine parut vraiment reine par une bonté et par une magnificence dont le bruit a retenti par toute la terre ; et la princesse palatine joignit au respect qu'elle avoit pour une aînée de ce rang et de ce mérite une éternelle reconnoissance.

Quel est, Messieurs, cet aveuglement dans une ame chrétienne, et qui le pourroit comprendre, d'être incapable de manquer aux hommes, et de ne craindre pas de manquer à Dieu? comme si le culte de Dieu ne tenoit aucun rang parmi les devoirs! Contez-nous donc maintenant, vous qui les savez, toutes les grandes qualités de la princesse palatine; faites-nous voir, si vous le pouvez, toutes les graces de

¹ Ce morceau sur la Pologne égale en vigueur et en précision les plus beaux passages du *Discours sur l'Histoire universelle.*

cette douce éloquence qui s'insinuoit dans les cœurs par des tours si nouveaux et si naturels; dites qu'elle étoit généreuse, libérale, reconnoissante, fidèle dans ses promesses, juste : vous ne faites que raconter ce qui l'attachoit à elle-même. Je ne vois dans tout ce récit que le prodigue de l'évangile [1], qui veut avoir son partage, qui veut jouir de soi-même et des biens que son père lui a donnés, qui s'en va le plus loin qu'il peut de la maison paternelle « dans un pays « écarté, » où il dissipe tant de rares trésors, et, en un mot, où il donne au monde tout ce que Dieu vouloit avoir. Pendant qu'elle contentoit le monde et se contentoit elle-même, la princesse palatine n'étoit pas heureuse, et le vide des choses humaines se faisoit sentir à son cœur. Elle n'étoit heureuse, ni pour avoir avec l'estime du monde, qu'elle avoit tant désirée, celle du roi même; ni pour avoir l'amitié et la confiance de Philippe, et des deux princesses [2] qui ont fait successivement avec lui la seconde lumière de la cour; de Philippe, dis-je, ce grand prince que ni sa naissance, ni sa valeur, ni la victoire elle-même, quoiqu'elle se donne à lui avec tous ses avantages, ne peuvent enfler; et de ces deux grandes princesses dont on ne peut nommer l'une sans douleur, ni connoître

[1] Luc., c. xv, v. 12, 13.
[2] Philippe d'Orléans, Monsieur, frère de Louis XIV, fut marié deux fois : d'abord à Henriette d'Angleterre, ensuite à Charlotte-Élisabeth de Bavière.

l'autre sans l'admirer. Mais peut-être que le solide établissement de la famille de notre princesse achèvera son bonheur. Non, elle n'étoit heureuse, ni pour avoir placé auprès d'elle la princesse Anne, sa chère fille et les délices de son cœur, ni pour l'avoir placée dans une maison où tout est grand. Que sert de s'expliquer davantage? On dit tout quand on prononce seulement le nom de Louis de Bourbon, prince de Condé, et de Henri-Jules de Bourbon, duc d'Enghien. Avec un peu plus de vie elle auroit vu les grands dons, et le premier des mortels, touché de ce que le monde admire le plus après lui, se plaire à le reconnoître par de dignes distinctions. C'est ce qu'elle devoit attendre du mariage de la princesse Anne. Celui de la princesse Bénédicte ne fut guère moins heureux, puisqu'elle épousa Jean-Frédéric, duc de Brunswick et de Hanovre, souverain puissant qui avoit joint le savoir avec la valeur, la religion catholique avec les vertus de sa maison, et pour comble de joie à notre princesse, le service de l'Empire avec les intérêts de la France. Tout étoit grand dans sa famille; et la princesse Marie, sa fille, n'auroit eu à désirer sur la terre qu'une vie plus longue. Que s'il falloit, avec tant d'éclat, la tranquillité et la douceur, elle trouvoit dans un prince, aussi grand d'ailleurs que celui qui honore cette audience, avec les grandes qualités, celles qui pouvoient contenter sa délicatesse; et dans la duchesse, sa chère fille, un naturel tel qu'il le falloit à un cœur comme le sien, un esprit qui se fait sentir sans vouloir briller, une vertu qui devoit bientôt forcer l'estime du monde, et, comme une vive lumière, percer tout à coup, avec un grand éclat, un beau, mais sombre nuage. Cette alliance fortunée lui donnoit une perpétuelle et étroite liaison avec le prince [1] qui de tout temps avoit le plus ravi son estime, prince qu'on admire autant dans la paix que dans la guerre, en qui l'univers attentif ne voit plus rien à désirer, et s'étonne de trouver enfin toutes les vertus en un seul homme. Que falloit-il davantage, et que manquoit-il au bonheur de notre princesse? Dieu, qu'elle avoit connu, et tout avec lui. Une fois elle lui avoit rendu son cœur; les douceurs célestes qu'elle avoit goûtées sous les ailes de sainte Fare étoient revenues dans son esprit: retirée à la campagne, séquestrée du monde, elle s'occupa trois ans entiers à régler sa conscience et ses affaires. Un million qu'elle retira du duché de Rethelois servit à multiplier ses bonnes œuvres; et la première fut d'acquitter ce qu'elle devoit, avec une scrupuleuse régularité, sans se permettre ces compositions si adroitement colorées, qui souvent ne sont qu'une injustice couverte d'un nom spécieux.

[1] Le grand Condé.

Est-ce donc ici cet heureux retour que je vous promets depuis si long-temps? Non, Messieurs; vous ne verrez encore à cette fois qu'un plus déplorable éloignement. Ni les conseils de la Providence, ni l'éclat de la princesse, ne permettoient qu'elle partageât tant soit peu son cœur: une ame comme la sienne ne souffre point de tels partages, et il falloit ou tout-à-fait rompre, ou se rengager tout-à-fait avec le monde. Les affaires l'y rappelèrent; sa piété s'y dissipa encore une fois: elle éprouva que Jésus-Christ n'a pas dit en vain: *Fiunt novissima hominis illius pejora prioribus* [1]; « L'état de l'homme qui « retombe devient pire que le premier. » Tremblez, ames réconciliées qui renoncez si souvent à la grace de la pénitence; tremblez, puisque chaque chute creuse sous vos pas de nouveaux abîmes; tremblez enfin au terrible exemple de la princesse palatine. A ce coup le Saint-Esprit irrité se retire, les ténèbres s'épaississent, la foi s'éteint. Un saint abbé [2], dont la doctrine et la vie sont un ornement de notre siècle, ravi d'une conversion aussi admirable et aussi parfaite que celle de notre princesse, lui ordonna de l'écrire pour l'édification de l'Église. Elle commence ce récit en confessant son erreur. Vous, Seigneur, dont la bonté infinie n'a rien donné aux hommes de plus efficace pour effa-

---

[1] Luc., c. xi, v. 26.
[2] M. de Rancé, abbé de la Trappe.

cer leurs péchés que la grace de les reconnoître, recevez l'humble confession de votre servante; et, en mémoire d'un tel sacrifice, s'il lui reste quelque chose à expier après une si longue pénitence, faites-lui sentir aujourd'hui vos miséricordes. Elle confesse donc, chrétiens, qu'elle avoit tellement perdu les lumières de la foi, que, lorsqu'on parloit sérieusement des mystères de la religion, elle avoit peine à retenir ce ris dédaigneux qu'excitent les personnes simples lorsqu'on leur voit croire des choses impossibles : « Et, poursuit-elle, c'eût été pour « moi le plus grand de tous les miracles que « de me faire croire fermement le christia- « nisme. » Que n'eût-elle pas donné pour obtenir ce miracle ! Mais l'heure marquée par la divine Providence n'étoit pas encore venue; c'étoit le temps où elle devoit être livrée à elle-même, pour mieux sentir dans la suite la merveilleuse victoire de la grace. Ainsi elle gémissoit dans son incrédulité, qu'elle n'avoit pas la force de vaincre. Peu s'en faut qu'elle ne s'emporte jusqu'à la dérision, qui est le dernier excès et comme le triomphe de l'orgueil, et qu'elle ne se trouve parmi « ces moqueurs dont le juge- « ment est si proche, selon la parole du Sage: » *Parata sunt derisoribus judicia*[1].

Déplorable aveuglement! Dieu a fait un ouvrage au milieu de nous, qui, détaché de toute

---

[1] Prov., c. xix, v. 29.

autre cause, et ne tenant qu'à lui seul, remplit tous les temps et tous les lieux, et porte par toute la terre, avec l'impression de sa main, le caractère de son autorité : c'est Jésus-Christ et son Église. Il a mis dans cette Église une autorité seule capable d'abaisser l'orgueil et de relever la simplicité, et qui, également propre aux savants et aux ignorants, imprime aux uns et aux autres un même respect. C'est contre cette autorité que les libertins se révoltent avec un air de mépris : mais qu'ont-ils vu, ces rares génies, qu'ont-ils vu plus que les autres? Quelle ignorance est la leur; et qu'il seroit aisé de les confondre, si, foibles et présomptueux, ils ne craignoient d'être instruits! car pensent-ils avoir mieux vu les difficultés à cause qu'ils y succombent, et que les autres qui les ont vues les ont méprisées? Ils n'ont rien vu, ils n'entendent rien; ils n'ont pas même de quoi établir le néant auquel ils espèrent après cette vie, et ce misérable partage ne leur est pas assuré. Ils ne savent s'ils trouveront un Dieu propice ou un Dieu contraire. S'ils le font égal [1] au vice et à la vertu, quelle idole! Que s'il ne dédaigne pas de juger ce qu'il a créé, et encore ce qu'il a créé capable d'un bon et mauvais choix, qui leur dira ou ce qui lui plaît, ou ce qui l'offense, ou ce qui l'apaise? Par où ont-ils deviné que tout

---

[1] *Indifférent.* On dit encore aujourd'hui, mais dans la conversation familière seulement : *Cela m'est égal*, pour *cela m'est indifférent.*

ce qu'on pense de ce premier être soit indifférent, et que toutes les religions qu'on voit sur la terre lui soient également bonnes? Parce qu'il y en a de fausses, s'ensuit-il qu'il n'y en ait pas une véritable, ou qu'on ne puisse plus connoître l'ami sincère parce qu'on est environné de trompeurs? Est-ce peut-être que tous ceux qui errent sont de bonne foi? L'homme ne peut-il pas, selon sa coutume, s'en imposer à lui-même? Mais quel supplice ne méritent pas les obstacles qu'il aura mis par ses préventions à des lumières plus pures! Où a-t-on pris que la peine et la récompense ne soient que pour les jugements humains, et qu'il n'y ait pas en Dieu une justice dont celle qui reluit en nous ne soit qu'une étincelle? Que s'il est une telle justice, souveraine, et par conséquent inévitable, divine, et par conséquent infinie, qui nous dira qu'elle n'agisse jamais selon sa nature, et qu'une justice infinie ne s'exerce pas à la fin par un supplice infini et éternel? Où en sont donc les impies, et quelle assurance ont-ils contre la vengeance éternelle dont on les menace? Au défaut d'un meilleur refuge, iront-ils enfin se plonger dans l'abîme de l'athéisme, et mettront-ils leur repos dans une fureur qui ne trouve presque point de place dans les esprits? Qui leur résoudra ces doutes, puisqu'ils veulent les appeler de ce nom? Leur raison, qu'ils prennent pour guide, ne présente à leur esprit que des conjectures et des embarras; les absurdités où ils tombent en niant la religion deviennent plus insoutenables que les vérités dont la hauteur les étonne; et, pour ne vouloir pas croire des mystères incompréhensibles, ils suivent l'une après l'autre d'incompréhensibles erreurs. Qu'est-ce donc, après tout, Messieurs, qu'est-ce que leur malheureuse incrédulité, sinon une erreur sans fin, une témérité qui hasarde tout, un étourdissement volontaire, et, en un mot, un orgueil qui ne peut souffrir son remède, c'est-à-dire qui ne peut souffrir une autorité légitime? Ne croyez pas que l'homme ne soit emporté que par l'intempérance des sens : l'intempérance de l'esprit n'est pas moins flatteuse; comme l'autre elle se fait des plaisirs cachés, et s'irrite par la défense. Ce superbe croit s'élever au-dessus de tout et au-dessus de lui-même, quand il s'élève, ce lui semble, au-dessus de la religion qu'il a si longtemps révérée : il se met au rang des gens désabusés; il insulte en son cœur aux foibles esprits qui ne font que suivre les autres sans rien trouver par eux-mêmes; et, devenu le seul objet de ses complaisances, il se fait lui-même son Dieu.

C'est dans cet abîme profond que la princesse palatine alloit se perdre. Il est vrai qu'elle désiroit avec ardeur de connoître la vérité, mais où est la vérité sans la foi, qui lui paroissoit impossible, à moins que Dieu l'établît en elle par un miracle? Que lui servoit d'avoir conservé la connoissance de la Divinité? Les esprits même les plus déréglés n'en rejettent pas l'idée, pour n'avoir point à se reprocher un aveuglement trop visible. Un Dieu qu'on fait à sa mode, aussi patient, aussi insensible que nos passions le demandent, n'incommode pas : la liberté qu'on se donne de penser tout ce qu'on veut fait qu'on croit respirer un air nouveau; on s'imagine jouir de soi-même et de ses désirs; et, dans le droit qu'on pense acquérir de ne se rien refuser, on croit tenir tous les biens, et on les goûte par avance.

En cet état, chrétiens, où la foi même est perdue, c'est-à-dire où le fondement est renversé, que restoit-il à notre princesse? que restoit-il à une ame qui, par un juste jugement de Dieu, étoit déchue de toutes les graces et ne tenoit à Jésus-Christ par aucun lieu? qu'y restoit-il, chrétiens, si ce n'est ce que dit saint Augustin? Il restoit la souveraine misère et la souveraine miséricorde : *Restabat magna miseria, et magna misericordia*[1]. Il restoit ce secret regard d'une Providence miséricordieuse qui la vouloit rappeler des extrémités de la terre; et voici quelle fut la première touche. Prêtez l'oreille, Messieurs : elle a quelque chose de miraculeux. Ce fut un songe admirable; de ceux que Dieu même fait venir du ciel par le ministère des

[1] Le texte de saint Augustin porte : Remansit magna, etc. (ENARRAT., in psal. I., n. 8.)

anges; dont les images sont si nettes et si démêlées; où l'on voit je ne sais quoi de céleste. Elle crut (c'est elle-même qui le raconte au saint abbé : écoutez, et prenez garde surtout de n'écouter pas avec mépris l'ordre des avertissements divins et la conduite de la grace), elle crut, dis-je, « que, marchant seule dans une forêt,
« elle y avoit rencontré un aveugle dans une
« petite loge. Elle s'approche pour lui deman-
« der s'il étoit aveugle de naissance, ou s'il
« l'étoit devenu par quelque accident : il répon-
« dit qu'il étoit aveugle-né. Vous ne savez donc
« pas, reprit-elle, ce que c'est que la lumière,
« qui est si belle et si agréable, et le soleil, qui
« a tant d'éclat et de beauté? Je n'ai, dit-il, jamais
« joui de ce bel objet, et je ne m'en puis for-
« mer aucune idée : je ne laisse pas de croire,
« continua-t-il, qu'il est d'une beauté ravis-
« sante. L'aveugle parut alors changer de voix
« et de visage; et, prenant un ton d'autorité :
« Mon exemple, dit-il, vous doit apprendre
« qu'il y a des choses très excellentes et très ad-
« mirables qui échappent à notre vue, et qui
« n'en sont ni moins vraies ni moins désirables,
« quoiqu'on ne les puisse ni comprendre ni ima-
« giner. » C'est en effet qu'il manque un sens aux incrédules comme à l'aveugle; et ce sens, c'est Dieu qui le donne, selon ce que dit saint Jean : « Il nous a donné un sens pour con-
« noître le vrai Dieu, et pour être en son vrai

Fils[1]. » *Dedit nobis sensum, ut cognoscamus verum Deum, et simus in vero filio ejus.* Notre princesse le comprit. En même temps, au milieu d'un songe si mystérieux, « elle fit l'application de la « belle comparaison de l'aveugle aux vérités de « la religion et de l'autre vie : » ce sont ses mots que je vous rapporte. Dieu, qui n'a besoin ni de temps ni d'un long circuit de raisonnements pour se faire entendre, tout à coup lui ouvrit les yeux. Alors, par une soudaine illumination, « elle se sentit si éclairée (c'est elle-« même qui continue à vous parler) et tellement « transportée de la joie d'avoir trouvé ce qu'elle « cherchoit depuis si long-temps, qu'elle ne put « s'empêcher d'embrasser l'aveugle, dont le « discours lui découvroit une plus belle lumière « que celle dont il étoit privé. Et, dit-elle, il « se répandit dans mon cœur une joie si douce « et une foi si sensible qu'il n'y a point de pa-« roles capables de l'exprimer. » Vous attendez, chrétiens, quel sera le réveil d'un sommeil si doux et si merveilleux : écoutez, et reconnoissez que ce songe est vraiment divin. « Elle « s'éveilla là-dessus, dit-elle, et se trouva dans « le même état où elle s'étoit vue dans cet ad-« mirable songe, c'est-à-dire tellement changée « qu'elle avoit peine à le croire. » Le miracle qu'elle attendoit est arrivé, elle croit, elle qui jugeoit la foi impossible : Dieu la change par

[1] I Joan., c. v, v. 20.

une lumière soudaine, et par un songe qui tient de l'extase. Tout suit en elle de la même force. « Je me levai, poursuit-elle, avec pré-
« cipitation : mes actions étoient mêlées d'une
« joie et d'une activité extraordinaires. » Vous le voyez, cette nouvelle vivacité qui animoit ses actions se ressent encore dans ses paroles. « Tout
« ce que je lisois sur la religion me touchoit
« jusqu'à répandre des larmes ; je me trouvois
« à la messe dans un état bien différent de
« celui où j'avois accoutumé d'être : » car c'étoit, de tous les mystères, celui qui lui paroissoit le plus incroyable ; « mais alors, dit-elle, il me
« sembloit sentir la présence réelle de notre
« Seigneur, à peu près comme l'on sent les
« choses visibles et dont l'on ne peut douter. » Ainsi elle passa tout à coup d'une profonde obscurité à une lumière manifeste ; les nuages de son esprit sont dissipés : miracle aussi étonnant que celui où Jésus-Christ fit tomber en un instant des yeux de Saul converti cette espèce d'écaille dont ils étoient couverts [1]. Qui donc ne s'écrieroit à un si soudain changement : Le doigt de Dieu est ici [2]! La suite ne permet pas d'en douter, et l'opération de la grace se reconnoît dans ses fruits. Depuis ce bienheureux moment, la foi de notre princesse fut inébranlable ; et même cette joie sensible qu'elle avoit à croire

---

[1] Act., c. ix, v. 18.
[2] Digitus Dei est hic. (Exod., c. viii, v. 19.)

lui fut continuée quelque temps. Mais au milieu de ces célestes douceurs la justice divine eut son tour : l'humble princesse ne crut pas qu'il lui fût permis d'approcher d'abord des saints sacrements ; trois mois entiers furent employés à repasser avec larmes ses ans écoulés parmi tant d'illusions, et à préparer sa confession. Dans l'approche du jour désiré où elle espéroit de la faire, elle tomba dans une syncope qui ne lui laissa ni couleur, ni pouls, ni respiration. Revenue d'une si longue et si étrange défaillance, elle se vit replongée dans un plus grand mal ; et, après les affres de la mort, elle ressentit toutes les horreurs de l'enfer : digne effet des sacrements de l'Église, qui, donnés ou différés, font sentir à l'ame la miséricorde de Dieu, ou tout le poids de ses vengeances. Son confesseur, qu'elle appelle, la trouve sans force, incapable d'application, et prononçant à peine quelques mots entrecoupés : il fut contraint de remettre la confession au lendemain. Mais il faut qu'elle vous raconte elle-même quelle nuit elle passa dans cette attente : qui sait si la Providence n'aura pas amené ici quelque ame égarée qui doive être touchée de ce récit ? « Il est, dit-elle,
« impossible de s'imaginer les étranges peines
« de mon esprit, sans les avoir éprouvées : j'ap-
« préhendois à chaque moment le retour de ma
« syncope, c'est-à-dire ma mort et ma damna-
« tion. J'avouois bien que je n'étois pas digne

« d'une miséricorde que j'avois si long-temps
« négligée, et je disois à Dieu dans mon cœur
« que je n'avois aucun droit de me plaindre de sa
« justice; mais qu'enfin, chose insupportable! je
« ne le verrois jamais; que je serois éternellement
« avec ses ennemis, éternellement sans l'aimer,
« éternellement haïe de lui. Je sentois tendrement
« ce déplaisir, et je le sentois même, comme je
« crois (ce sont ses propres paroles), entièrement
« détaché des autres peines de l'enfer. » Le voilà,
mes chères sœurs, vous le connoissez, le voilà ce
pur amour que Dieu lui-même répand dans les
cœurs avec toutes ses délicatesses et dans toute sa
vérité : la voilà cette crainte qui change les cœurs;
non point la crainte de l'esclave qui craint l'arrivée d'un maître fâcheux, mais la crainte d'une
chaste épouse qui craint de perdre ce qu'elle
aime. Ces sentiments tendres, mêlés de larmes
et de frayeur, aigrissoient son mal jusqu'à la
dernière extrémité; nul n'en pénétroit la cause,
et on attribuoit ces agitations à la fièvre dont
elle étoit tourmentée. Dans cet état pitoyable,
pendant qu'elle se regardoit comme une personne réprouvée, et presque sans espérance de
salut, Dieu, qui fait entendre ses vérités en
telle manière et sous telles figures qu'il lui plaît,
continua de l'instruire comme il a fait Joseph et
Salomon; et, durant l'assoupissement que l'accablement lui causa, il lui mit dans l'esprit cette
parabole si semblable à celle de l'Évangile. Elle

voit paroître ce que Jésus-Christ n'a pas dédaigné de nous donner[1], comme l'image de sa tendresse, une poule devenue mère, empressée autour des petits qu'elle conduisoit : un d'eux s'étant écarté, notre malade le voit englouti par un chien avide ; elle accourt, elle lui arrache cet innocent animal ; en même temps on lui crie d'un autre côté qu'il le falloit rendre au ravisseur, dont on éteindroit l'ardeur en lui enlevant sa proie. « Non, dit-elle, je ne le rendrai jamais. » En ce moment elle s'éveilla[2], et l'application de la figure qui lui avoit été montrée se fit en un instant dans son esprit, comme si on lui eût dit : « Si vous, qui êtes mauvaise[3], ne pou-

---

[1] Matth., c. xxiii, v. 37.

[2] L'éloquence partage avec la poésie le privilége de revêtir d'expressions nobles des objets et des images qui, sans cet artifice, ne sauroient appartenir au genre oratoire. Bossuet excelle dans ce talent ou dans cette magie d'assortir les récits les plus populaires à la majesté de ses discours. Le songe de la princesse palatine eût embarrassé sans doute un autre orateur ; et il faut avouer que l'histoire d'un poussin enlevé par un chien sous les ailes de sa mère n'étoit pas aisée à ennoblir dans une oraison funèbre. Bossuet lutte avec gloire contre la difficulté de son sujet. Et d'abord il se hâte d'imprimer un caractère religieux à son auditoire. Voyez avec quel art admirable l'orateur rapproche toutes les allégories d'une imagination riche et brillante, l'intervention de la Divinité, la préparation oratoire d'un sommeil mystique, le songe de Joseph, celui de Salomon, la parabole de l'Évangile ; il vous familiarise d'avance avec le merveilleux dont il vous rapproche, en vous environnant d'un horizon qui vous présente de tous côtés de pareils prodiges ; et, par les ornements accessoires, il vous amène ainsi à entendre sans surprise les détails d'un rêve où il n'est question que d'une poule, dont il sembloit qu'il fût impossible, ou, pour mieux dire, ridicule de parler. (Le C^{al} Maury.)

[3] Matth., c. vii, v. 11.

« vez vous résoudre à rendre ce petit animal
« que vous avez sauvé, pourquoi croyez-vous
« que Dieu, infiniment bon, vous redonnera au
« démon après vous avoir tirée de sa puissance?
« Espérez, et prenez courage. » A ces mots, elle
demeura dans un calme et dans une joie qu'elle
ne pouvoit exprimer, « comme si un ange lui eût
« appris (ce sont encore ses paroles) que Dieu ne
« l'abandonneroit pas [1]. » Ainsi tomba tout à
coup la fureur des vents et des flots à la voix de
Jésus-Christ qui les menaçoit; et il ne fit pas un
moindre miracle dans l'ame de notre sainte pénitente, lorsque, parmi les frayeurs d'une conscience alarmée et les douleurs de l'enfer [2], il lui
fit sentir tout à coup par une vive confiance, avec
la rémission de ses péchés, cette paix qui surpasse toute intelligence [3]. Alors une joie céleste
saisit tous ses sens, « et les os humiliés tressail-
« lirent [4]. » Souvenez-vous, ô sacré pontife,
quand vous tiendrez en vos mains la sainte victime qui ôte les péchés du monde, souvenez-
vous de ce miracle de sa grace; et vous, saints
prêtres, venez; et vous, saintes filles [5], et vous,
chrétiens; venez aussi, ô pécheurs: tous ensemble commençons d'une même voix le can-

---

[1] Marc., c. iv, v. 39; Luc., c. viii, v. 24.
[2] Dolores inferni circumdederunt me. (Psal. xviii, v. 6.)
[3] Pax Dei, quæ exsuperat omnem sensum. (Phil., c. iv, v. 7.)
[4] Auditui meo dabis gaudium et lætitiam, et exsultabunt ossa humi-
liata. (Psal. l, v. 10.)
[5] Les carmélites.

tique de la délivrance, et ne cessons de répéter avec David : « Que Dieu est bon ! que sa miséri-« corde est éternelle ¹ ! »

Il ne faut point manquer à de telles graces, ni les recevoir avec mollesse. La princesse palatine change en un moment tout entière : nulle parure que la simplicité, nul ornement que la modestie ; elle se montre au monde à cette fois, mais ce fut pour lui déclarer qu'elle avoit renoncé à ses vanités : car aussi quelle erreur à une chrétienne, et encore à une chrétienne pénitente, d'orner ce qui n'est digne que de son mépris ; de peindre et de parer l'idole du monde ; de retenir comme par force, et avec mille artifices autant indignes qu'inutiles, ces graces qui s'envolent avec le temps ! Sans s'effrayer de ce qu'on diroit, sans craindre comme autrefois ce vain fantôme des ames infirmes, dont les grands sont épouvantés plus que tous les autres, la princesse palatine parut à la cour si différente d'elle-même, et dès lors elle renonça à tous les divertissements, à tous les jeux, jusqu'aux plus innocents, se soumettant aux sévères lois de la pénitence chrétienne, et ne songeant qu'à restreindre et à punir une liberté qui n'avoit pu demeurer dans ses bornes. Douze ans de persévérance au milieu des épreuves les plus difficiles l'ont élevée à un éminent degré de sain-

---

¹ Confitemini Domino, quoniam bonus, quoniam in æternum misericordia ejus. (Psal. cxxxv, v. 1.)

teté. La règle qu'elle se fit dès le premier jour fut immuable ; toute sa maison y entra : chez elle on ne faisoit que passer d'un exercice de piété à un autre ; jamais l'heure de l'oraison ne fut changée ni interrompue, pas même par les maladies. Elle savoit que dans ce commerce sacré tout consiste à s'humilier sous la main de Dieu, et moins à donner qu'à recevoir ; ou plutôt, selon le précepte de Jésus-Christ, son oraison fut perpétuelle[1] pour être égale au besoin. La lecture de l'Évangile et des livres saints en fournissoit la matière : si le travail sembloit l'interrompre, ce n'étoit que pour la continuer d'une autre sorte. Par le travail on charmoit l'ennui, on ménageoit le temps, on guérissoit la langueur de la paresse et les pernicieuses rêveries de l'oisiveté. L'esprit se relâchoit, pendant que les mains, industrieusement occupées, s'exerçoient dans des ouvrages dont la piété avoit donné le dessein : c'étoient ou des habits pour les pauvres, ou des ornements pour les autels. Les psaumes avoient succédé aux cantiques des joies du siècle. Tant qu'il n'étoit point nécessaire de parler, la sage princesse gardoit le silence : la vanité et les médisances, qui soutiennent tout le commerce du monde, lui faisoient craindre tous les entretiens ; et rien ne lui paroissoit ni agréable ni sûr que la solitude. Quand elle parloit de Dieu,

[1] Oportet semper orare, et non deficere. (Luc., c. XVIII, v. 1.)

le goût intérieur d'où sortoient toutes ses paroles se communiquoit à ceux qui conversoient avec elle; et les nobles expressions qu'on remarquoit dans ses discours ou dans ses écrits venoient de la haute idée qu'elle avoit conçue des choses divines. Sa foi ne fut pas moins simple que vive; dans les fameuses questions qui ont troublé en tant de manières le repos de nos jours, elle déclaroit hautement qu'elle n'avoit autre part à y prendre que celle d'obéir à l'Église. Si elle eût eu la fortune des ducs de Nevers ses pères, elle en auroit surpassé la pieuse magnificence, quoique cent temples fameux en portent la gloire jusqu'au Ciel, « et que les Églises des saints pu« blient leurs aumônes [1]. » Le duc son père avoit fondé dans ses terres de quoi marier, tous les ans, soixante filles: riche oblation, présent agréable; la princesse sa fille en marioit aussi tous les ans ce qu'elle pouvoit, ne croyant pas assez honorer les libéralités de ses ancêtres, si elle ne les imitoit. On ne peut retenir ses larmes quand on lui voit épancher son cœur sur de vieilles femmes qu'elle nourrissoit : des yeux si délicats firent leurs délices de ces visages ridés, de ces membres courbés sous les ans. Écoutez ce qu'elle en écrit au fidèle ministre de ses charités, et, dans un même discours, apprenez à goûter la simplicité et la charité chrétienne. « Je suis ra-

---

[1] Eleemosynas illius enarrabit omnis ecclesia sanctorum. (Eccles., c. xxxi, v. 11.)

« vie, dit-elle, que l'affaire de nos bonnes vieilles
« soit si avancée : achevons vite, au nom de
« notre Seigneur, ôtons vîtement cette bonne
« femme de l'étable où elle est, et la mettons
« dans un de ces petits lits. » Quelle nouvelle
vivacité succède à celle que le monde inspire!
Elle poursuit : « Dieu me donnera peut-être de
« la santé pour aller servir cette paralytique; au
« moins je le ferai par mes soins, si les forces
« me manquent; et, joignant mes maux aux
« siens, je les offrirai plus hardiment à Dieu.
« Mandez-moi ce qu'il faut pour la nourriture
« et les ustensiles de ces pauvres femmes; peu
« à peu nous les mettrons à leur aise. » Je me
plais à répéter toutes ces paroles, malgré les
oreilles délicates : elles effacent les discours les
plus magnifiques; et je voudrois ne parler que
ce langage. Dans les nécessités extraordinaires,
sa charité faisoit de nouveaux efforts. Le rude
hiver des années dernières acheva de la dépouiller de ce qui lui restoit de superflu; tout
devint pauvre dans sa maison et sur sa personne :
elle voyoit disparoître avec une joie sensible les
restes des pompes du monde; et l'aumône lui
apprenoit à se retrancher tous les jours quelque
chose de nouveau. C'est en effet la vraie grace
de l'aumône, en soulageant les besoins des pauvres, de diminuer en nous d'autres besoins;
c'est-à-dire ces besoins honteux qu'y fait la délicatesse, comme si la nature n'étoit pas assez

accablée de nécessités. Qu'attendez-vous, chrétiens, à vous convertir, et pourquoi désespérez-vous de votre salut? Vous voyez la perfection où s'élève l'ame pénitente, quand elle est fidèle à la grace : ne craignez ni la maladie, ni les dégoûts, ni les tentations, ni les peines les plus cruelles. Une personne si sensible et si délicate, qui ne pouvoit seulement entendre nommer les maux, a souffert, douze ans entiers, et presque sans intervalle, ou les plus vives douleurs, ou les langueurs qui épuisoient le corps et l'esprit : et cependant, durant ce temps, et dans les tourments inouïs de sa dernière maladie, où ses maux s'augmentèrent jusqu'aux derniers excès, elle n'a eu à se repentir que d'avoir une seule fois souhaité une mort plus douce : encore réprima-t-elle ce foible désir, en disant aussitôt après, avec Jésus-Christ, la prière du sacré mystère du jardin ; c'est ainsi qu'elle appeloit la prière de l'agonie de notre Sauveur. « O mon père, que votre volonté soit « faite, et non pas la mienne[1]! » Ses maladies lui ôtèrent la consolation qu'elle avoit tant désirée d'accomplir ses premiers desseins, et de pouvoir achever ses jours sous la discipline et dans l'habit de sainte Fare. Son cœur donné, ou plutôt rendu à ce monastère, où elle avoit goûté les premières graces, a témoigné son désir, et sa volonté a été aux yeux de Dieu un sacrifice

---

[1] Pater, ... non mea voluntas, sed tua, fiat. (Luc., c. xxii, v. 42.)

parfait. C'eût été un soutien sensible à une ame comme la sienne d'accomplir de grands ouvrages pour le service de Dieu ; mais elle est menée par une autre voie, par celle qui crucifie davantage ; qui, sans rien laisser entreprendre à un esprit courageux, le tient accablé et anéanti sous la rude loi de souffrir. Encore s'il eût plu à Dieu de lui conserver ce goût sensible de la piété qu'il avoit renouvelé dans son cœur au commencement de sa pénitence! Mais non : tout lui est ôté ; sans cesse elle est travaillée de peines insupportables. « O Seigneur, disoit le saint « homme Job, vous me tourmentez d'une ma- « nière merveilleuse [1]! » C'est que, sans parler ici de ses autres peines, il portoit au fond de son cœur une vive et continuelle appréhension de déplaire à Dieu. Il voyoit d'un côté sa sainte justice, devant laquelle les anges ont peine à soutenir leur innocence ; il le voyoit avec ces yeux éternellement ouverts observer toutes les démarches, compter tous les pas [2] d'un pécheur, et garder ses péchés comme sous le sceau, pour les lui représenter au dernier jour [3] ; *signasti quasi in sacculo delicta mea* ; d'un autre côté, il ressentoit ce qu'il y a de corrompu dans le cœur de l'homme. « Je craignois, dit-il, toutes mes « œuvres [4]. » Que vois-je? le péché! le péché

---

[1] Mirabiliter me crucias. (Job, c. x, v. 16.)
[2] Gressus meos dinumerasti. (*Ibid.*, c. xiv, v. 16.)
[3] *Ibid.*, v. 17.
Verebar omnia opera mea. (*Ibid.*, c. ix, v. 28.)

partout! et il s'écrioit jour et nuit : « O Sei-
« gneur, pourquoi n'ôtez-vous pas mes pé-
« chés¹? » et que ne tranchez-vous une fois ces
malheureux jours, où l'on ne fait que vous offenser, afin qu'il ne soit pas dit « que je sois
« contraire à la parole du Saint² ! » Tel étoit le
fond de ses peines ; et ce qui paroît de si violent
dans ses discours n'est que la délicatesse d'une
conscience qui se redoute elle-même, ou l'excès
d'un amour qui craint de déplaire. La princesse
palatine souffrit quelque chose de semblable :
quel supplice à une conscience timorée! Elle
croyoit voir partout dans ses actions un amour-
propre déguisé en vertu ; plus elle étoit clair-
voyante, plus elle étoit tourmentée : ainsi Dieu
l'humilioit par ce qui a coutume de nourrir l'orgueil, et lui faisoit un remède de la cause de son
mal. Qui pourroit dire par quelles terreurs elle
arrivoit aux délices de la sainte table? Mais elle
ne perdoit pas la confiance. « Enfin, » dit-elle
(c'est ce qu'elle écrit au saint prêtre que Dieu
lui avoit donné pour la soutenir dans ses peines),
« enfin je suis parvenue au divin banquet. Je
« m'étois levée dès le matin, pour être devant
« le jour aux portes du Seigneur ; mais lui seul
« sait les combats qu'il a fallu rendre. » La ma-

---

¹ Cur non tollis peccatum meum, et quare non aufers iniquitatem meam? (*Ibid.*, c. vii, v. 21.)

² Et hæc mihi sit consolatio, ut, affligens me dolore, non parcat, ne contradicam sermonibus Sancti. (*Ibid.*, c. vi, v. 10.)

tinée se passoit dans ce cruel exercice. « Mais à la
« fin, poursuit-elle, malgré mes foiblesses, je
« me suis comme traînée moi-même aux pieds
« de notre Seigneur; et j'ai connu qu'il falloit,
« puisque tout s'est fait en moi par la force de
« la divine bonté, que je reçusse encore avec
« une espèce de force ce dernier et souverain
« bien. » Dieu lui découvroit dans ses peines
l'ordre secret de sa justice sur ceux qui ont
manqué de fidélité aux graces de la pénitence.
« Il n'appartient pas, disoit-elle, aux esclaves
« fugitifs, qu'il faut aller reprendre par force,
« et les ramener comme malgré eux, de s'as-
« seoir au festin avec les enfants et les amis; et
« c'est assez qu'il leur soit permis de venir re-
« cueillir à terre les miettes qui tombent de la
« table de leurs seigneurs. »

Ne vous étonnez pas, chrétiens, si je ne fais
plus, foible orateur, que de répéter les paroles
de la princesse palatine; c'est que j'y ressens la
manne cachée, et le goût des écritures divines,
que ses peines et ses sentiments lui faisoient entendre. Malheur à moi, si dans cette chaire
j'aime mieux me chercher moi-même que votre
salut, et si je ne préfère à mes inventions, quand
elles pourroient vous plaire, les expériences de
cette princesse qui peuvent vous convertir! Je
n'ai regret qu'à ce que je laisse, et je ne puis
vous taire ce qu'elle a écrit touchant les tentations d'incrédulité. « Il est bien croyable, disoit-

« elle, qu'un Dieu qui aime infiniment en
« donne des preuves proportionnées à l'infinité
« de son amour et à l'infinité de sa puissance :
« et ce qui est propre à la toute-puissance
« d'un Dieu passe de bien loin la capacité
« de notre foible raison. C'est, ajoute-t-elle,
« ce que je me dis à moi-même quand les dé-
« mons tâchent d'étonner ma foi; et depuis qu'il
« a plu à Dieu de me mettre dans le cœur
« (remarquez ces belles paroles) que son amour
« est la cause de tout ce que nous croyons, cette
« réponse me persuade plus que tous les livres. »
C'est en effet l'abrégé de tous les saints livres et
de toute la doctrine chrétienne. Sortez, parole
éternelle; fils unique du Dieu vivant, sortez du
bienheureux sein de votre père[1], et venez annoncer aux hommes le secret que vous y voyez.
Il l'a fait, et durant trois ans il n'a cessé de nous
dire le secret des conseils de Dieu; mais tout ce
qu'il en a dit est renfermé dans ce seul mot de
son Évangile : « Dieu a tant aimé le monde, qu'il
« lui a donné son fils unique[2]. Ne demandez
plus ce qui a uni en Jésus-Christ le ciel et la
terre, et la croix avec les grandeurs : « Dieu a
« tant aimé le monde ! » Est-il incroyable que
Dieu aime, et que la bonté se communique? Que
ne fait pas entreprendre aux ames courageuses

[1] Unigenitus filius, qui est in sinu patris, ipse enarravit. (JOAN., c. I, v. 18.)
[2] Sic Deus dilexit mundum, ut filium suum unigenitum daret. (*Ibid.*, c. III, v. 16.)

l'amour de la gloire; aux ames les plus vulgaires, l'amour des richesses; à tous, enfin, tout ce qui porte le nom d'amour! Rien ne coûte, ni périls, ni travaux, ni peines; et voilà les prodiges dont l'homme est capable. Que si l'homme, qui n'est que foiblesse, tente l'impossible, Dieu, pour contenter son amour, n'exécutera-t-il rien d'extraordinaire? Disons donc pour toute raison dans tous les mystères : « Dieu a tant aimé « le monde! » C'est la doctrine du maître, et le disciple bien-aimé l'avoit bien comprise. De son temps un Cérinthe [1], un hérésiarque, ne vouloit pas croire qu'un Dieu eût pu se faire homme, et se faire la victime des pécheurs : que lui répondit cet apôtre vierge, ce prophète du nouveau Testament, cet aigle, ce théologien par excellence, ce saint vieillard qui n'avoit de force que pour prêcher la charité, et pour dire : « Ai« mez-vous les uns les autres en notre Seigneur; » que répondit-il à cet hérésiarque? quel symbole, quelle nouvelle confession de foi opposa-t-il à son hérésie naissante? Écoutez, et admirez. « Nous croyons, dit-il, et nous confessons l'a« mour que Dieu a pour nous; » *Et nos credidimus charitati quam habet Deus in nobis* [2]. C'est là toute la foi des chrétiens; c'est la cause et l'abrégé de tout le symbole; c'est là que la prin-

---

[1] Cérinthe, hérésiarque du premier siècle, étoit disciple de Simon le magicien et nioit la divinité de Jésus-Christ.
[2] Joan., c. iv, v. 16.

cesse palatine a trouvé la résolution de ses anciens doutes. Dieu a aimé : c'est tout dire. S'il a fait, disoit-elle, de si grandes choses pour déclarer son amour dans l'incarnation, que n'aura-t-il pas fait pour le consommer dans l'eucharistie, pour se donner, non plus en général à la nature humaine, mais à chaque fidèle en particulier ! Croyons donc avec saint Jean en l'amour d'un Dieu : la foi nous paroîtra douce, en la prenant par un endroit si tendre ; mais n'y croyons pas à demi, à la manière des hérétiques, dont l'un en retranche une chose, et l'autre une autre ; l'un le mystère de l'incarnation, et l'autre celui de l'eucharistie ; chacun ce qui lui déplaît : foibles esprits, ou plutôt cœurs étroits et entrailles resserrées, que la foi et la charité n'ont pas assez dilatés [1] pour comprendre toute l'étendue de l'amour d'un Dieu ! Pour nous, croyons sans réserve, et prenons le remède entier, quoi qu'il en coûte à notre raison. Pourquoi veut-on que les prodiges coûtent tant à Dieu ? Il n'y a plus qu'un seul prodige que j'annonce aujourd'hui au monde : ô ciel, ô terre, étonnez-vous à ce prodige nouveau ! C'est que, parmi tant de témoignages de l'amour divin, il y ait tant d'incrédules et tant d'insensibles. N'en augmentez pas le nombre, qui va croissant tous les jours ; n'alléguez plus votre malheureuse in-

---

[1] Cor nostrum dilatatum est... Angustiamini autem in visceribus vestris. (II Cor., c. vi, v. 11, 12.)

crédulité, et ne faites pas une excuse de votre crime. Dieu a des remèdes pour vous guérir, et il ne reste qu'à les obtenir par des vœux continuels. Il a su prendre la sainte princesse dont nous parlons par le moyen qu'il lui a plu; il en a d'autres pour vous jusqu'à l'infini, et vous n'avez rien à craindre que de désespérer de ses bontés. Vous osez nommer vos ennuis, après les peines terribles où vous l'avez vue! Cependant, si quelquefois elle désiroit d'en être un peu soulagée, elle se le reprochoit à elle-même. « Je « commence, disoit-elle, à m'apercevoir que je « cherche le paradis terrestre à la suite de Jésus-« Christ, au lieu de chercher la montagne des « Olives et le Calvaire par où il est entré dans « sa gloire. » Voilà ce qu'il lui servit de méditer l'Évangile nuit et jour, et de se nourrir de la parole de vie. C'est encore ce qui lui fit dire cette admirable parole : « Qu'elle aimoit mieux « vivre et mourir sans consolation que d'en « chercher hors de Dieu. » Elle a porté ces sentiments jusqu'à l'agonie; et, prête à rendre l'ame, on entendit qu'elle disoit d'une voix mourante : « Je m'en vais voir comment Dieu me « traitera; mais j'espère en ses miséricordes. » Cette parole de confiance emporta son ame sainte au séjour des justes. Arrêtons ici, chrétiens; et vous, Seigneur, imposez silence à cet indigne ministre qui ne fait qu'affoiblir votre parole : parlez dans les cœurs, prédicateur invisible, et faites que chacun se parle à soi-même. Parlez, mes frères, parlez : je ne suis ici que pour aider vos réflexions. Elle viendra, cette heure dernière ; elle approche, nous y touchons, la voilà venue. Il faut dire avec Anne de Gonzague : Il n'y a plus ni princesse, ni palatine ; ces grands noms dont on s'étourdit ne subsistent plus. Il faut dire avec elle : Je m'en vais, je suis emporté par une force inévitable ; tout fuit, tout diminue, tout disparoît à mes yeux. Il ne reste plus à l'homme que le néant et le péché : pour tout fonds, le néant ; pour toute acquisition, le péché. Le reste, qu'on croyoit tenir, échappe : semblable à de l'eau gelée, dont le vil cristal se fond entre les mains qui le serrent, et ne fait que les salir. Mais voici ce qui glacera le cœur, ce qui achèvera d'éteindre la voix, ce qui répandra la frayeur dans toutes les veines : « Je m'en vais « voir comment Dieu me traitera ; » dans un moment je serai entre ses mains, dont saint Paul écrit en tremblant : « Ne vous y trompez pas, on « ne se moque pas de Dieu [1] ; » et encore : « C'est une chose horrible de tomber entre les « mains du Dieu vivant [2] ; » entre ces mains où tout est action, où tout est vie, rien ne s'affoiblit, ni ne se relâche, ni ne se ralentit jamais ! Je m'en vais voir si ces mains toutes-puissantes me seront favorables ou rigoureuses ; si je serai éter-

---

[1] Nolite errare, Deus non irridetur. (GAL., c. VI, v. 7.)
[2] Horrendum est incidere in manus Dei viventis. (HEB., c. X, v. 31.)

nellement ou parmi leurs dons, ou sous leurs coups. Voilà ce qu'il faudra dire nécessairement avec notre princesse; mais pourrons-nous ajouter avec une conscience aussi tranquille : « J'es-« père en sa miséricorde? » Car qu'aurons-nous fait pour la fléchir? quand aurons-nous écouté « la voix de celui qui crie dans le désert : Pré-« parez les voies du Seigneur [1]? » Comment? par la pénitence.

Mais serons-nous fort contents d'une pénitence commencée à l'agonie, qui n'aura jamais été éprouvée, dont jamais on n'aura vu aucun fruit; d'une pénitence imparfaite; d'une pénitence nulle, douteuse, si vous le voulez; sans forces, sans réflexion, sans loisir pour en réparer les défauts? N'en est-ce pas assez pour être pénétré de crainte jusque dans la moelle des os? Pour celle dont nous parlons, ah! mes frères, toutes les vertus qu'elle a pratiquées se ramassent dans cette dernière parole, dans ce dernier acte de sa vie; la foi, le courage, l'abandon à Dieu, la crainte de ses jugements, et cet amour plein de confiance qui seul efface tous les péchés. Je ne m'étonne donc pas si le saint pasteur qui l'assista dans sa dernière maladie, et qui recueillit ses derniers soupirs, pénétré de tant de vertus, les porta jusque dans la chaire, et ne put s'empêcher de les célébrer dans l'as-

---

[1] Vox clamantis in deserto : Parate vias Domini... facite ergo fructus dignos pœnitentiæ. (Luc., c. III, v. 4, 8.)

semblée des fidèles. Siècle vainement subtil, où l'on veut pécher avec raison, où la foiblesse veut s'autoriser par des maximes, où tant d'ames insensées cherchent leur repos dans le naufrage de la foi, et ne font d'effort contre elles-mêmes que pour vaincre, au lieu de leurs passions, les remords de leur conscience; la princesse palatine t'est donnée comme un signe et un prodige: *in signum et in portentum*¹. Tu la verras au dernier jour, comme je t'en ai menacé, confondre ton impénitence et tes vaines excuses. Tu la verras se joindre à ces saintes filles et à toute la troupe des saints : et qui pourra soutenir leurs redoutables clameurs! Mais que sera-ce quand Jésus-Christ paroîtra lui-même à ces malheureux; quand ils verront celui qu'ils auront percé ², comme dit le prophète; dont ils auront rouvert toutes les plaies; et qu'il leur dira d'une voix terrible : Pourquoi me déchirez-vous par vos blasphêmes, nation impie? *me configitis, gens tota*³. Ou, si vous ne le faisiez pas par vos paroles, pourquoi le faisiez-vous par vos œuvres? ou pourquoi avez-vous marché dans mes voies d'un pas incertain, comme si mon autorité étoit douteuse? Race infidèle, me connoissez-vous à cette fois? suis-je votre roi? suis-je votre juge? suis-je votre Dieu? apprenez-le par votre supplice.

¹ Isa., c. viii, v. 18.
² Aspicient ad me quem confixerunt. (Zac., c. xii, v. 10.)
³ Malach., c. iii, v. 9.

Là commencera ce pleur éternel ; là ce grincement de dents [1], qui n'aura jamais de fin. Pendant que les orgueilleux seront confondus, vous, fidèles, qui tremblez à sa parole [2], en quelque endroit que vous soyez de cet auditoire, peu connus des hommes, et connus de Dieu, vous commencerez à lever la tête [3]. Si, touchés des saints exemples que je vous propose, vous laissez attendrir vos cœurs; si Dieu a béni le travail par lequel je tâche de vous enfanter en Jésus-Christ, et que, trop indigne ministre de ses conseils, je n'y aie pas été moi-même un obstacle, vous bénirez la bonté divine qui vous aura conduits à la pompe funèbre de cette pieuse princesse, où vous aurez peut-être trouvé le commencement de la véritable vie.

Et vous [4], prince, qui l'avez tant honorée pendant qu'elle étoit au monde ; qui, favorable interprète de ses moindres désirs, continuez votre protection et vos soins à tout ce qui lui fut cher, et qui lui donnez les dernières marques de piété avec tant de magnificence et tant de zèle; vous, princesse, qui gémissez en lui rendant ce triste devoir, et qui avez espéré de la voir revivre dans

---

[1] Ibi erit fletus et stridor dentium. (Matt., c. viii, v. 12.)

[2] Ad quem autem respiciam, nisi ad pauperculum et contritum spiritu, et trementem sermones meos... Audite verbum Domini, qui tremitis ad verbum ejus. (Isa., c. lxvi, v. 2, 5.)

[3] Respicite et levate capita vestra : quoniam appropinquat redemptio vestra. (Luc., c. xxi, v. 28.)

[4] Son gendre, le duc d'Enghien, fils du grand Condé.

ce discours, que vous dirai-je pour vous consoler ? Comment pourrai-je, Madame, arrêter ce torrent de larmes que le temps n'a pas épuisé, que tant de justes sujets de joie n'ont pas tari ? Reconnoissez ici le monde, reconnoissez ses maux toujours plus réels que ses biens, et ses douleurs par conséquent plus vives et plus pénétrantes que ses joies. Vous avez perdu ces heureux moments où vous jouissiez des tendresses d'une mère qui n'eut jamais son égale ; vous avez perdu cette source inépuisable de sages conseils; vous avez perdu ces consolations qui, par un charme secret, faisoient oublier les maux dont la vie humaine n'est jamais exempte; mais il vous reste ce qu'il y a de plus précieux : l'espérance de la rejoindre dans le jour de l'éternité, et, en attendant, sur la terre, le souvenir de ses instructions, l'image de ses vertus, et les exemples de sa vie [1].

[1] L'*Oraison funèbre de la princesse palatine* est peut-être, de toutes les oraisons funèbres de Bossuet, celle qui atteste le plus la force et la fécondité de son génie. Si elle n'a pas l'éclat, la pompe que l'on admire dans celles de la reine d'Angleterre, de madame Henriette et du grand Condé, c'est parce qu'on ne doit point les y chercher. Mais elle offre, plus qu'aucune autre, de vastes sujets de méditation aux ames religieuses, et même à celles qui désirent de fixer leurs pensées incertaines sur les fondements de la religion. En un mot, on peut dire, avec M. de La Harpe, que cette oraison funèbre est le plus sublime de tous les sermons. (Le C^{al} de Bausset.) — Bossuet a surmonté, à force d'art, les difficultés d'un sujet extrêmement épineux, comme il en a déguisé la foiblesse, à force de génie. Les morceaux sur la Fronde et sur la Pologne sont au rang des plus sublimes inspirations de l'éloquence. (Dussault.)

ORAISON FUNÈBRE

DE

MICHEL LE TELLIER,

CHANCELIER DE FRANCE.

NOTICE

SUR

MICHEL LE TELLIER,

CHANCELIER DE FRANCE.

Michel Le Tellier, chancelier de France, fut père du célèbre marquis de Louvois, ministre que ses talents, son activité et son caractère rendirent presque absolu sous le monarque le plus jaloux de son autorité. La réputation du fils répand de l'éclat sur celle du père, qui, sans avoir joué un aussi grand rôle, est cependant un des personnages les plus remarquables que présente l'administration de Louis XIV, et dont le nom se perpétua, dans le ministère, sous son fils, et sous son petit-fils le marquis de Barbezieux. Il naquit sous Henri IV, en 1603, et n'avoit que sept ans lorsque Louis XIII monta sur le trône. Son grand-père avoit été correcteur des comptes; et son père, qui possédoit la seigneurie de Chaville, près de Paris, étoit conseiller à la cour des aides. En 1624, à l'âge de vingt-un ans, il obtint, par exception, une charge de conseiller au grand-conseil, emploi dans lequel il justifia, par ses talents et par son application, par son caractère et par ses vertus, la faveur qui le lui avoit accordé avant l'âge prescrit par les ordonnances. Sept ans après, il fut fait procureur du roi au Châtelet; puis, en 1638, maître des requêtes. Au bout de deux ans, en 1640, on le nomme intendant de l'armée de Piémont. Dans ce poste, il est connu du cardinal Mazarin, qui l'apprécie sur l'heure, et qui le fait élever en 1643 à la dignité de conseiller d'état. La même année Louis XIII meurt; Richelieu l'avoit précédé dans la tombe. La régente donne à Mazarin la place de ce grand ministre. Louis XIV n'avoit alors que cinq ans, et il n'en avoit que dix lorsque les troubles de la Fronde éclatèrent en 1648. Dans ces troubles, qui durèrent six ans, et qui, sous aucun rapport, ne doivent être comparés aux guerres civiles précédentes, lesquelles bouleversèrent et ensanglantèrent la France pendant trente-deux années, Michel Le Tellier rendit de grands services à la reine-régente et au cardinal-ministre. Le traité de Ruel, qui parut un moment apaiser et réunir les esprits, fut en partie l'ouvrage de sa dextérité. Quand les cris et les menaces des factieux obligèrent par deux fois Mazarin de s'éloigner de la cour et des affaires, dans ces deux occasions, et pendant ces deux retraites, la prudence de Le Tellier suppléa le génie du ministre absent; et, après avoir comme lui cédé d'abord un moment à l'orage, il affronta la fureur des rebelles, et soutint, avec autant de fermeté que de souplesse, l'autorité royale ébranlée par tant de convulsions. Mazarin, qui, plusieurs années auparavant, avoit sondé d'un coup d'œil si sûr et reconnu avec une sagacité si prompte la capacité de Le Tellier, content de voir les faits répondre à ses fines conjectures, et satisfait de tant de bons offices, aussitôt après le retour du calme se hâta de les récompenser. Le Tellier eut la charge de trésorier des ordres du roi, et obtint pour son fils aîné la survivance de celle de secrétaire d'état. Ce fils aîné étoit le marquis de Louvois, qui n'avoit alors que treize ans. Sa mère se nommoit Élisabeth Turpin : elle étoit fille de Jean Turpin, seigneur de Vauvredon, et conseiller d'état. Le Tellier l'épousa en 1640, et en eut trois enfants, deux garçons et une fille. Le second des fils fut ce fameux archevêque de Reims qui prétendoit qu'on ne pouvoit être honnête homme si l'on n'avoit dix mille livres de rente. La conduite légère et la vie dissipée du jeune marquis de Louvois donnèrent d'abord quelque chagrin à son père ; mais bientôt son application au travail, son attachement à ses devoirs, son exactitude et la prodigieuse intelligence qu'il montra pour les affaires, furent les présages de tout ce qu'il alloit devenir.

A la mort du cardinal Mazarin, Louis XIV, âgé de vingt-deux ans, prit en main les rênes de son royaume ; et Le Tellier, que ce prince honora toujours d'une confiance particulière, continua encore pendant cinq années d'exercer les fonctions de conseiller d'état. En 1666, étant alors plus que sexagénaire, il remit sa charge à son fils, qui avait vingt-cinq ans, et qui la remplit jusqu'à l'âge de cinquante ans, où il mourut, n'ayant survécu à son père que de six années. Le Tellier conserva cependant les honneurs attachés au ministère, et ne cessa pas d'assister au conseil. Il y avoit onze ans que son fils l'avoit remplacé, et il avoit atteint sa soixante-quatorzième année, lorsque Louis XIV le revêtit, en 1677, de la dignité de chancelier et de garde-des-sceaux. En remerciant le roi, il lui dit ce mot célèbre : « Sire, vous avez voulu honorer ma famille « et couronner mon tombeau. » Les huit années pendant lesquelles Le Tellier demeura dans cette haute place furent marquées par des actes d'une grande importance : les quatre articles du clergé de France parurent en 1682, et fondèrent ce qu'on appela les libertés de l'église gallicane dans un milieu également éloigné de la servitude ultramontaine et de la licence hérétique. Cette œuvre, à laquelle le chancelier contribua beaucoup, étoit devenue d'autant plus nécessaire, qu'entre l'hérésie et le point fixé par les quatre articles s'étoient glissées de nouvelles opinions qui étoient un nouveau danger ; sans elles, peut-être, la déclaration du clergé françois n'auroit pas eu lieu ; et sans cette déclaration que la politique, dans ses balancements calculés, a pu vouloir compenser par la révocation de l'édit de Nantes, il est possible que cet édit n'eût pas été révoqué, comme il le fut deux ans après. Les protestants de France avoient joui de ce grand bienfait pendant près d'un siècle : accordé par Henri IV en 1598, il fut retiré par Louis XIV au bout de quatre-vingt-sept ans. Les catholiques en jetèrent des cris de joie. Le vieux chancelier fit éclater ses transports et versa des larmes d'allégresse en scellant de ses mains mourantes cette fameuse révocation. Bossuet la célèbre avec un enthousiasme presque lyrique, presque pindarique, dans l'oraison funèbre de Le Tellier. Mais la sagesse tout entière du dix-huitième siècle s'est élevée contre cette grande mesure : elle a crié au fanatisme; si elle avoit montré moins de haine contre le christianisme en général, son jugement seroit d'un plus grand poids : elle a tracé des descriptions très pathétiques et très vraies des infortunes cruelles et des douleurs amères d'une partie très intéressante de la population, forcée de quitter le royaume, d'abandonner ses foyers, d'aller gémir sur des rives étrangères; mais elle a jeté un voile sur les plaies profondes que le protestantisme avoit faites à la France ; elle a couvert officieusement le sein déchiré, les entrailles sanglantes de la patrie; elle a tu les maux que l'on pouvoit redouter encore; elle a invoqué la liberté de conscience, comme si aucun droit, aucune liberté, aucune franchise, devoit être invoquée avant l'intérêt général, avant le bien public. Henri IV disoit que les rois devoient ressembler aux pharmaciens, qui font de salutaires médicaments avec des vipères. Louis XIV craignoit l'hydre, et l'écrasa d'un seul coup. Ceux qui n'ont aperçu dans la révocation de l'édit de Nantes qu'un mouvement de zèle religieux ont la vue bien courte. Michel Le Tellier, après avoir consommé ce dernier acte de son ministère, mourut plein de toutes les joies du ciel et de toutes les espérances de la religion, en 1685, âgé de quatre-vingt-trois ans : il fut un homme distingué plutôt qu'un grand homme ; il eut les qualités précieuses d'un commis supérieur plutôt que le génie si rare d'un grand ministre ; mais combien de ministres n'ont pas même été de bons commis !

Des six Oraisons funèbres composées par Bossuet, il en est trois dont les sujets sont moins heureux, celles de Marie-Thérèse, d'Anne de Gonzague et de Michel Le Tellier : elles paroissent inférieures aux trois autres ; ce n'est pas la faute du génie, c'est le tort de la matière. Elles offrent des pages égales à tout ce que la verve oratoire de l'évêque de Meaux a produit ailleurs de plus vif, de plus sublime, de plus étonnant. L'Oraison funèbre de Michel Le Tellier est presque toute historique ; mais quelle plénitude dans ces narrations rapides et pittoresques ! quelles vues sur la judicature, sur le clergé, sur la Fronde, sur les factions, sur le protestantisme ! quel philosophe que Bossuet ! quel politique !

Dussault.

ORAISON FUNÈBRE

DE

MICHEL LE TELLIER,

CHANCELIER DE FRANCE,

Prononcée dans l'église paroissiale de Saint-Gervais, où il est
inhumé, le 25 janvier 1686.

Posside sapientiam, acquire prudentiam ; arripe illam, et exaltabit te :
glorificaberis ab ea, cum eam fueris amplexatus.
Prov., c. iv, v. 7 et 8.

Possédez la sagesse, et acquérez la prudence : si vous la cherchez
avec ardeur, elle vous élèvera, et vous remplira de gloire quand vous
l'aurez embrassée.

Messeigneurs,

En louant l'homme incomparable dont cette illustre assemblée célèbre les funérailles et honore les vertus, je louerai la sagesse même ; et la sagesse que je dois louer dans ce discours n'est pas celle qui élève les hommes et qui agrandit les maisons, ni celle qui gouverne les empires, qui règle la paix et la guerre, et enfin qui dicte les lois et qui dispense les graces : car, encore que ce grand ministre, choisi par la divine Providence pour présider aux conseils du plus sage de tous les rois, ait été le digne instrument des desseins les mieux concertés que l'Europe ait jamais vus, encore que la sagesse, après l'avoir gouverné dès son enfance, l'ait porté aux plus grands honneurs et au comble des félicités humaines, sa fin nous a fait paroître que ce n'étoit pas pour ces avantages qu'il en écoutoit les conseils. Ce que nous lui avons vu quitter sans peine n'étoit pas l'objet de son amour. Il a connu la sagesse que le monde ne connoît pas, cette sagesse « qui vient d'en-haut, qui descend du Père « des lumières[1], » et qui fait marcher les hommes dans les sentiers de la justice. C'est elle dont la prévoyance s'étend aux siècles futurs, et enferme dans ses desseins l'éternité tout entière. Touché de ses immortels et invisibles attraits, il l'a recherchée avec ardeur, selon le précepte du Sage : « La sagesse vous élèvera, dit Salomon, et vous « donnera de la gloire quand vous l'aurez em-« brassée[2]. » Mais ce sera une gloire que le sens humain ne peut comprendre. Comme ce sage et puissant ministre aspiroit à cette gloire, il l'a préférée à celle dont il se voyoit environné sur la terre : c'est pourquoi sa modération l'a toujours mis au-dessus de sa fortune. Incapable d'être ébloui des grandeurs humaines, comme

[1] Sapientia desursum descendens. (Jac., c. iii, v. 15.)
[2] Exaltabit te (sapientia), glorificaberis ab ea, cum eam fueris amplexatus. (Prov., c. iv, v. 8.)

il y paroît sans ostentation, il y est vu sans envie; et nous remarquons dans sa conduite ces trois caractères de la véritable sagesse, qu'élevé sans empressement aux premiers honneurs, il a vécu aussi modeste que grand; que dans ses importants emplois, soit qu'il nous paroisse, comme chancelier, chargé de la principale administration de la justice, ou que nous le considérions, dans les autres occupations d'un long ministère, supérieur à ses intérêts, il n'a regardé que le bien public; et qu'enfin dans une heureuse vieillesse, prêt à rendre avec sa grande ame le sacré dépôt de l'autorité, si bien confié à ses soins, il a vu disparoître toute sa grandeur avec sa vie, sans qu'il lui en ait coûté un seul soupir: tant il avoit mis en lieu haut et inaccessible à la mort son cœur et ses espérances! De sorte qu'il nous paroît, selon la promesse du Sage, dans « une gloire immortelle, » pour s'être soumis aux lois de la véritable sagesse, et pour avoir fait céder à la modestie l'éclat ambitieux des grandeurs humaines, l'intérêt particulier à l'amour du bien public, et la vie même au désir des biens éternels. C'est la gloire qu'a remportée très haut et puissant seigneur messire Michel Le Tellier, chevalier, chancelier de France.

Le grand cardinal de Richelieu achevoit son glorieux ministère, et finissoit tout ensemble une vie pleine de merveilles. Sous sa ferme et prévoyante conduite, la puissance d'Autriche cessoit d'être redoutée, et la France, sortie enfin des guerres civiles, commençoit à donner le branle ¹ aux affaires de l'Europe. On avoit une attention particulière à celles d'Italie; et sans parler des autres raisons, Louis XIII, de glorieuse et triomphante mémoire, devoit sa protection à la duchesse de Savoie, sa sœur, et à ses enfants. Jules Mazarin, dont le nom devoit être si grand dans notre histoire, employé par la cour de Rome en diverses négociations, s'étoit donné à la France; et propre par son génie et par ses correspondances à ménager les esprits de sa nation, il avoit fait prendre un cours si heureux aux conseils du cardinal de Richelieu, que ce ministre se crut obligé de l'élever à la pourpre. Par là il sembla montrer son successeur à la France; et le cardinal Mazarin s'avançoit secrètement à la première place. En ces temps Michel Le Tellier, encore maître des requêtes, étoit intendant de justice en Piémont. Mazarin, que ses négociations attiroient souvent à Turin, fut ravi

---

¹ Ce mot qui est bas aujourd'hui ne l'étoit nullement alors. Il étoit employé en vers et en prose par les écrivains les plus élégants. Boileau disoit en parlant de la fortune :

   On me verra dormir au branle de sa roue.

Ce mot est fréquent dans Massillon même, qui écrivit long-temps après cette époque, et dans les vingt premières années du dix huitième siècle. Ce n'est que de nos jours que, dans le style noble, ce terme a été remplacé par celui de *mouvement* qui, en lui-même, ne vaut pas mieux pour la prose, et vaut beaucoup moins pour la poésie. (LA HARPE.)

d'y trouver un homme d'une si grande capacité et d'une conduite si sûre dans les affaires; car les ordres de la cour obligeoient l'ambassadeur à concerter toutes choses avec l'intendant, à qui la divine Providence faisoit faire ce léger apprentissage des affaires d'état. Il ne falloit qu'en ouvrir l'entrée à un génie si perçant, pour l'introduire bien avant dans les secrets de la politique : mais son esprit modéré ne se perdoit pas dans ces vastes pensées; et renfermé, à l'exemple de ses pères, dans les modestes emplois de la robe, il ne jetoit pas seulement les yeux sur les engagements éclatants, mais périlleux, de la cour. Ce n'est pas qu'il ne parût toujours supérieur à ses emplois; dès sa première jeunesse tout cédoit aux lumières de son esprit, aussi pénétrant et aussi net qu'il étoit grave et sérieux. Poussé par ses amis, il avoit passé du grand conseil, sage compagnie où sa réputation vit encore, à l'importante charge de procureur du roi. Cette grande ville se souvient de l'avoir vu, quoique jeune, avec toutes les qualités d'un grand magistrat, opposé non seulement aux brigues et aux partialités qui corrompent l'intégrité de la justice, et aux préventions qui en obscurcissent les lumières, mais encore aux voies irrégulières et extraordinaires où elle perd avec sa constance la véritable autorité de ses jugements. On y vit enfin tout l'esprit et les maximes d'un juge qui, attaché à la règle, ne porte pas dans le tribunal ses propres pensées, ni des adoucissements ou des rigueurs arbitraires, et qui veut que les lois gouvernent, et non pas les hommes : telle est l'idée qu'il avoit de la magistrature. Il apporta ce même esprit dans le conseil, où l'autorité du prince, qu'on y exerce avec un pouvoir plus absolu, semble ouvrir un champ plus libre à la justice; et, toujours semblable à lui-même, il y suivit dès-lors la même règle qu'il y a établie depuis, quand il en a été le chef.

Et certainement, Messieurs, je puis dire avec confiance que l'amour de la justice étoit comme né avec ce grave magistrat, et qu'il croissoit avec lui dès son enfance. C'est aussi de cette heureuse naissance que sa modestie se fit un rempart contre les louanges qu'on donnoit à son intégrité ; et l'amour qu'il avoit pour la justice ne lui parut pas mériter le nom de vertu, parce qu'il le portoit, disoit-il, en quelque manière dans le sang. Mais Dieu, qui l'avoit prédestiné à être un exemple de justice dans un si beau règne, et dans la première charge d'un si grand royaume, lui avoit fait regarder le devoir de juge, où il étoit appelé, comme le moyen particulier qu'il lui donnoit pour accomplir l'œuvre de son salut : c'étoit la sainte pensée qu'il avoit toujours dans le cœur, c'étoit la belle parole qu'il avoit toujours à la bouche; et par là il faisoit assez connoître combien il avoit pris le goût véritable de la piété chrétienne. Saint Paul en a mis l'exercice, non pas dans ces pratiques particulières que chacun se fait à son gré, plus attaché à ces lois qu'à celles de Dieu, mais à se sanctifier dans son état, et « chacun dans les emplois de sa vo-« cation, » *Unusquisque in qua vocatione vocatus est*[1]. Mais si, selon la doctrine de ce grand apôtre, on trouve la sainteté dans les emplois les plus bas, et qu'un esclave s'élève à la perfection dans le service d'un maître mortel, pourvu qu'il y sache regarder l'ordre de Dieu, à quelle perfection l'ame chrétienne ne peut-elle pas aspirer dans l'auguste et saint ministère de la justice, puisque, selon l'Écriture, « l'on y exerce le juge-« ment non des hommes, mais du Seigneur « même[2] ! » Ouvrez les yeux, chrétiens, contemplez ces augustes tribunaux où la justice rend ses oracles; vous y verrez, avec David, « les dieux de la terre, qui meurent à la vé-« rité comme des hommes[3], » mais qui cependant doivent juger comme des dieux, sans crainte, sans passion, sans intérêt; le Dieu des dieux à leur tête, comme le chante ce grand roi d'un ton si sublime dans ce divin psaume : « Dieu assiste, dit-il, à l'assemblée des dieux,

---

[1] I Cor., c. vii, v. 20.

[2] Non enim hominis exercetis judicium, sed Domini. (II Par., c. xix, v. 6.)

[3] Ego dixi : Dii estis... vos autem sicut homines moriemini. (Psal. lxxxi, v. 6, 7.)

« et au milieu il juge les dieux[1]. » O juges, quelle majesté de vos séances! quel président de vos assemblées! mais aussi quel censeur de vos jugements! Sous ces yeux redoutables notre sage magistrat écoutoit également le riche et le pauvre; d'autant plus pur et d'autant plus ferme dans l'administration de la justice, que, sans porter ses regards sur les hautes places dont tout le monde le jugeoit digne, il mettoit son élévation comme son étude à se rendre parfait dans son état. Non, non, ne le croyez pas, que la justice habite jamais dans les ames où l'ambition domine: toute ame inquiète et ambitieuse est incapable de règle; l'ambition a fait trouver ces dangereux expédients où, semblable à un sépulcre blanchi, un juge artificieux ne garde que les apparences de la justice. Ne parlons pas des corruptions qu'on a honte d'avoir à se reprocher; parlons de la lâcheté ou de la licence d'une justice arbitraire qui, sans règle et sans maxime, se tourne au gré de l'ami puissant; parlons de la complaisance qui ne veut jamais ni trouver le fil ni arrêter le progrès d'une procédure malicieuse. Que dirai-je du dangereux artifice qui fait prononcer à la justice, comme autrefois aux démons, des oracles ambigus et captieux? Que dirai-je des difficultés qu'on suscite dans l'exécution, lorsqu'on n'a pu refuser

[1] Deus stetit in synagoga deorum : in medio autem deos dijudicat. (Psal. LXXXII, v. 1.)

la justice à un droit trop clair? « La loi est dé-
« chirée, comme disoit le prophète, et le jugement n'arrive jamais à sa perfection; » *Non
pervenit usque ad finem judicium*[1]. Lorsque le
juge veut s'agrandir, et qu'il change en une souplesse de cour le rigide et inexorable ministère de
la justice, il fait naufrage contre ces écueils. On
ne voit dans ses jugements qu'une justice imparfaite, semblable, je ne craindrai pas de le
dire, à la justice de Pilate; justice qui fait semblant d'être vigoureuse, à cause qu'elle résiste
aux tentations médiocres, et peut-être aux clameurs d'un peuple irrité, mais qui tombe et disparoît tout à coup, lorsqu'on allègue sans ordre
même et mal à propos le nom de César. Que
dis-je, le nom de César? Ces ames prostituées à
l'ambition ne se mettent pas à si haut prix : tout
ce qui parle, tout ce qui approche, ou les gagne
ou les intimide, et la justice se retire d'avec
elles. Que si elle s'est construit un sanctuaire
éternel et incorruptible dans le cœur du sage
Michel Le Tellier, c'est que, libre des empressements de l'ambition, il se voit élevé aux plus
grandes places, non par ses propres efforts, mais
par la douce impulsion d'un vent favorable, ou
plutôt, comme l'événement l'a justifié, par un
choix particulier de la divine Providence. Le
cardinal de Richelieu étoit mort, peu regretté

[1] Habac., c. 1, v. 4.

de son maître, qui craignit de lui devoir trop. Le gouvernement passé fut odieux : ainsi, de tous les ministres, le cardinal Mazarin, plus nécessaire et plus important, fut le seul dont le crédit se soutint; et le secrétaire d'état chargé des ordres de la guerre, ou rebuté d'un traitement qui ne répondoit pas à son attente, ou déçu par la douceur apparente du repos qu'il crut trouver dans la solitude, ou flatté d'une secrète espérance de se voir plus avantageusement rappelé par la nécessité de ses services, ou agité de ces je ne sais quelles inquiétudes dont les hommes ne savent pas se rendre raison à eux-mêmes, se résolut tout à coup à quitter cette grande charge. Le temps étoit arrivé que notre sage ministre devoit être montré à son prince et à sa patrie. Son mérite le fit chercher à Turin sans qu'il y pensât. Le cardinal Mazarin, plus heureux [1], comme vous verrez, de l'avoir trouvé, qu'il ne le conçut alors, rappela au roi ses agréables services; et le rapide moment d'une conjoncture imprévue, loin de donner lieu aux sollicitations, n'en laissa pas même aux désirs. Louis XIII rendit au Ciel son ame juste et pieuse; et il parut que notre ministre étoit réservé au roi son fils. Tel étoit l'ordre de la Providence; et je vois ici quelque chose de ce qu'on lit dans

---

[1] En 1651, le parti de Condé força Mazarin à quitter le royaume. En son absence, Le Tellier fut chargé des soins du ministère, que la situation des affaires rendoit très épineux.

Isaïe. La sentence partit d'en-haut, et il fut dit à Sobna, chargé d'un ministère principal : « Je « t'ôterai de ton poste, et je te déposerai de ton « ministère; » *Expellam te de statione tua, et de ministerio tuo deponam te.* En ce temps, « j'appellerai mon serviteur Éliakim, et je « le revêtirai de ta puissance. » Mais un plus grand honneur lui est destiné : le temps viendra que, par l'administration de la justice, « il sera le père des habitants de Jérusalem et « de la maison de Juda. » *Erit pater habitantibus Jerusalem.* « La clef de la maison de David, » c'est-à-dire de la maison régnante, « sera atta« chée à ses épaules : il ouvrira, et personne ne « pourra fermer; il fermera, et personne ne « pourra ouvrir[1]; » il aura la souveraine dispensation de la justice et des graces.

Parmi ces glorieux emplois notre ministre a fait voir à toute la France que sa modération durant quarante ans étoit le fruit d'une sagesse consommée. Dans les fortunes médiocres, l'ambition encore tremblante se tient si cachée qu'à peine se connoît-elle elle-même. Lorsqu'on se voit tout d'un coup élevé aux places les plus importantes, et que je ne sais quoi nous dit dans le cœur qu'on mérite d'autant plus de si

[1] Et erit in die illa, vocabo servum meum Eliacim, filium Helciæ, et induam illum tunica tua... et potestatem tuam dabo in manu ejus... Et dabo clavem domus David super humerum ejus : et aperiet, et non erit qui claudat; et claudet, et non erit qui aperiat. (Isa., c. xxii, v. 19 et seq.)

grands honneurs qu'ils sont venus à nous comme d'eux-mêmes, on ne se possède plus; et, si vous me permettez de vous dire une pensée de saint Chrysostôme, c'est aux hommes vulgaires un trop grand effort que celui de se refuser à cette éclatante beauté qui se donne à eux. Mais notre sage ministre ne s'y laissa pas emporter. Quel autre parut d'abord plus capable des grandes affaires? qui connoissoit mieux les hommes et les temps? qui prévoyoit de plus loin, et qui donnoit des moyens plus sûrs pour éviter les inconvénients dont les grandes entreprises sont environnées? Mais, dans une si haute capacité et dans une si belle réputation, qui jamais a remarqué ou sur son visage un air dédaigneux, ou la moindre vanité dans ses paroles? Toujours libre dans la conversation, toujours grave dans les affaires, et toujours aussi modéré que fort et insinuant dans ses discours, il prenoit sur les esprits un ascendant que la seule raison lui donnoit. On voyoit et dans sa maison et dans sa conduite, avec des mœurs sans reproche, tout également éloigné des extrémités, tout enfin mesuré par la sagesse. S'il sut soutenir le poids des affaires, il sut aussi les quitter, et reprendre son premier repos. Poussé par la cabale, Chaville le vit tranquille durant plusieurs mois au milieu de l'agitation de toute la France. La cour le rappelle en vain; il persiste dans sa paisible retraite, tant que l'état des affaires le put souffrir, encore qu'il n'ignorât pas ce qu'on machinoit contre lui durant son absence; et il ne parut pas moins grand en demeurant sans action, qu'il l'avoit paru en se soutenant au milieu des mouvements les plus hasardeux. Mais dans le plus grand calme de l'état, aussitôt qu'il lui fut permis de se reposer des occupations de sa charge sur un fils[1] qu'il n'eût jamais donné au roi s'il ne l'eût senti capable de le bien servir; après qu'il eut reconnu que le nouveau secrétaire d'état savoit, avec une ferme et continuelle action, suivre les desseins et exécuter les ordres d'un maître si entendu dans l'art de la guerre: ni la hauteur des entreprises ne surpassoit sa capacité, ni les soins infinis de l'exécution n'étoient au-dessus de sa vigilance; tout étoit prêt aux lieux destinés; l'ennemi également menacé dans toutes ses places; les troupes, aussi vigoureuses que disciplinées, n'attendoient que les derniers ordres du grand capitaine, et l'ardeur que ses yeux inspirent; tout tombe sous ses coups, et il se voit l'arbitre du monde: alors le zélé ministre, dans une entière vigueur d'esprit et de corps, crut qu'il pouvoit se permettre une vie plus douce[2]. L'épreuve en est hasardeuse pour

[1] Le fameux Louvois.
[2] Il y a dans cette trop longue phrase une apparence de désordre et de confusion que l'abbé de Vauxcelles appelle une *licence plus qu'oratoire*, tout en faisant remarquer que Bossuet court toujours à son but, ne s'embarrasse pas un seul instant, et mêle habilement le récit des grandes qualités du fils à l'opinion qu'en avoit le père.

un homme d'état, et la retraite presque toujours a trompé ceux qu'elle flattoit de l'espérance du repos. Celui-ci fut d'un caractère plus ferme : les conseils où il assistoit lui laissoient presque tout son temps ; et après cette grande foule d'hommes et d'affaires qui l'environnoit, il s'étoit lui-même réduit à une espèce d'oisiveté et de solitude ; mais il la sut soutenir. Les heures qu'il avoit libres furent remplies de bonnes lectures, et, ce qui passe toutes les lectures, de sérieuses réflexions sur les erreurs de la vie humaine, et sur les vains travaux des politiques, dont il avoit tant d'expérience. L'éternité se présentoit à ses yeux comme le digne objet du cœur de l'homme. Parmi ces sages pensées, et renfermé dans un doux commerce avec ses amis, aussi modestes que lui (car il savoit les choisir de ce caractère, et leur apprenoit à le conserver dans les emplois les plus importants et de la plus haute confiance), il goûtoit un véritable repos dans la maison de ses pères, qu'il avoit accommodée peu à peu à sa fortune présente, sans lui faire perdre les traces de l'ancienne simplicité, jouissant en sujet fidèle des prospérités de l'état et de la gloire de son maître. La charge de chancelier vaqua, et toute la France la destinoit à un ministre si zélé pour la justice. Mais, comme dit le Sage, « autant « que le Ciel s'élève et que la terre s'incline au- « dessous de lui, autant le cœur des rois est

« impénétrable[1]. » Enfin le moment du prince n'étoit pas encore arrivé, et le tranquille ministre, qui connoissoit les dangereuses jalousies des cours et les sages tempéraments des conseils des rois, sut encore lever les yeux vers la divine Providence, dont les décrets éternels règlent tous ces mouvements. Lorsque après de longues années il se vit élevé à cette grande charge, encore qu'elle reçût un nouvel éclat en sa personne, où elle étoit jointe à la confiance du prince, sans s'en laisser éblouir, le modeste ministre disoit seulement que le roi, pour couronner plutôt la longueur que l'utilité de ses services, vouloit donner un titre à son tombeau et un ornement à sa famille. Tout le reste de sa conduite répondit à de si beaux commencements. Notre siècle, qui n'avoit point vu de chancelier si autorisé, vit en celui-ci autant de modération et de douceur que de dignité et de force, pendant qu'il ne cessoit de se regarder comme devant bientôt rendre compte à Dieu d'une si grande administration. Ses fréquentes maladies le mirent souvent aux prises avec la mort : exercé par tant de combats, il en sortoit toujours plus fort, et plus résigné à la volonté divine. La pensée de la mort ne rendit pas sa vieillesse moins tranquille ni moins agréable;

---

[1] Cœlum sursum, et terra deorsum : et cor regum inscrutabile. (Prov., c. xxv, v. 3.)

dans la même vivacité on lui vit faire seulement de plus graves réflexions sur la caducité de son âge et sur le désordre extrême que causeroit dans l'état une si grande autorité dans des mains trop foibles [1]. Ce qu'il avoit vu arriver à tant de sages vieillards, qui sembloient n'être plus rien que leur ombre propre, le rendoit continuellement attentif à lui-même ; souvent il se disoit en son cœur que le plus malheureux effet de cette foiblesse de l'âge étoit de se cacher à ses propres yeux, de sorte que tout à coup on se trouve plongé dans l'abîme, sans avoir pu remarquer le fatal moment d'un insensible déclin ; et il conjuroit ses enfants, par toute la tendresse qu'il avoit pour eux, et par toute leur reconnoissance, qui faisoit sa consolation dans ce court reste de vie, de l'avertir de bonne heure quand ils verroient sa mémoire vaciller, ou son jugement s'affoiblir, afin que, par un reste de force, il pût garantir le public et sa propre conscience des maux dont les menaçoit l'infirmité de son âge. Et lors même qu'il sentoit son esprit entier, il prononçoit la même sentence, si le corps abattu n'y répondoit pas ; car c'étoit la résolution qu'il avoit prise dans sa dernière maladie : et, plutôt que de voir languir les affaires avec lui, si ses forces ne lui revenoient, il

---

[1] Cette locution a besoin d'être expliquée. Bossuet veut dire que l'esprit du chancelier, toujours actif, même dans sa vieillesse, faisoit seulement alors de plus graves réflexions, etc.

se condamnoit, en rendant les sceaux, à rentrer dans la vie privée, dont aussi jamais il n'avoit perdu le goût, au hasard de s'ensevelir tout vivant, et de vivre peut-être assez pour se voir long-temps traversé par la dignité qu'il auroit quittée : tant il étoit au-dessus de sa propre élévation et de toutes les grandeurs humaines !

Mais ce qui rend sa modération plus digne de nos louanges, c'est la force de son génie [1] né pour l'action, et la vigueur qui, durant cinq ans, lui fit dévouer sa tête aux fureurs civiles. Si aujourd'hui je me vois contraint de retracer l'image de nos malheurs, je n'en ferai point d'excuse à mon auditoire, où, de quelque côté que je me tourne, tout ce qui frappe mes yeux me montre une fidélité irréprochable, ou peut-être une courte erreur réparée par de longs services. Dans ces fatales conjonctures, il falloit à un ministre étranger un homme d'un ferme génie et d'une égale sûreté, qui, nourri dans les compagnies, connût les ordres du royaume et l'esprit de la nation. Pendant que la magnanime et intrépide régente étoit obligée à montrer le roi enfant aux provinces pour dissiper les troubles qu'on y excitoit de toutes parts, Paris et le cœur du royaume demandoient un homme ca-

---

[1] Madame de Motteville ne porte point un jugement aussi avantageux sur le chancelier. « La reine, dit-elle dans ses Mémoires, me parut persuadée que Le Tellier étoit un homme habile en sa charge, homme de bien, assez à elle, mais pas capable de la première place. »

pable de profiter des moments, sans attendre de nouveaux ordres, et sans troubler le concert de l'état. Mais le ministre lui-même, souvent éloigné de la cour, au milieu de tant de conseils que l'obscurité des affaires, l'incertitude des événements et les différents intérêts faisoient hasarder, n'avoit-il pas besoin d'un homme que la régente pût croire? Enfin il falloit un homme qui, pour ne pas irriter la haine publique déclarée contre le ministère, sût se conserver de la créance dans tous les partis, et ménager les restes de l'autorité. Cet homme, si nécessaire au jeune roi, à la régente, à l'état, au ministre, aux cabales même, pour ne les précipiter pas aux dernières extrémités par le désespoir, vous me prévenez, Messieurs, c'est celui dont nous parlons. C'est donc ici qu'il parut comme un génie principal. Alors nous le vîmes s'oublier lui-même, et, comme un sage pilote, sans s'étonner ni des vagues, ni des orages, ni de son propre péril, aller droit, comme au terme unique d'une si périlleuse navigation, à la conservation du corps de l'état et au rétablissement de l'autorité royale. Pendant que la cour réduisoit Bordeaux, et que Gaston, laissé à Paris pour le maintenir dans le devoir, étoit environné de mauvais conseils, Le Tellier fut le Chusaï[1] qui les confondit, et qui assura la

---

[1] Chusaï, un des plus fidèles serviteurs de David, parvint, par son

victoire à l'oint du Seigneur [1]. Fallut-il éventer les conseils d'Espagne et découvrir le secret d'une paix trompeuse que l'on proposoit, afin d'exciter la sédition pour peu qu'on l'eût différée ; Le Tellier en fit d'abord accepter les offres ; notre plénipotentiaire partit; et l'archiduc, forcé d'avouer qu'il n'avoit pas de pouvoir, fit connoître lui-même au peuple ému, si toutefois un peuple ému connoît quelque chose, qu'on ne faisoit qu'abuser de sa crédulité. Mais s'il y eut jamais une conjoncture où il fallut montrer de la prévoyance et un courage intrépide, ce fut lorsqu'il s'agit d'assurer la garde des trois illustres captifs [2]. Quelle cause les fit arrêter? Si ce furent ou des soupçons, ou des vérités, ou de vaines terreurs, ou de vrais périls, et, dans un pas si glissant, des précautions nécessaires : qui le pourra dire à la postérité ? Quoi qu'il en soit, l'oncle du roi est persuadé ; on croit pouvoir s'assurer des autres princes ; et on en fait des coupables en les

---

habileté, à gagner la confiance d'Absalon, et le détourna des projets qu'il avoit formés contre son père.

[1] II Reg., c. xvii.

[2] La duchesse de Chevreuse gagna le duc d'Orléans, après l'avoir détaché de l'abbé de la Rivière, qui fut disgracié; elle excita sa jalousie contre le prince de Condé, et l'amena au point de lui faire désirer qu'on l'arrêtât : ce qui fut exécuté le 18 janvier 1650, par Guitaut, capitaine des gardes de la reine, Comminges, son neveu, et Miossans, lieutenant des gendarmes du roi (c'est le maréchal d'Albret). Le prince de Condé, le prince de Conti et le duc de Longueville furent conduits d'abord à Vincennes, ensuite à Marcoussy, puis au Havre-de-Grace. Ce qu'il y eut d'étonnant, c'est que le peuple en fit des feux de joie. (Le président Hénault.)

traitant comme tels : mais où garder des lions [1] toujours prêts à rompre leurs chaînes, pendant que chacun s'efforce de les avoir en sa main pour les retenir ou les lâcher au gré de son ambition ou de ses vengeances ? Gaston, que la cour avoit attiré dans ses sentiments, étoit-il inaccessible aux factieux ? ne vois-je pas au contraire autour de lui des ames hautaines, qui, pour faire servir les princes à leurs intérêts cachés, ne cessoient de lui inspirer qu'il devoit s'en rendre le maître ? De quelle importance, de quel éclat, de quelle réputation au-dedans et au-dehors, d'être le maître du sort du prince de Condé ! Ne craignons point de le nommer, puisque enfin tout est surmonté par la gloire de son grand nom et de ses actions immortelles. L'avoir entre ses mains c'étoit y avoir la victoire même, qui le suit éternellement dans les combats : mais il étoit juste que ce précieux dépôt de l'état demeurât entre les mains du roi, et il lui appartenoit de garder une si noble partie de son sang. Pendant donc que notre ministre travailloit à ce glorieux ouvrage, où il y alloit de la royauté et du salut de l'état, il fut seul en butte aux factieux. Lui seul, disoient-ils, savoit dire et taire ce qu'il falloit ; seul il savoit épancher et retenir son discours ; impénétrable, il pénétroit tout ; et, pendant qu'il tiroit le secret des cœurs, il ne di-

---

[1] « Voilà un beau coup de filet, dit Monsieur à la nouvelle de cette arrestation : on vient de prendre un lion, un singe et un renard. »

soit, maître de lui-même, que ce qu'il vouloit ; il perçoit dans tous les secrets, démêloit toutes les intrigues, découvroit les entreprises les plus cachées et les plus sourdes machinations. C'étoit ce sage dont il est écrit : « Les conseils se recè-
« lent dans le cœur de l'homme à la manière
« d'un profond abîme sous une eau dormante ;
« mais l'homme sage les épuise ; » il en découvre le fond : *sicut aqua profunda, sic consilium in corde viri ; vir sapiens exhauriet illud* [1]. Lui seul réunissoit les gens de bien, rompoit les liaisons des factieux, en déconcertoit les desseins, et alloit recueillir dans les égarés ce qu'il y restoit quelquefois de bonnes intentions. Gaston ne croyoit que lui, et lui seul savoit profiter des heureux moments et des bonnes dispositions d'un si grand prince. « Venez, venez, faisons
« contre lui de secrètes menées : » *Venite, et cogitemus adversus eum cogitationes* : unissons-nous pour le discréditer tous ensemble ; « frap-
« pons-le de notre langue, et ne souffrons plus
« qu'on écoute tous ses beaux discours : » *percutiamus eum lingua, neque attendamus ad universos sermones ejus* [2]. Mais on faisoit contre lui de plus funestes complots. Combien reçut-il d'avis secrets que sa vie n'étoit pas en sûreté ! Et il connoissoit dans le parti de ces fiers courages dont la force malheureuse et l'esprit extrême

---

[1] Prov., c. xx, v. 5.
[2] Jerem., c. xviii, v. 18.

ose tout, et sait trouver des exécuteurs; mais sa vie ne lui fut pas précieuse, pourvu qu'il fût fidèle à son ministère. Pouvoit-il faire à Dieu un plus beau sacrifice que de lui offrir une ame pure de l'iniquité de son siècle, et dévouée à son prince et à sa patrie? Jésus nous a montré l'exemple; les Juifs mêmes le reconnoissoient pour un si bon citoyen, qu'ils crurent ne pouvoir donner auprès de lui une meilleure recommandation à ce centenier qu'en disant à notre Sauveur: « Il « aime notre nation [1]. » Jérémie a-t-il plus versé de larmes que lui sur les ruines de sa patrie? Que n'a pas fait ce Sauveur miséricordieux pour prévenir les malheurs de ses citoyens! Fidèle au prince comme à son pays, il n'a pas craint d'irriter l'envie des pharisiens en défendant les droits de César [2]; et lorsqu'il est mort pour nous sur le Calvaire, victime de l'univers, il a voulu que le plus chéri de ses évangélistes remarquât qu'il mouroit spécialement pour sa nation: *quia moriturus erat pro gente* [3]. Si notre zélé ministre, touché de ces vérités, exposa sa vie, craindroit-il de hasarder sa fortune? Ne sait-on pas qu'il falloit souvent s'opposer aux inclinations du cardinal son bienfaiteur? Deux fois, en grand politique, ce judicieux favori sut céder au temps et s'éloigner de la cour; mais, il le faut

[1] Diligit enim gentem nostram. (Luc., c. vii, v. 5.)
[2] Matth., c. xxii, v. 21.
[3] Joan., c. xi, v. 51.

dire, toujours il y vouloit revenir trop tôt. Le Tellier s'opposoit à ses impatiences jusqu'à se rendre suspect; et, sans craindre ni ses envieux ni les défiances d'un ministre également soupçonneux et ennuyé de son état, il alloit d'un pas intrépide où la raison d'état le déterminoit. Il sut suivre ce qu'il conseilloit : quand l'éloignement de ce grand ministre eut attiré celui de ses confidents, supérieur par cet endroit au ministre même, dont il admiroit d'ailleurs les profonds conseils, nous l'avons vu retiré dans sa maison, où il conserva sa tranquillité parmi les incertitudes des émotions populaires et d'une cour agitée; et, résigné à la Providence, il vit sans inquiétude frémir à l'entour les flots irrités; et parce qu'il souhaitoit le rétablissement du ministre, comme un soutien nécessaire de la réputation et de l'autorité de la régence, et non pas, comme plusieurs autres, pour son intérêt, que le poste qu'il occupoit lui donnoit assez de moyens de ménager d'ailleurs, aucun mauvais traitement ne le rebutoit. Un beau-frère [1], sacrifié malgré ses services, lui montroit ce qu'il pouvoit craindre : il savoit, crime irrémissible dans les cours, qu'on écoutoit des propositions contre lui-même; et peut-être que sa place eût été donnée, si on eût pu la remplir d'un homme aussi sûr : mais il n'en tenoit pas moins la balance

---

[1] Gabriel de Cassagnet, seigneur de Villadet, disgracié en 1642, lors de la conspiration de Cinq-Mars.

droite. Les uns donnoient au ministre des espérances trompeuses ; les autres lui inspiroient de vaines terreurs, et, en s'empressant beaucoup, ils faisoient les zélés et les importants : Le Tellier lui montroit la vérité, quoique souvent importune ; et, industrieux à se cacher dans les actions éclatantes, il en renvoyoit la gloire au ministre, sans craindre dans le même temps de se charger des refus que l'intérêt de l'état rendoit nécessaires ; et c'est de là qu'il est arrivé qu'en méprisant par raison la haine de ceux dont il lui falloit combattre les prétentions, il en acquéroit l'estime, et souvent même l'amitié et la confiance. L'histoire en racontera de fameux exemples ; je n'ai pas besoin de les rapporter, et, content de remarquer des actions de vertu dont les sages auditeurs puissent profiter, ma voix n'est pas destinée à satisfaire les politiques ni les curieux. Mais puis-je oublier celui[1] que je vois partout dans le récit de nos malheurs, cet homme si fidèle aux particuliers, si redoutable à l'état, d'un caractère si haut qu'on ne pouvoit ni l'estimer, ni le craindre, ni l'aimer, ni le haïr à demi ; ferme génie, que nous avons vu, en ébranlant l'univers, s'attirer une dignité qu'à la fin il voulut quitter comme trop chèrement achetée, ainsi qu'il eut le courage de le reconnoître dans le lieu le plus émi-

---

[1] Le cardinal de Retz.

nent de la chrétienté, et enfin comme peu capable de contenter ses désirs? tant il connut son erreur et le vide des grandeurs humaines! Mais pendant qu'il vouloit acquérir ce qu'il devoit un jour mépriser, il remua tout par de secrets et puissants ressorts ; et, après que tous les partis furent abattus, il sembla encore se soutenir seul, et seul encore menacer [1] le favori victorieux de ses tristes et intrépides regards. La religion s'intéresse dans ses infortunes, la ville royale s'émeut, et Rome même menace. Quoi donc! n'est-ce pas assez que nous soyons attaqués au-dedans et au-dehors par toutes les puissances temporelles? Faut-il que la religion se mêle dans nos malheurs, et qu'elle semble nous opposer de près et de loin une autorité sacrée? Mais, par les soins du sage Michel Le Tellier, Rome n'eut point à reprocher au cardinal Mazarin d'avoir terni l'éclat de la pourpre dont il étoit revêtu ; les affaires ecclésiastiques prirent une forme réglée : ainsi le calme

[1] Ce dernier trait eût été envié de Tacite. On ne pouvoit peindre avec plus d'énergie et de vérité la haine implacable que le cardinal de Retz, trop fier pour se réconcilier avec son ennemi premier ministre, manifesta toujours contre Mazarin tout-puissant sur les marches du trône. C'est ainsi qu'ayant à peindre un factieux sans objet, doué d'un génie remuant et d'un grand caractère, Bossuet n'a besoin que de quelques lignes pour le juger en peu de mots, mais pleins de vigueur et d'énergie, avec la sagacité d'un moraliste, la verve d'un orateur, la profondeur d'un publiciste et l'impartialité d'un historien. Je préfère de beaucoup ce portrait à celui de Cromwell, et je ne connois rien de plus parfait en ce genre parmi les anciens et parmi les modernes. (Le C^{al} MAURY.)

fut rendu à l'état ; on revoit dans sa première vigueur l'autorité affoiblie ; Paris et tout le royaume, avec un fidèle et admirable empressement, reconnoît son roi gardé par la Providence, et réservé à ses grands ouvrages : le zèle des compagnies, que de tristes expériences avoient éclairées, est inébranlable ; les pertes de l'état sont réparées ; le cardinal fait la paix avec avantage. Au plus haut point de sa gloire, sa joie est troublée par la triste apparition de la mort ; intrépide, il domine jusque entre ses bras et au milieu de son ombre : il semble qu'il ait entrepris de montrer à toute l'Europe que sa faveur, attaquée par tant d'endroits, est si hautement rétablie, que tout devient foible contre elle, jusqu'à une mort prochaine et lente. Il meurt avec cette triste consolation ; et nous voyons commencer ces belles années dont on ne peut assez admirer le cours glorieux. Cependant la grande et pieuse Anne d'Autriche rendoit un perpétuel témoignage à l'inviolable fidélité de notre ministre, où, parmi tant de divers mouvements, elle n'avoit jamais remarqué un pas douteux. Le roi, qui dès son enfance l'avoit vu toujours attentif au bien de l'état, et tendrement attaché à sa personne sacrée, prenoit confiance en ses conseils ; et le ministre conservoit sa modération, soigneux surtout de cacher l'important service qu'il rendoit continuellement à l'état, en faisant connoître les hommes capables de remplir les grandes places, et en leur rendant à propos des offices qu'ils ne savoient pas : car que peut faire de plus utile un zélé ministre, puisque le prince, quelque grand qu'il soit, ne connoît sa force qu'à demi s'il ne connoît les grands hommes que la Providence fait naître en son temps pour le seconder ? Ne parlons pas des vivants, dont les vertus non plus que les louanges ne sont jamais sûres dans le variable état de cette vie ; mais je veux ici nommer par honneur le sage, le docte, et le pieux Lamoignon[1], que notre ministre proposoit toujours comme digne de prononcer les oracles de la justice dans le plus majestueux de ses tribunaux. La justice, leur commune amie, les avoit unis ; et maintenant ces deux ames pieuses, touchées sur la terre du même désir de faire régner les lois, contemplent ensemble à découvert les lois éternelles d'où les nôtres sont dérivées ; et, si quelque légère trace de nos foibles distinctions paroît

---

[1] On seroit tenté de croire, en général, sur la foi d'un vers charmant de La Fontaine, que :

    L'or se peut partager, mais non pas la louange.

L'évêque de Meaux prouve le contraire dans son fameux parallèle entre Turenne et le grand Condé, et peut-être encore mieux dans son *Oraison funèbre du chancelier Le Tellier*, au moment où il célèbre la liaison intime de ce chef de la magistrature, auquel l'histoire a fait deux diverses réputations, avec le premier président de Lamoignon, qui, heureusement pour sa gloire, n'en a jamais eu qu'une seule. (Le C^{al} Maury.) — Chrétien-François de Lamoignon, fils de Guillaume de Lamoignon, premier président du parlement de Paris, mourut en 1709, à 64 ans, et eut pour petit-fils le vertueux Malesherbes.

encore dans une si simple et si claire vision, elles adorent Dieu en qualité de justice et de règle¹.

*Ecce in justitia regnabit rex, et principes in judicio præerunt*² : « Le roi régnera selon la jus-
« tice, et les juges présideront en jugement. »
La justice passe du prince dans les magistrats, et du trône elle se répand sur les tribunaux : c'est dans le règne d'Ézéchias le modèle de nos jours. Un prince zélé pour la justice nomme un principal et universel magistrat capable de contenter ses désirs : l'infatigable ministre ouvre des yeux attentifs sur tous les tribunaux ; animé des ordres du prince, il y établit la règle, la discipline, le concert, l'esprit de justice. Il sait que si la prudence du souverain magistrat est obligée quelquefois, dans les cas extraordinaires, de suppléer à la prévoyance des lois, c'est toujours en prenant leur esprit ; et enfin qu'on ne doit sortir de la règle qu'en suivant un fil qui tienne pour ainsi dire à la règle même. Consulté de toutes parts, il donne des réponses courtes, mais décisives, aussi pleines de sagesse que de dignité, et le langage des lois est dans son discours : par toute l'étendue du royaume chacun peut faire ses plaintes, assuré de la pro-

---

¹ En admirant cette pensée si ingénieusement noble et élevée, on appliqueroit volontiers à Bossuet ce que Virgile disoit du prince des poètes, qu'il seroit plus difficile d'emprunter un vers d'Homère que de prendre à Hercule sa massue. (Le C^{el} Maury.)

² Isa., c. xxxii, v. 1.

tection du prince; et la justice ne fut jamais ni si éclairée ni si secourable. Vous voyez comme ce sage magistrat modère tout le corps de la justice : voulez-vous voir ce qu'il fait dans la sphère où il est attaché, et qu'il doit mouvoir par lui-même? Combien de fois s'est-on plaint que les affaires n'avoient ni règle ni fin, que la force des choses jugées n'étoit presque plus connue, que la compagnie [1] où l'on renversoit avec tant de facilité les jugements de toutes les autres ne respectoit pas davantage les siens, enfin que le nom du prince étoit employé à rendre tout incertain, et que souvent l'iniquité sortoit du lieu d'où elle devoit être foudroyée! Sous le sage Michel Le Tellier, le conseil fit sa véritable fonction; et l'autorité de ses arrêts, semblable à un juste contrepoids, tenoit par tout le royaume la balance égale. Les juges que leurs coups hardis et leurs artifices faisoient redouter furent sans crédit : leur nom ne servit qu'à rendre la justice plus attentive. Au conseil comme au sceau, la multitude, la variété, la difficulté des affaires, n'étonnèrent jamais ce grand magistrat : il n'y avait rien de plus difficile, ni aussi de plus hasardeux, que de le surprendre; et, dès le commencement de son ministère, cette irrévocable sentence sortit de sa bouche, que le crime de le tromper seroit le moins pardonnable. De quelque belle apparence que l'iniquité se cou-

[1] Le conseil d'état.

vrît, il en pénetroit les détours, et d'abord il savoit connoître, même sous les fleurs, la marche tortueuse de ce serpent; sans châtiment, sans rigueur, il couvroit l'injustice de confusion, en lui faisant seulement sentir qu'il la connoissoit; et l'exemple de son inflexible régularité fut l'inévitable censure de tous les mauvais desseins. Ce fut donc par cet exemple admirable, plus encore que par ses discours et par ses ordres, qu'il établit dans le conseil une pureté, et un zèle de la justice, qui attire la vénération des peuples, assure la fortune des particuliers, affermit l'ordre public, et fait la gloire de ce règne.

Sa justice n'étoit pas moins prompte qu'elle étoit exacte; sans qu'il fallût le presser, les gémissements des malheureux plaideurs, qu'il croyoit entendre nuit et jour, étoient pour lui une perpétuelle et vive sollicitation. Ne dites pas à ce zélé magistrat qu'il travaille plus que son grand âge ne le peut souffrir; vous irriterez le plus patient de tous les hommes. Est-on, disoit-il, dans les places pour se reposer et pour vivre? Ne doit-on pas sa vie à Dieu, au prince et à l'état? Sacrés autels, vous m'êtes témoins que ce n'est pas aujourd'hui par ces artificieuses fictions de l'éloquence que je lui mets en la bouche ces fortes paroles! Sache la postérité, si le nom d'un si grand ministre fait aller mon discours jusqu'à elle, que j'ai moi-même souvent entendu ces saintes réponses. Après de grandes maladies causées par de grands travaux, on voyoit revivre cet ardent désir de reprendre ses exercices ordinaires, au hasard de retomber dans les mêmes maux ; et, tout sensible qu'il étoit aux tendresses de sa famille, il l'accoutumoit à ces courageux sentiments. C'est, comme nous l'avons dit, qu'il faisoit consister avec son salut le service particulier qu'il devoit à Dieu dans une sainte administration de la justice : il en faisoit son culte perpétuel, son sacrifice du matin et du soir, selon cette parole du Sage : « La justice vaut mieux « devant Dieu que de lui offrir des victimes [1]; » car quelle plus sainte hostie, quel encens plus doux, quelle prière plus agréable, que de faire entrer devant soi la cause de la veuve, que d'essuyer les larmes du pauvre oppressé, et de faire taire l'iniquité par toute la terre ? Combien le pieux ministre étoit touché de ces vérités, ses paisibles audiences le faisoient paroître ! Dans les audiences vulgaires, l'un, toujours précipité, vous trouble l'esprit; l'autre, avec un visage inquiet, des regards incertains, vous ferme le cœur ; celui-là se présente à vous par coutume ou par bienséance, et il laisse vaguer ses pensées sans que vos discours arrêtent son esprit distrait; celui-ci, plus cruel encore, a les oreilles bouchées par ses préventions, et, incapable de donner entrée aux raisons des autres, il n'écoute

[1] Facere misericordiam et judicium, magis placet Domino quam victimæ. (Prov., c. xxi, v. 3.)

que ce qu'il a dans son cœur. A la facile audience de ce sage magistrat, et par la tranquillité de son favorable visage, une ame agitée se calmoit; c'est là qu'on trouvoit « ces douces « réponses qui apaisent la colère[1], et ces paro- « les qu'on préfère aux dons : » *verbum melius quam datum*[2]. Il connoissoit les deux visages de la justice : l'un facile dans le premier abord, l'autre sévère et impitoyable quand il faut conclure ; là elle veut plaire aux hommes et également contenter les deux partis, ici elle ne craint ni d'offenser le puissant ni d'affliger le pauvre et le foible. Ce charitable magistrat étoit ravi d'avoir à commencer par la douceur; et dans toute l'administration de la justice il nous paroissoit un homme que sa nature avoit fait bienfaisant, et que la raison rendoit inflexible : c'est par où il avoit gagné les cœurs. Tout le royaume faisoit des vœux pour la prolongation de ses jours; on se reposoit sur sa prévoyance : ses longues expériences étoient pour l'état un trésor inépuisable de sages conseils ; et sa justice, sa prudence, la facilité qu'il apportoit aux affaires, lui méritoient la vénération et l'amour de tous les peuples. O Seigneur, vous avez fait, comme dit le Sage, « l'œil qui regarde, et l'oreille qui « écoute[3] ? » Vous donc qui donnez aux juges

---

[1] Responsio mollis frangit iram. (Prov., c. xv, v. 1.)

[2] Eccl., c. xviii, v. 16.

[3] Et aurem audientem, et oculum videntem, Dominus fecit utrumque. (Prov., c. xx, v. 12.)

ces regards bénins, ces oreilles attentives, et ce cœur toujours ouvert à la vérité, écoutez-nous pour celui qui écoutoit tout le monde; et vous, doctes interprètes des lois, fidèles dépositaires de leurs secrets, et implacables vengeurs de leur sainteté méprisée, suivez ce grand exemple de nos jours : tout l'univers a les yeux sur vous. Affranchis des intérêts et des passions, sans yeux comme sans mains, vous marchez sur la terre, semblables aux esprits célestes; ou plutôt, images de Dieu, vous en imitez l'indépendance : comme lui, vous n'avez besoin ni des hommes ni de leurs présents; comme lui, vous faites justice à la veuve et au pupille, l'étranger n'implore pas en vain votre secours[1]; et assurés que vous exercez la puissance du juge de l'univers, vous n'épargnez personne dans vos jugements. Puisse-t-il avec ses lumières et avec son esprit de force vous donner cette patience, cette attention, et cette docilité toujours accessible à la raison, que Salomon lui demandoit pour juger son peuple[2] !

Mais ce que cette chaire, ce que ces autels, ce que l'Évangile que j'annonce, et l'exemple du grand ministre dont je célèbre les vertus, m'obligent à recommander plus que toutes choses,

[1] Dominus Deus vester ipse est Deus deorum, et Dominus dominantium; Deus magnus, et potens, et terribilis, qui personam non accipit nec munera. Facit judicium pupillo et viduæ; amat peregrinum et dat ei victum atque vestitum. (Deut., c. x, v. 17, 18.)
[2] III Reg., c. iii, v. 9.

c'est les droits sacrés de l'Église : l'Église ramasse ensemble tous les titres par où l'on peut espérer le secours de la justice. La justice doit une assistance particulière aux foibles, aux orphelins, aux épouses délaissées et aux étrangers. Qu'elle est forte, cette Église, et que redoutable est le glaive que le Fils de Dieu lui a mis dans la main! Mais c'est un glaive spirituel, dont les superbes et les incrédules ne ressentent pas le « double tranchant¹. » Elle est fille du Tout-Puissant : mais son père, qui la soutient au-dedans, l'abandonne souvent aux persécuteurs; et, à l'exemple de Jésus-Christ, elle est obligée de crier dans son agonie : « Mon Dieu, mon Dieu, pourquoi « m'avez-vous délaissée²? » Son époux est le plus puissant comme le plus beau et le plus parfait de tous les enfants des hommes³; mais elle n'a entendu sa voix agréable, elle n'a joui de sa douce et désirable présence qu'un moment⁴; tout d'un coup il a pris la fuite avec une course rapide, « et, plus vite qu'un faon de biche, il s'est élevé « au-dessus des plus hautes montagnes⁵. »

---

¹ De ore ejus gladius utraque parte acutus exibat. (Apoc., c. 1, v. 16.) — Vivus est sermo Dei et efficax, et penetrabilior omni gladio ancipiti. (Heb., c. iv, v. 12.)

² Eli, Eli, lamma sabacthani : hoc est, Deus meus, Deus meus, ut quid dereliquisti me? (Matth., c. xxvii, v. 46.)

³ Speciosus forma præ filiis hominum. (Psal. xliv, v. 3.)

⁴ Amicus sponsi, qui stat et audit eum, gaudio gaudet propter vocem sponsi. (Joann., c. iii, v. 29.)

⁵ Fuge, dilecte me, et assimilare capreæ, hinnuloque cervorum, super montes aromatum. (Cant., c. viii, v. 14.)

Semblable à une épouse désolée, l'Église ne fait que gémir, et le chant de la tourterelle délaissée est dans sa bouche[1]; enfin elle est étrangère et comme errante sur la terre, où elle vient recueillir les enfants de Dieu sous ses ailes; et le monde, qui s'efforce de les lui ravir, ne cesse de traverser son pélerinage. Mère affligée, elle a souvent à se plaindre de ses enfants qui l'oppriment; on ne cesse d'entreprendre sur ses droits sacrés : sa puissance céleste est affoiblie, pour ne pas dire tout-à-fait éteinte. On se venge sur elle de quelques-uns de ses ministres trop hardis usurpateurs des droits temporels; à son tour, la puissance temporelle a semblé vouloir tenir l'Église captive, et se récompenser de ses pertes sur Jésus-Christ même : les tribunaux séculiers ne retentissent que des affaires ecclésiastiques; on ne songe pas au don particulier qu'a reçu l'ordre apostolique pour les décider, don céleste que nous ne recevons qu'une fois « par l'imposition des « mains[2], » mais que saint Paul nous ordonne de ranimer, de renouveler, et de rallumer sans cesse en nous-mêmes comme un feu divin, afin que la vertu en soit immortelle. Ce don nous est-il seulement accordé pour annoncer la sainte parole, ou pour sanctifier les ames par les sa-

---

[1] Vox turturis audita est in terra nostra. (*Ibid.*, c. 11, v. 12.)

[2] Admoneo te ut resuscites gratiam Dei, quæ est in te, per impositionem manuum mearum. (II Tim., c. 1, v. 6.)

crements? N'est-ce pas aussi pour policer les églises, pour y établir la discipline, pour appliquer les canons inspirés de Dieu à nos saints prédécesseurs, et accomplir tous les devoirs du ministère ecclésiastique? Autrefois et les canons, et les lois, et les évêques, et les empereurs, concouroient ensemble à empêcher les ministres des autels de paroître, pour les affaires même temporelles, devant les juges de la terre; on vouloit avoir des intercesseurs purs du commerce des hommes, et on craignoit de les rengager dans le siècle d'où ils avoient été séparés pour être le partage du Seigneur. Maintenant c'est pour les affaires ecclésiastiques qu'on les y voit entraînés: tant le siècle a prévalu, tant l'Église est foible et impuissante! Il est vrai que l'on commence à l'écouter : l'auguste conseil et le premier parlement donnent du secours à son autorité blessée; les sources du droit sont révélées; les saintes maximes revivent. Un roi zélé pour l'Église, et toujours prêt à lui rendre davantage qu'on ne l'accuse de lui ôter, opère ce changement heureux : son sage et intelligent chancelier seconde ses désirs; sous la conduite de ce ministre, nous avons comme un nouveau code favorable à l'épiscopat; et nous vanterons désormais, à l'exemple de nos pères, les lois unies aux canons. Quand ce sage magistrat renvoie les affaires ecclésiastiques aux tribunaux séculiers, ses doctes arrêts leur marquent la voie qu'ils doivent tenir, et le remède qu'il pourra donner à leurs entreprises. Ainsi la sainte clôture protectrice de l'humilité et de l'innocence est établie; ainsi la puissance séculière ne donne plus ce qu'elle n'a pas; et la sainte subordination des puissances ecclésiastiques, image des célestes hiérarchies et lien de notre unité, est conservée; ainsi la cléricature jouit par tout le royaume de son privilége; ainsi sur le sacrifice des vœux et sur « ce grand « sacrement de l'indissoluble union de Jésus- « Christ avec son église [1], » les opinions sont plus saines dans le barreau éclairé, et parmi les magistrats intelligents, que dans les livres de quelques auteurs qui se disent ecclésiastiques et théologiens. Un grand prélat [2] a part à ces grands ouvrages; habile autant qu'agréable intercesseur auprès d'un père porté par lui-même à favoriser l'Église, il sait ce qu'il faut attendre de la piété éclairée d'un grand ministre, et il représente les droits de Dieu sans blesser ceux de César. Après ces commencements, ne pourrons-nous pas enfin espérer que les jaloux de la France n'auront pas éternellement à lui reprocher les libertés de l'Église toujours employées contre

---

[1] Sacramentum hoc magnum est : ego autem dico in Christo et in ecclesia. (Ephes., c. v, v. 32.)

[2] Charles-Maurice Le Tellier, archevêque de Reims, fils du chancelier. C'est de lui que Boileau disoit : « Monseigneur m'estime bien davantage depuis qu'il me croit riche. » Il mourut en 1710, à 78 ans, laissant aux chanoines de Sainte-Geneviève sa bibliothèque, composée de 50,000 volumes environ.

elle-même? Ame pieuse du sage Michel Le Tellier, après avoir avancé ce grand ouvrage, recevez devant ces autels ce témoignage sincère de votre foi, et de notre reconnoissance, de la bouche d'un évêque trop tôt obligé à changer en sacrifices pour votre repos ceux qu'il offroit pour une vie si précieuse. Et vous, saints évêques, interprètes du Ciel, juges de la terre, apôtres, docteurs, et serviteurs des églises; vous qui sanctifiez cette assemblée par votre présence; et vous qui, dispersés par tout l'univers, entendrez le bruit d'un ministère si favorable à l'Église, offrez à jamais de saints sacrifices pour cette ame pieuse. Ainsi puisse la discipline ecclésiastique être entièrement rétablie! Ainsi puisse être rendue la majesté à vos tribunaux, l'autorité à vos jugements, la gravité et le poids à vos censures! Puissiez-vous souvent, assemblés au nom de Jésus-Christ, l'avoir au milieu de vous et revoir la beauté des anciens jours! Qu'il me soit permis du moins de faire des vœux devant ces autels, de soupirer après les antiquités devant une compagnie si éclairée, et d'annoncer la sagesse entre les parfaits[1]! Mais, Seigneur, que ce ne soit pas seulement des vœux inutiles! Que ne pouvons-nous obtenir de votre bonté, si, comme nos prédécesseurs, nous faisons nos chastes délices de votre Écriture, notre principal exercice

---

[1] Sapientiam loquimur inter perfectos. (I Cor., c. II, v. 6.)

de la prédication de votre parole, et notre félicité de la sanctification de votre peuple; si, attachés à nos troupeaux par un saint amour, nous craignons d'en être arrachés; si nous sommes soigneux de former des prêtres que Louis puisse choisir pour remplir nos chaires; si nous lui donnons le moyen de décharger sa conscience de cette partie la plus périlleuse de ses devoirs; et que, par une règle inviolable, ceux-là demeurent exclus de l'épiscopat qui ne veulent pas y arriver par des travaux apostoliques[1]! Car aussi comment pourrons-nous, sans ce secours, incorporer tout-à-fait à l'Église de Jésus-Christ tant de peuples nouvellement convertis, et porter avec confiance un si grand accroissement de notre fardeau? Ah! si nous ne sommes infatigables à instruire, à reprendre, à consoler, à donner le lait aux infirmes et le pain aux forts, enfin à cultiver ces nouvelles plantes, et à expliquer à ce nouveau peuple la sainte parole, dont, hélas! on s'est tant servi pour le séduire, « le « fort armé chassé de sa demeure reviendra » plus furieux que jamais, « avec sept esprits plus « malins que lui; et notre état deviendra pire que « le précédent[2]! » Ne laissons pas cependant de

---

[1] Ces derniers mots ont trait à la règle sollicitée par Bossuet, et établie par le roi, de ne nommer aux évêchés que ceux qui auroient travaillé dans le ministère. (L'abbé de Vauxcelles.)

[2] Tunc vadit, et assumit septem alios spiritus secum, nequiores se; et ingressi habitant ibi : et fiunt novissima illius pejora prioribus. (Luc., c. xi, v. 21, 24, 25, 26.)

362   ORAISON FUNÈBRE

publier ce miracle de nos jours; faisons-en passer le récit aux siècles futurs. Prenez vos plumes sacrées, vous qui composez les annales de l'Église : agiles instruments « d'un prompt écrivain « et d'une main diligente [1], » hâtez-vous de mettre Louis avec les Constantin et les Théodose. Ceux qui vous ont précédés dans ce beau travail racontent « qu'avant qu'il y eût des empe-« reurs dont les lois eussent ôté les assemblées « aux hérétiques, les sectes demeuroient unies « et s'entretenoient long-temps. » Mais, poursuit Sozomène, « depuis que Dieu suscita des « princes chrétiens, et qu'ils eurent défendu ces « conventicules, la loi ne permettoit pas aux « hérétiques de s'assembler en public; et le « clergé qui veilloit sur eux les empêchoit de « le faire en particulier. De cette sorte, la plus « grande partie se réunissoit; et les opiniâtres « mouroient sans laisser de postérité, parce qu'ils « ne pouvoient ni communiquer entre eux, ni « enseigner librement leurs dogmes [2]. » Ainsi tomboit l'hérésie avec son venin; et la discorde rentroit dans les enfers, d'où elle étoit sortie. Voilà, Messieurs, ce que nos pères ont admiré

---

[1] Lingua mea calamus scribæ velociter scribentis. (PSAL. XLV, v. 1.)

[2] Nam superiorum imperatorum temporibus, quicumque Christum colebant, licet opinionibus inter se dissentirent, à Gentilibus tamen pro iisdem habebantur... Quam ob causam singuli facile in unum convenientes, separatim collectas celebrabant, et assidue secum mutuo colloquentes, tametsi pauci numero essent, nequaquam dissipati sunt. Post hanc vero legem, nec publice collectas agere eis licuit, lege id prohi-

dans les premiers siècles de l'Église. Mais nos pères n'avoient pas vu, comme nous, une hérésie invétérée tomber tout-à-coup, les troupeaux égarés revenir en foule, et nos églises trop étroites pour les recevoir; leurs faux pasteurs les abandonner, sans même en attendre l'ordre, et heureux d'avoir à leur alléguer leur bannissement pour excuse; tout calme dans un si grand mouvement; l'univers étonné de voir dans un événement si nouveau la marque la plus assurée, comme le plus bel usage, de l'autorité, et le mérite du prince plus reconnu et plus révéré que son autorité même. Touchés de tant de merveilles, épanchons nos cœurs sur la piété de Louis; poussons jusqu'au Ciel nos acclamations, et disons à ce nouveau Constantin, à ce nouveau Théodose, à ce nouveau Marcien, à ce nouveau Charlemagne, ce que les six cent trente pères dirent autrefois dans le concile de Chalcédoine : « Vous avez affermi la foi, vous avez exterminé « les hérétiques : c'est le digne ouvrage de votre « règne, c'en est le propre caractère. Par vous « l'hérésie n'est plus. Dieu seul a pu faire cette « merveille. Roi du ciel, conservez le roi de la

bente, nec clanculo, cum singularum civitatum episcopi ac clerici eos sollicite observarent. Unde factum est ut plerique eorum, metu perculsi, Ecclesiæ catholicæ sese adjunxerint. Alii vero, licet in eadem sententia perseverarint, nullis tamen opinionis suæ successoribus post se relictis, ex hac vita migrarunt : quippe qui nec in unum coire permitterentur, nec opinionis suæ consortes libere ac sine metu docere possent. (Sozom., Hist., lib. II, c. xxxii.)

« terre : c'est le vœu des églises ; c'est le vœu
« des évêques¹. »

Quand le sage chancelier reçut l'ordre de dresser ce pieux édit qui donne le dernier coup à l'hérésie, il avoit déja ressenti l'atteinte de la maladie dont il est mort ; mais un ministre si zélé pour la justice ne devoit pas mourir avec le regret de ne l'avoir pas rendue à tous ceux dont les affaires étoient préparées. Malgré cette fatale foiblesse qu'il commençoit de sentir, il écouta, il jugea, et il goûta le repos d'un homme heureusement dégagé, à qui ni l'Église, ni le monde, ni son prince, ni sa patrie, ni les particuliers, ni le public, n'avoient plus rien à demander. Seulement Dieu lui réservoit l'accomplissement du grand ouvrage de la religion ; et il dit en scellant la révocation du fameux édit de Nantes, qu'après ce triomphe de la foi et un si beau monument de la piété du roi, il ne se soucioit plus de finir ses jours : c'est la dernière parole qu'il ait prononcée dans la fonction de sa charge ; parole digne de couronner un si glorieux ministère. En effet la mort se déclare ; on ne tente plus de remède contre ses funestes attaques : dix jours entiers il la considère avec un visage assuré, tranquille, toujours assis, comme son mal le

¹ Hæc digna vestro imperio ; hæc propria vestri regni... Per te orthodoxa fides firmata est ; per te hæresis non est. Cœlestis rex, terrenum custodi. Per te firmata fides est... Unus Deus qui hoc fecit... Rex cœlestis, Augustam custodi, dignam pacis... Hæc oratio Ecclesiarum ; hæc oratio pastorum. (Conc. Chalced., act. 6.)

demandoit : on croit assister jusqu'à la fin ou à la paisible audience d'un ministre, ou à la douce conversation d'un ami commode. Souvent il s'entretient seul avec la mort ; la mémoire, le raisonnement, la parole ferme, et aussi vivant par l'esprit qu'il étoit mourant par le corps, il semble lui demander d'où vient qu'on la nomme cruelle[1]. Elle lui fut nuit et jour toujours présente ; car il ne connoissoit plus le sommeil, et la froide main de la mort pouvoit seul lui clore les yeux. Jamais il ne fut si attentif : « Je suis, « disoit-il, en faction ; » car il me semble que je lui vois prononcer encore cette courageuse parole : « Il n'est pas temps de se reposer. » A chaque attaque il se tient prêt, et il attend le moment de sa délivrance. Ne croyez pas que cette constance ait pu naître tout-à-coup entre les bras de la mort : c'est le fruit des méditations que vous avez vues, et de la préparation de toute la vie. La mort révèle les secrets des cœurs. Vous, riches, vous qui vivez dans les joies du monde, si vous saviez avec quelle facilité vous vous laissez prendre aux richesses que vous croyez posséder ; si vous saviez par combien d'imperceptibles liens elles s'attachent, et pour ainsi dire elles s'incorporent à votre cœur, et combien sont forts et pernicieux ces liens que vous ne sentez

---

[1] « Sa fermeté, dit madame de Sévigné, sert d'exemple à tous ceux qui veulent mourir en grands hommes, et sa piété à ceux qui veulent mourir chrétiennement. » (Lettre du 28 octobre 1685, n. 889.)

pas, vous entendriez la vérité de cette parole du Sauveur. « Malheur à vous, riches[1]! » et vous pousseriez, comme dit saint Jacques, « des cris « lamentables et des hurlements à la vue de vos « misères[2]. » Mais vous ne sentez pas un attachement si déréglé : le désir se fait mieux sentir, parce qu'il a de l'agitation et du mouvement; mais dans la possession, on trouve, comme dans un lit, un repos funeste, et on s'endort dans l'amour des biens de la terre sans s'apercevoir de ce malheureux engagement. C'est, mes frères, où tombe celui qui met sa confiance dans les richesses; je dis même dans les richesses bien acquises. Mais l'excès de l'attachement, que nous ne sentons pas dans la possession, se fait, dit saint Augustin, sentir dans la perte[3]. C'est là qu'on entend ce cri d'un roi malheureux, d'un Agag outré contre la mort qui lui vient ravir tout-à-coup avec la vie sa grandeur et ses plaisirs : *Siccine separat amara mors*[4]! « Est-ce ainsi que « la mort amère vient rompre tout-à-coup de « si doux liens! » Le cœur saigne; dans la douleur de la plaie, on sent combien ces richesses

---

[1] Væ vobis divitibus! (Luc., c. vi, v. 24.)

[2] Agite nunc, divites; plorate ululantes in miseriis vestris quæ advenient vobis. (Jac., c. v, v. 1.)

[3] Illi autem infirmiores, qui terrenis his bonis, quamvis ea non præponerent Christo, aliquantula tamen cupiditate cohærebant, quantum hæc amando peccaverint perdendo senserunt. Tantum quippe doluerunt, quantum se doloribus inseruerunt. (Aug., de Civ. Dei, lib. I, c. x, n. 2.)

[4] 1 Reg., c. xv, v. 32.

y tenoient, et le péché que l'on commettoit par un attachement si excessif se découvre tout entier : *Quantum* [1] *amando deliquerint, perdendo senserunt.* Par une raison contraire, un homme dont la fortune protégée du Ciel ne connoît pas les disgraces, qui, élevé sans envie aux plus grands honneurs, heureux dans sa personne et dans sa famille, pendant qu'il voit disparoître une vie si fortunée, bénit la mort, et aspire aux biens éternels, ne fait-il pas voir qu'il n'avoit pas mis « son cœur dans le trésor que les voleurs « peuvent enlever [2], » et que, comme un autre Abraham, il ne connoît de repos que « dans la « cité permanente [3]? » Un fils consacré à Dieu s'acquitte courageusement de son devoir comme de toutes les autres parties de son ministère, et il va porter la triste parole à un père si tendre et si chéri : il trouve ce qu'il espéroit, un chrétien préparé à tout, qui attendoit ce dernier office de sa piété. L'extrême-onction, annoncée par la même bouche à ce philosophe chrétien, excite autant sa piété qu'avoit fait le saint viatique. Les saintes prières des agonisants réveillent sa foi ; son ame s'épanche dans les célestes cantiques, et vous diriez qu'il soit devenu un autre David par l'application qu'il se fait à lui-même

---

[1] *Le texte de saint Augustin porte :* Hæc amando peccaverint, etc.

[2] Nolite thesaurizare vobis thesauros in terra... ubi fures effodiunt et furantur. Thesaurizate autem vobis thesauros in cœlo. (Matth., c. vi, v. 19, 20, 21.)

[3] Exspectabat fundamenta habentem civitatem. (Heb., c. xi, v. 10.)

de ses divins psaumes. Jamais juste n'attendit la grace de Dieu avec une plus ferme confiance ; jamais pécheur ne demanda un pardon plus humble, ni ne s'en crut plus indigne. Qui me donnera le burin que Job désiroit pour graver sur l'airain et sur le marbre cette parole sortie de sa bouche en ses derniers jours : que, depuis quarante-deux ans qu'il servoit le roi, il avoit la consolation de ne lui avoir jamais donné de conseils que selon sa conscience, et, dans un si long ministère, de n'avoir jamais souffert une injustice qu'il pût empêcher? La justice demeurer constante, et pour ainsi dire toujours vierge et incorruptible parmi des occasions si délicates, quelle merveille de la grace ! Après ce témoignage de sa conscience, qu'avoit-il besoin de nos éloges? Vous étonnez-vous de sa tranquillité? quelle maladie ou quelle mort peut troubler celui qui porte au fond de son cœur un si grand calme? Que vois-je durant ce temps? des enfants percés de douleur ; car ils veulent bien que je rende ce témoignage à leur piété, et c'est la seule louange qu'ils peuvent écouter sans peine. Que vois-je encore ? une femme forte, pleine d'aumônes et de bonnes œuvres, précédée, malgré ses désirs, par celui que tant de fois elle avoit cru devancer : tantôt elle va offrir devant les autels cette plus chère et plus précieuse partie d'elle-même; tantôt elle rentre auprès du malade, non par foiblesse, mais, dit-elle, «pour

« apprendre à mourir, et profiter de cet exem-
« ple. » L'heureux vieillard jouit jusqu'à la fin
des tendresses de sa famille, où il ne voit rien
de foible; mais pendant qu'il en goûte la reconnoissance, comme un autre Abraham, il la sacrifie, et en l'invitant à s'éloigner : « Je veux,
« dit-il, m'arracher jusqu'aux moindres vestiges
« de l'humanité. » Reconnoissez-vous un chrétien qui achève son sacrifice, qui fait le dernier
effort afin de rompre tous les liens de la chair et
du sang, et ne tient plus à la terre? Ainsi, parmi
les souffrances et dans les approches de la mort,
s'épure comme dans un feu l'ame chrétienne;
ainsi elle se dépouille de ce qu'il y a de terrestre
et de trop sensible, même dans les affections les
plus innocentes : telles sont les graces qu'on
trouve à la mort; mais qu'on ne s'y trompe pas,
c'est quand on l'a souvent méditée, quand on
s'y est long-temps préparé par de bonnes œuvres;
autrement la mort porte en elle-même ou l'insensibilité, ou un secret désespoir, ou, dans ses justes
frayeurs, l'image d'une pénitence trompeuse,
et enfin un trouble fatal à la piété. Mais voici,
dans la perfection de la charité, la consomma-
tion de l'œuvre de Dieu. Un peu après, parmi ses
langueurs, et percé de douleurs aiguës, le courageux vieillard se lève, et, les bras en haut,
après avoir demandé la persévérance : « Je ne
« désire point, dit-il, la fin de mes peines, mais
« je désire de voir Dieu. » Que vois-je ici, chré-

tiens? la foi véritable, qui d'un côté ne se lasse pas de souffrir (vrai caractère d'un chrétien), et de l'autre ne cherche plus qu'à se développer de ses ténèbres, et, en dissipant le nuage, se changer en pure lumière et en claire vision. O moment heureux où nous sortirons des ombres et des énigmes pour voir la vérité manifeste[1] ! Courons-y, mes frères, avec ardeur; hâtons-nous de « purifier notre cœur, afin de voir Dieu[2], » selon la promesse de l'Évangile : là est le terme du voyage; là se finissent les gémissements; là s'achève le travail de la foi, quand elle va pour ainsi dire enfanter la vue. Heureux moment, encore une fois, qui ne te désire pas n'est pas chrétien ! Après que ce pieux désir est formé par le Saint-Esprit dans le cœur de ce vieillard plein de foi, que reste-t-il, chrétiens, sinon qu'il aille jouir de l'objet qu'il aime? Enfin, prêt à rendre l'ame : « Je rends graces à Dieu, dit-il, de voir « défaillir mon corps devant mon esprit. » Touché d'un si grand bienfait, et ravi de pouvoir pousser ses reconnoissances jusqu'au dernier soupir, il commença l'hymne des divines miséricordes : *Misericordias Domini ni æternum cantabo*[3]; « Je chanterai, dit-il, éternellement les « miséricordes du Seigneur. » Il expire en disant

---

[1] Videmus nunc per speculum in ænigmate. (1 Cor., c. xiii, v. 12.)
[2] Beati mundo corde, quoniam ipsi Deum videbunt. (Matth., c. v, v. 8.)
[3] Psal. lxxxviii, v. 1.

ces mots, et il continue avec les anges le sacré cantique [1].

Reconnoissez maintenant que sa perpétuelle modération venoit d'un cœur détaché de l'amour du monde, et réjouissez-vous en notre Seigneur de ce que, riche, il a mérité les graces et la récompense de la pauvreté. Quand je considère attentivement dans l'Évangile la parabole, ou plutôt l'histoire du mauvais riche, et que je vois de quelle sorte Jésus-Christ y parle des fortunés de la terre, il me semble d'abord qu'il ne leur laisse aucune espérance au siècle futur. Lazare, pauvre et couvert d'ulcères, « est porté « par les anges au sein d'Abraham ; » pendant que le riche, toujours heureux dans cette vie, « est enseveli dans les enfers [2]. » Voilà un traitement bien différent que Dieu fait à l'un et à l'autre. Mais comment est-ce que le Fils de Dieu nous en explique la cause ? « Le riche, dit-il, « a reçu ses biens, et le pauvre ses maux dans « cette vie [3] ; » et de là quelle conséquence ? Écoutez, riches, et tremblez : « et maintenant, « poursuit-il, l'un reçoit sa consolation, et

---

[1] Image douce et touchante qui montre le ciel et tout ce qui l'habite attentif à recueillir les dernières paroles et les derniers soupirs du juste. (Le C^{al} de Bausset.)

[2] Factum est autem ut moreretur mendicus, et portaretur ab angelis in sinum Abrahæ. Mortuus est autem et dives ; et sepultus est in inferno. (Luc., c. xvi, v. 22.)

[3] Et dixit illi Abraham : Fili, recordare quia recepisti bona in vita tua, et Lazarus similiter mala. Nunc autem hic consolatur, tu vero cruciaris. (*Ibid.*, v. 25.)

l'autre son juste supplice [1]. » Terrible distinction! funeste partage pour les grands du monde! Et toutefois ouvrez les yeux : c'est le riche Abraham qui reçoit le pauvre Lazare dans son sein; et il vous montre, ô riches du siècle, à quelle gloire vous pouvez aspirer, si, « pauvres en « esprit [2] » et détachés de vos biens, vous vous tenez aussi prêts à les quitter qu'un voyageur empressé à déloger de la tente où il passe une courte nuit. Cette grace, je le confesse, est rare dans le nouveau Testament, où les afflictions et la pauvreté des enfants de Dieu doivent sans cesse représenter à toute l'Église un Jésus-Christ sur la croix; et cependant, chrétiens, Dieu nous donne quelquefois de pareils exemples, afin que nous entendions qu'on peut mépriser les charmes de la grandeur même présente, et que les pauvres apprennent à ne désirer pas avec tant d'ardeur ce qu'on peut quitter avec joie. Ce ministre si fortuné et si détaché tout ensemble leur doit inspirer ce sentiment. La mort a découvert le secret de ses affaires; et le public, rigide censeur des hommes de cette fortune et de ce rang, n'y a rien vu que de modéré : on a vu ses biens accrus naturellement par un si long ministère et par une prévoyante économie; et on ne fait qu'ajouter à la louange de grand magistrat et de sage ministre celle de sage et vigilant père

---

[1] Luc., c. xvi, v. 25.
[2] Beati pauperes spiritu. (Matth., c. v, v. 3.)

de famille, qui n'a pas été jugée indigne des saints patriarches. Il a donc, à leur exemple, quitté sans peine ce qu'il avoit acquis sans empressement : ses vrais biens ne lui sont pas ôtés, et sa justice demeure aux siècles des siècles. C'est d'elle que sont découlées tant de graces et tant de vertus que sa dernière maladie a fait éclater. Ses aumônes, si bien cachées dans le sein du pauvre, ont prié pour lui [1] : sa main droite les cachoit à sa main gauche ; et à la réserve de quelque ami qui en a été le ministre ou le témoin nécessaire, ses plus intimes confidents les ont ignorées; « mais le Père qui les a vues dans le se-« cret lui en a rendu la récompense [2]. » Peuples, ne le pleurez plus; et vous qui, éblouis de l'éclat du monde, admirez le tranquille cours d'une si longue et si belle vie, portez plus haut vos pensées. Quoi donc ! quatre-vingt-trois ans passés au milieu des prospérités, quand il n'en faudroit retrancher ni l'enfance, où l'homme ne se connoît pas, ni les maladies, où l'on ne vit point, ni tout le temps dont on a toujours tant de sujet de se repentir, paroîtront-ils quelque chose à la vue de l'éternité où nous avançons à si grands pas? Après cent trente ans de vie, Jacob, amené au roi d'Égypte, lui raconte la courte durée de

---

[1] Conclude eleemosynam in corde pauperis : et hæc pro te exorabit. (Eccl., c. xxix, v. 15.)

[2] Te faciente eleemosynam, nesciat sinistra tua quid faciat dextera tua... Et pater tuus, qui videt in abscondito, reddet tibi. (Matth, c. vi, v. 3, 4.)

son laborieux pélerinage, qui n'égale pas les jours de son père Isaac ni de son aïeul Abraham [1]. Mais les ans d'Abraham et d'Isaac, qui ont fait paroître si courts ceux de Jacob, s'évanouissent auprès de la vie de Sem, que celle d'Adam et de Noé efface. Que si le temps comparé au temps, la mesure à la mesure, et le terme au terme, se réduit à rien ; que sera-ce si l'on compare le temps à l'éternité, où il n'y a ni mesure ni terme ! Comptons donc comme très court, chrétiens, ou plutôt comptons comme un pur néant tout ce qui finit, puisque enfin, quand on auroit multiplié les années au-delà de tous les nombres connus, visiblement ce ne sera rien quand nous serons arrivés au terme fatal. Mais peut-être que, prêt à mourir, on comptera pour quelque chose cette vie de réputation, ou cette imagination de revivre dans sa famille qu'on croira laisser solidement établie. Qui ne voit, mes frères, combien vaines, mais combien courtes et combien fragiles sont encore ces secondes vies que notre foiblesse nous fait inventer pour couvrir en quelque sorte l'horreur de la mort ! Dormez votre sommeil [2], riches de la terre, et demeurez dans votre poussière. Ah ! si quelques générations, que dis-je ? si quelques

---

[1] Respondit (Jacob): Dies peregrinationis meæ centum triginta annorum sunt, parvi et mali ; et non pervenerunt usque ad dies patrum meorum, quibus peregrinati sunt. (GENES., c. XLVII, v. 9.)

[2] Dormierunt somnum suum, et nihil invenerunt omnes viri divitiarum in manibus suis. (PSALM. LXXV. v. 6.)

années après votre mort, vous reveniez, hommes oubliés, au milieu du monde, vous vous hâteriez de rentrer dans vos tombeaux, pour ne voir pas votre nom terni, votre mémoire abolie, et votre prévoyance trompée dans vos amis, dans vos créatures, et plus encore dans vos héritiers et dans vos enfants! Est-ce là le fruit du travail dont vous vous êtes consumés sous le soleil, vous amassant un trésor de haine et de colère éternelle au juste jugement de Dieu? Surtout, mortels, désabusez-vous de la pensée dont vous vous flattez, qu'après une longue vie la mort vous sera plus douce et plus facile. Ce ne sont pas les années, c'est une longue préparation qui vous donnera de l'assurance ; autrement un philosophe vous dira en vain que vous devez être rassasiés d'années et de jours, et que vous avez assez vu les saisons se renouveler, et le monde rouler autour de vous, ou plutôt que vous vous êtes assez vus rouler vous-mêmes et passer avec le monde. La dernière heure n'en sera pas moins insupportable, et l'habitude de vivre ne fera qu'en accroître le désir. C'est de saintes méditations, c'est de bonnes œuvres, c'est ces véritables richesses que vous enverrez devant vous au siècle futur, qui vous inspireront de la force ; et c'est par ce moyen que vous affermirez votre courage. Le vertueux Michel Le Tellier vous en a donné l'exemple : la sagesse, la fidélité, la justice, la modestie, la prévoyance, la piété, toute la troupe sacrée des vertus, qui veilloient pour ainsi dire autour de lui, en ont banni les frayeurs et ont fait du jour de sa mort le plus beau, le plus triomphant, le plus heureux jour de sa vie [1].

[1] Cette oraison funèbre offre un exemple de l'exagération du panégyrique contredite par la sévérité de l'histoire. Le Tellier eut certainement des qualités estimables, et rendit des services au gouvernement dans le temps de la Fronde; mais il ne sera jamais regardé comme un modèle de justice et de vertu. La part qu'il eut à la révocation de l'édit de Nantes pouvoit, je l'avoue, n'être chez lui qu'une erreur, puisque ce fut celle de presque toute la France, et même de Bossuet, qui n'y voyoit que le triomphe de la religion dominante. La postérité a pensé autrement, et l'on convient aujourd'hui que cette grande faute contre la politique en étoit une aussi contre le véritable esprit du christianisme, qui n'en reste pas moins ce qu'il est même quand des chrétiens s'y trompent. (LA HARPE.)

ORAISON FUNÈBRE

DE

LOUIS DE BOURBON,

PRINCE DE CONDÉ,

PREMIER PRINCE DU SANG.

NOTICE

SUR

LOUIS DE BOURBON,

PRINCE DE CONDÉ.

Louis II de Bourbon, prince de Condé, à qui son siècle donna le surnom de Grand, que la postérité lui a confirmé, étoit le quatrième fils de Henri III de Bourbon, prince de Condé, et l'arrière-petit-fils du célèbre Louis Ier, qui joua un si grand rôle dans les guerres civiles du seizième siècle, et qui périt en 1569 à la bataille de Jarnac, assassiné par Montesquiou, capitaine des gardes du duc d'Anjou, depuis Henri III, son plus grand ennemi. Sa mère étoit Charlotte-Marguerite de Montmorency, un des nombreux objets des volages amours de Henri IV, qui avoit aussi aimé sa grand'mère, et qui maria Charlotte à Henri II de Bourbon, en 1609. Il naquit à Paris le 8 de septembre 1621, la onzième année du règne de Louis XIII, dans un tel état de foiblesse, qu'on désespéra de le conserver, et qu'on craignit qu'il ne mourût au berceau, comme avoient péri ses aînés. Ses premières années exigèrent beaucoup de soins : il les passa dans le Berry, à Mont-Rond, place forte qui appartenoit en propre à son père. Celui-ci, vers 1629, et lorsque son fils fut en âge de sortir des mains des femmes, le fit venir à Bourges, sa résidence ordinaire, où il veilla très attentivement sur l'éducation de cet enfant, dont la santé, quoique toujours fort délicate, s'étoit raffermie, et dont l'esprit vif, la conception prompte, les yeux pleins de feu et la contenance fière donnoient les plus brillantes espérances. Le jeune prince suivit avec un très grand succès le cours des classes du collége que les jésuites avoient dans cette ville : à douze ans, il rédigea un petit traité de rhétorique, qu'il dédia à Armand de Bourbon, prince de Conti, chef de la branche de ce nom, son frère puîné, alors âgé de quatre ans. Il termina ses études à quatorze ans, en 1635, et garda toute sa vie le goût des belles-lettres et des sciences que lui avoient inpiré ses premiers maîtres; goût heureux, qui adoucit en lui l'âpreté du génie militaire, tempéra jusqu'à un certain point les saillies d'un naturel irascible, plein d'emportement et de fierté, et fit trouver à cette ame guerrière et haute, dans les sociétés ingénieuses de son temps, et dans la conversation des esprits cultivés, des plaisirs moins enivrants, sans doute, mais plus doux que ceux de la gloire des armes.

Louis XIV naissoit, lorsqu'en 1639 Louis de Bourbon parut à la cour : il avoit alors dix-huit ans; l'extrême délicatesse de sa complexion, en retardant pour lui l'époque des exercices d'académie, qui sont le complément d'une noble éducation, ne permit pas qu'il vînt plus tôt au Louvre; mais à peine y fut-il présenté, que son humeur altière et violente y trouva des chocs et des contrariétés. Le cardinal de Richelieu veut lui faire épouser sa nièce Claire-Clémence, fille du maréchal de Brézé. Le jeune prince résiste : le ministre despotique ordonne; il faut plier. Les larmes du dépit jaillissent des yeux du jeune héros; le cœur plein de rage, il se rend, ainsi qu'une victime rebelle, dans la chapelle du Palais-Cardinal : on y bénit, le 12 février 1640, un lien que le prince, âgé de dix-huit ans et quelques mois, regarde comme un joug odieux et flétrissant imposé à sa jeunesse. Deux jours après, il tombe malade ; une fièvre ardente le dévore : sa vie est en danger ; on en désespère : mais le mal cède aux ressources de l'âge et aux efforts de l'art. Le prince sort de cette crise terrible avec un tempérament plus ferme : sa frêle constitution se fortifia dans cette périlleuse épreuve. De ce mariage, conclu sous de si noirs auspices, et qui ne fut pas aussi malheureux qu'il sembloit devoir l'être, naquit en 1643 Henri-Jules de Bourbon, seul enfant du grand Condé. On peut remarquer ici que son frère le prince de Conti épousa également une parente du successeur de Richelieu, Anne-Marie Martinozzi, nièce du cardinal Mazarin ; tant ces fiers ministres exerçoient d'empire jusque sur le sang de leurs maîtres!

Celui des Bourbons et des Montmorency, qui couloit dans les veines du grand Condé ne tarda pas à se faire reconnoître : aussitôt que Louis de Bourbon paroît à l'armée, sa valeur éclipse tout ; mais avant la célèbre bataille où pour la première fois il eut le commandement, il n'avoit pu que faire éclater la bravoure bouillante et impétueuse du soldat le plus téméraire : dans cette illustre occasion, il montre, à vingt-deux ans, tout le génie d'un grand capitaine. Le cardinal de Richelieu étoit mort depuis cinq mois. Mazarin met le fils du prince de Condé, qui ne mourut que trois ans après, à la tête de l'armée de Flandre. Le jeune guerrier part dans les premiers jours de mai de l'année 1643. Louis XIII meurt le 14 du même mois ; le 19, la bataille de Rocroy est gagnée ; et cette victoire, où Louis de Bourbon ne triompha du nombre, de la position et du courage des plus redoutables ennemis, qu'après avoir triomphé de la prudence timide de son conseil, ouvre, par l'augure le plus brillant, le règne glorieux de Louis XIV, qui n'avoit encore que quatre ans. Dans les campagnes suivantes, toujours même inspiration de génie, même vigueur d'action, même rapidité de succès. En

1644 il vole au secours de Turenne, qui commandoit l'armée d'Allemagne, et qui n'avoit pu défendre Fribourg; il attaque avec lui, sous les murs mêmes de cette place, le fameux général bavarois François Merci, qu'on ne vit jamais, dit Bossuet, reculer dans les combats. Les troupes françoises hésitent un moment dans cette affaire, qui dura trois jours : pour les ranimer, le prince, sans cesse au milieu du feu, jette son bâton de commandement dans les rangs ennemis, y vole l'épée à la main; l'armée s'y précipite sur ses pas. La prudence du sage Turenne est confondue de tant d'énergie : il avoit dix ans de plus que Louis de Bourbon, et voyoit sa gloire naissante disputée par un si jeune rival. Celui-ci est obligé de venir encore, en 1645, le soutenir et le seconder; il étoit comme le génie de la victoire : en son absence Turenne n'obtenoit aucun succès : réunis, ils fondent, le 3 août de cette année, sur Merci, à Nordlingen. L'armée allemande est taillée en pièces; et l'intrépide Merci lui-même, blessé à mort, expire aux pieds de ses vainqueurs. En 1646, Louis de Bourbon retourne en Flandre, et prend Dunkerque en treize jours, au milieu d'un automne froid et pluvieux. On l'envoie dans la Catalogne en 1647; l'envie semble avoir tout disposé pour que le prince rencontre dans le siége de Lérida l'écueil de son bonheur et de sa gloire; mais il est bientôt rappelé sur le théâtre de ses anciens triomphes : trois ans après la célèbre victoire de Nordlingen, le 20 août 1648, il bat l'archiduc Léopold à Lens, détruit les restes de ces vieilles et formidables bandes dans lesquelles l'Espagne avoit mis sa confiance, voit le général Jean de Buk, déchirant ses blessures de ses mains sanglantes, lui donner, par son désespoir et par sa mort, le même spectacle que Merci à Nordlingen, et force l'Allemagne à quitter les armes. Tels sont les exploits par lesquels Louis de Bourbon s'étoit illustré avant l'âge de vingt-sept ans. Tel fut, dans la carrière militaire, le début d'un jeune prince qui, à dix-huit ans, touché des beautés sublimes de la tragédie de Cinna, sentoit battre son cœur, et pleuroit aux vers de Corneille.

Cependant tout étoit en fermentation à la cour et dans Paris : le jour où l'on célébra la victoire de Lens touchoit à la journée des Barricades; six années de troubles alloient commencer; de toutes parts retentissoient les cris des frondeurs contre Mazarin. La cour cherche un appui dans le vainqueur de Rocroy, de Lens et de Nordlingen : il est rappelé. Les deux partis se disputent un tel soutien. Quoique ulcéré contre le cardinal-ministre par un refus qu'il en avoit essuyé, et par l'intrigue de l'affaire de Catalogne, le prince de Condé, qui avoit pris ce nom depuis la mort de son père, arrivée en 1646, après avoir porté jusque-là le titre de duc d'Enghien, se déclare pour la cause du roi : son plan est formé; pendant la nuit du 6 janvier 1649, il fait sortir secrètement de Paris la famille royale : elle se rend à Saint-Germain. Tandis qu'à la nouvelle de ce départ les cris, *Point de Mazarin!* redoublent dans la capitale, le prince la bloque tout-à-coup le 7, avec environ huit mille hommes : c'étoit le lendemain de la fête des Rois. Les rebelles, encore pleins des vapeurs de cette orgie, tremblent sous ce bras puissant et victorieux : ils font pourtant quelques essais de défense, et ne demandent qu'au bout de deux mois la paix, qui leur est accordée le 11 mars; mais cette paix n'étouffa pas le germe des dissensions; il continua sourdement de se développer; et la main qui venoit d'éteindre la guerre civile devoit bientôt elle-même la rallumer.

Fier d'être l'arbitre de la paix au-dedans comme au-dehors, et nourrissant toujours dans son cœur de profonds ressentiments contre Mazarin, le prince de Condé entra facilement dans le parti qu'avoit formé Anne-Geneviève de Bourbon, duchesse de Longueville, sa sœur, qui avoit trois ans de plus que lui, femme aussi galante qu'impérieuse, active, remuante, respirant l'intrigue et la faction : également irritée par un refus contre le ministre, elle étoit l'ame de la Fronde, s'étoit montrée populaire et séditieuse dans Paris révolté, jusqu'à vouloir faire ses couches dans l'hôtel-de-ville, et à souffrir que le corps municipal, qui tint son enfant sur les fonts de baptême, lui donnât le nom de Charles-Paris : déjà elle avoit entraîné dans la guerre civile le prince de Conti, son frère, et un certain nombre des plus grands seigneurs du royaume. Animé par elle, Condé, naturellement si superbe et si dédaigneux, déploie tout l'orgueil de son caractère; rien ne paroît au-dessus de ses prétentions, rien n'est à l'abri de ses insultes et de ses mépris; il les prodigue au cardinal; l'injure et la menace sont dans toutes ses actions comme dans toutes ses paroles. La cour offensée médite une grande mesure ; elle se décide : le prince de Condé est arrêté, comme l'avoit été son père, le 18 janvier 1650, avec le prince de Conti, son frère, et le duc de Longueville, son beau-frère; ils sont conduits d'abord à Vincennes : on les craint jusque dans leur prison ; on les transfère à Marcoussy, enfin au Havre-de-Grace. Ils ne furent délivrés que le 11 février 1651. Leur captivité dura treize mois.

Échappé de ses liens, le prince de Condé hésite quelque temps entre la vengeance et le bien public; la patrie semble retenir u.. moment dans le fourreau cette redoutable épée ; mais, au bout de quelques mois, le héros cède à ses ressentiments, qu'il n'avoit manifestés jusque là que par son éloignement de la cour et sa retraite à Saint-Maur. Le 16 septembre 1651, il part de sa forteresse de Mont-Rond, où il avoit passé l'été; il se rend dans son gouvernement de Guyenne, lève des troupes, se lie par un traité avec les ennemis de la France, et marche sur Paris; il bat près de Gien le maréchal d'Hocquincourt, qui commande l'armée royale; continue sa route, non sans obstacles; arrive sous les murs de la capitale, la tient quelque temps en échec, en vient aux prises, le 2 juillet 1652, avec Turenne dans le faubourg Saint-Antoine, succombe, manque d'être fait prisonnier, s'échappe couvert de sang, de sueur et de poussière, et fuit, le désespoir dans l'ame, chez les Espagnols : il y reste près de huit ans, presque toujours à la tête de leurs armées, et combattant, comme un autre Coriolan, contre son pays. Il tente en 1654 de reprendre Arras, théâtre de ses premières armes; Turenne le force à la retraite. Deux ans après, il met en déroute le maréchal de La Ferté, qui assiégeoit Valenciennes, et le fait prisonnier. Il se jette dans Cambray en 1657, et réduit Turenne à en lever le siége. Celui-ci prend sa revanche à la bataille des Dunes, perdue, sous les yeux de Condé frémissant et pleurant de colère, par la faute du présomptueux don Juan d'Autriche. Dans cet exil volontaire, Condé fit à la France tout le mal qu'il put lui faire; et le traité des Pyrénées, conclu en 1660, put seul désarmer son courroux, et mettre fin à ses implacables vengeances.

Il revient, il avoit alors trente-neuf ans. Turenne, qui en avoit près de cinquante, soutenoit seul au-dehors la fortune de l'état. Mazarin termine sa carrière; Philippe IV meurt. La guerre entre l'Espagne et la France se renouvelle en 1667, par les suites mêmes du traité qui l'avoit terminée sept ans avant. Condé est chargé en 1668 de la conquête de la Franche-Comté; il assiége Dôle, et se rend maître de cette place en quelques jours; trois semaines lui suffisent pour soumettre toute la province. L'année précédente, Louis XIV en personne, aidé du génie de Turenne, qui commandoit sous lui, s'étoit emparé de la Flandre. La guerre naît de la guerre : en 1672, l'envahissement de la Hollande est consommé aussitôt que résolu : c'est Condé qui décide le passage du Rhin; il est grièvement blessé, par la faute du jeune duc de Longueville, son neveu, qui périt dans cette occasion. Deux ans après, en 1674, le 11 août, à Senef près de Mons, il livre au prince d'Orange et gagne la plus terrible bataille qu'il ait jamais donnée. Le sang françois prodigué rougit le champ de victoire, et coule par ruisseaux; le prince lui-même a quatre chevaux tués sous lui, et roule tout sanglant parmi les morts; son fils reçoit une blessure entre ses bras. Des reproches d'inhumanité, de témérité cruelle, d'affligeantes accusations se mêlent à la joie du triomphe. Cependant Turenne, qui, sur le Rhin, du côté de l'Alsace, faisoit tête au vainqueur de Saint-Gothard, frappé d'un coup de canon, expire à Salzbach, le 27 juillet 1675, à l'âge de soixante-quatre ans. Condé paroit seul capable de lutter contre l'illustre Montecuculli: il laisse l'armée de Flandre sous le commandement de Luxembourg, et court s'opposer au torrent qui déja, comme par une digue ouverte, se répand sur toute l'Alsace; il l'arrête; il force Montecuculli à lever les siéges de Haguenau et de Saverne; il met la France en sûreté. C'est le dernier service que ce grand homme rend à l'état. Cette campagne terminée, il ne soupire plus qu'après la retraite et le repos; et l'Europe voit à la fois disparoître du théâtre des combats, Turenne, Montecuculli et Condé.

Ce prince, âgé de cinquante-quatre ans, vieilli prématurément par les fatigues d'une vie si agitée, tourmenté des douleurs de la goutte, toujours en butte à l'envie qu'irritoit sa gloire et que provoquoit trop sa fierté, enveloppa les onze dernières années de sa carrière d'une sorte d'obscurité majestueuse, après avoir jeté tant d'éclat. Il ne songea plus qu'à embellir paisiblement le délicieux et magnifique séjour de Chantilly, et qu'à s'environner, dans ce noble asile, de tous les charmes de la société, comme il y étoit entouré de toutes les beautés de la nature: souvent il se promenoit dans les sombres et pompeuses allées de son parc, et parmi les fleurs de son parterre, avec les Bossuet, les Boileau, les Racine, les La Bruyère, avec les plus spirituels, les plus éclairés, les plus éloquents de ses contemporains; souvent les spacieux salons de son château retentirent de controverses savantes et d'ingénieuses disputes. Louis XIV, un an avant la mort de Condé, ne dédaigna pas de venir le visiter dans sa tranquille retraite; quelque temps après, cet héroïque vieillard se sentit affaissé sous le poids de ses maux, qui ne cessoient de croître; il tourna toutes ses pensées vers la religion, et rendit dans son sein le dernier soupir, à l'âge de soixante-cinq ans et quelques mois, le 11 décembre 1686, à Fontainebleau, où il s'étoit fait transporter un mois auparavant, malgré sa foiblesse, auprès de la duchesse de Bourbon, sa petite-fille, malade de la petite-vérole. Son fils prit le nom de prince de Condé, et quitta le nom de duc d'Enghien, que le grand Condé avoit porté le premier, et auquel devoient s'attacher un jour de si funestes et de si déplorables souvenirs.

Voici l'un des deux plus grands chefs-d'œuvre de Bossuet : l'oraison funèbre du prince de Condé et celle de la reine d'Angleterre passent pour les deux morceaux les plus parfaits et les plus admirables que nous devions à son génie oratoire, comme elles sont les deux plus belles productions de l'éloquence française et peut-être de l'éloquence humaine. Il seroit difficile de décider de la préférence : les sujets de ces deux discours semblent presque également riches et sublimes; mais Bossuet est toujours supérieur aux sujets qu'il traite; il féconde puissamment les moins heureux, et se montre encore plus grand que les plus magnifiques : la matière qui prête le plus paroît tout emprunter à son génie surnaturel. Nous croyons que l'oraison funèbre de la duchesse d'Orléans n'est pas au niveau de ces deux chefs-d'œuvre; mais elle n'est pas beaucoup au-dessous.

Dussault.

ORAISON FUNÈBRE

DE

LOUIS DE BOURBON,

PRINCE DE CONDÉ,

Prononcée en l'église de Notre-Dame de Paris, le dixième jour de mars 1687.

Dominus tecum, virorum fortissime... Vade in hac fortitudine tua... Ego ero tecum. (Jud., c. vi, v. 12, 14, 16.)

Le Seigneur est avec vous, ô le plus courageux de tous les hommes! Allez avec ce courage dont vous êtes rempli. Je serai avec vous.

Monseigneur,

Au moment que j'ouvre la bouche pour célébrer la gloire immortelle de Louis de Bourbon, prince de Condé, je me sens également confondu et par la grandeur du sujet, et, s'il m'est permis de l'avouer, par l'inutilité du travail. Quelle partie du monde habitable n'a pas ouï les victoires du prince de Condé, et les merveilles de sa vie? On les raconte partout: le François qui les vante n'apprend rien à l'étranger; et, quoi que je puisse aujourd'hui vous en rapporter, toujours prévenu par vos pensées, j'aurai encore à répondre au secret reproche que vous me ferez d'être demeuré beaucoup au-dessous. Nous ne pouvons rien, foibles orateurs, pour la gloire des ames extraordinaires : le Sage a raison de dire, que « leurs seules actions les peu-« vent louer [1] ; » toute autre louange languit auprès des grands noms ; et la seule simplicité d'un récit fidèle pourroit soutenir la gloire du prince de Condé. Mais en attendant que l'histoire, qui doit ce récit aux siècles futurs, le fasse paroître, il faut satisfaire, comme nous pourrons, à la reconnoissance publique et aux ordres du plus grand de tous les rois. Que ne doit point le royaume à un prince qui a honoré la maison de France, tout le nom françois, son siècle, et pour ainsi dire l'humanité tout entière ! Louis le Grand est entré lui-même dans ses sentiments: après avoir pleuré ce grand homme, et lui avoir donné par ses larmes, au milieu de toute sa cour, le plus glorieux éloge qu'il pût recevoir, il assemble dans un temple si célèbre ce que son royaume a de plus auguste, pour y rendre des devoirs publics à la mémoire de ce prince; et il veut que ma foible voix anime toutes ces tristes représentations et tout cet appareil funèbre. Faisons donc cet effort sur notre douleur. Ici un plus grand objet et plus digne de cette chaire se

---

[1] Laudent eam in portis opera ejus. (Prov., c. xxxi, v. 31.)

présente à ma pensée : c'est Dieu, qui fait les guerriers et les conquérants. « C'est vous, lui « disoit David, qui avez instruit mes mains à « combattre, et mes doigts à tenir l'épée[1]. » S'il inspire le courage, il ne donne pas moins les autres grandes qualités naturelles et surnaturelles et du cœur et de l'esprit. Tout part de sa puissante main : c'est lui qui envoie du ciel les généreux sentiments, les sages conseils, et toutes les bonnes pensées ; mais il veut que nous sachions distinguer entre les dons qu'il abandonne à ses ennemis et ceux qu'il réserve à ses serviteurs. Ce qui distingue ses amis d'avec tous les autres c'est la piété ; jusqu'à ce qu'on ait reçu ce don du Ciel, tous les autres non seulement ne sont rien, mais encore tournent en ruine à ceux qui en sont ornés : sans ce don inestimable de la piété, que seroit-ce que le prince de Condé avec tout ce grand cœur et ce grand génie ! Non, mes frères, si la piété n'avoit comme consacré ses autres vertus, ni ces princes ne trouveroient aucun adoucissement à leur douleur, ni ce religieux pontife aucune confiance dans ses prières, ni moi-même aucun soutien aux louanges que je dois à un si grand homme. Poussons donc à bout la gloire humaine par cet exemple ; détruisons l'idole des ambitieux ; qu'elle tombe anéantie devant ces autels. Met-

---

[1] Benedictus Dominus Deus meus, qui docet manus meas ad prælium, et digitos meos ad bellum. (Psal. CXLIII, v. 1.)

tons ensemble aujourd'hui (car nous le pouvons dans un si noble sujet) toutes les plus belles qualités d'une excellente nature ; et, à la gloire de la vérité, montrons, dans un prince admiré de tout l'univers, que ce qui fait les héros, ce qui porte la gloire du monde jusqu'au comble, valeur, magnanimité, bonté naturelle, voilà pour le cœur; vivacité, pénétration, grandeur, et sublimité de génie, voilà pour l'esprit, ne seroient qu'une illusion, si la piété ne s'y étoit jointe; et enfin que la piété est le tout de l'homme. C'est, Messieurs, ce que vous verrez dans la vie éternellement mémorable de très haut et très puissant prince Louis de Bourbon, prince de Condé, premier prince du sang.

Dieu nous a révélé que lui seul fait les conquérants, et que seul il les a fait servir à ses desseins. Quel autre a fait un Cyrus, si ce n'est Dieu qui l'avoit nommé deux cents ans avant sa naissance, dans les oracles d'Isaïe ? Tu n'es pas encore, lui disoit-il, « mais je te vois, et je t'ai
« nommé par ton nom : tu t'appelleras Cyrus.
« Je marcherai devant toi dans les combats ; à
« ton approche je mettrai les rois en fuite ; je
« briserai les portes d'airain. C'est moi qui
« étends les cieux, qui soutiens la terre, qui
« nomme ce qui n'est pas comme ce qui est¹ ; »

---

¹ Hæc dicit Dominus christo meo Cyro, cujus apprehendi dexteram... Ego ante te ibo ; et gloriosos terræ humiliabo : portas æreas conteram, et vectes ferreos confringam.. ut scias quia ego Dominus, qui voco no-

c'est-à-dire c'est moi qui fais tout, et moi qui vois, dès l'éternité, tout ce que je fais. Quel autre a pu former un Alexandre, si ce n'est ce même Dieu qui en a fait voir de si loin et par des figures si vives l'ardeur indomptable à son prophète Daniel ? « Le voyez-vous, dit-il, ce con-
« quérant ; avec quelle rapidité il s'élève de l'Oc-
« cident comme par bonds, et ne touche pas à
« terre[1] ? » Semblable, dans ses sauts hardis et dans sa légère démarche, à ces animaux vigoureux et bondissants, il ne s'avance que par vives et impétueuses saillies, et n'est arrêté ni par montagnes ni par précipices[2]. Déja le roi de Perse est entre ses mains ; « à sa vue il s'est ani-
« mé ; *efferatus est in eum*, dit le prophète ; il
« l'abat, il le foule aux pieds : nul ne le peut
« défendre des coups qu'il lui porte, ni lui ar-
« racher sa proie[3]. » A n'entendre que ces pa-

men tuum...Vocavi te nomine tuo... Accinxi te, et non cognovisti me... Ego Dominus, et non est alter, formans lucem, et creans tenebras, formans lucem, et creans tenebras, faciens pacem, et creans malum : ego Dominus, faciens omnia hæc, etc. (Isa., c. xlv, v. 1, 2, 3, 4, 7.)

[1] Veniebat ab Occidente super faciem totius terræ, et non tangebat terram. (Dan., c. viii, v. 5.)

[2] Ce *ni par montagnes, ni par précipices* a quelque chose de sauvage et d'âpre qui représente le terrain où bondit le chamois. La vivacité et la brièveté des phrases qui suivent répondent au choix de la comparaison, et tout à la fois à l'inévitable impétuosité du grand Condé. Bossuet commence à peine, et déjà son héros est connu. (L'abbé de Vauxcelles.)

[3] Cucurrit ad eum in impetu fortitudinis suæ ; cumque appropinquasset prope arietem, efferatus est in eum, et percussit arietem... ; cumque cum misisset in terram, conculcavit, et nemo quibat liberare arietem de manu ejus. (Dan., c. viii, v. 6, 7, 20.)

roles de Daniel, qui croiriez-vous voir, , Messieurs, sous cette figure, Alexandre, ou le prince de Condé? Dieu donc lui avoit donné cette indomptable valeur pour le salut de la France durant la minorité d'un roi de quatre ans [1]. Laissez-le croître ce roi chéri du Ciel, tout cèdera à ses exploits : supérieur aux siens comme aux ennemis, il saura, tantôt se servir, tantôt se passer de ses plus fameux capitaines; et seul, sous la main de Dieu, qui sera continuellement à son secours, on le verra l'assuré rempart de ses états. Mais Dieu avoit choisi le duc d'Enghien pour le défendre dans son enfance. Aussi, vers les premiers jours de son règne, à l'âge de vingt-deux ans, le duc conçut un dessein où les vieillards expérimentés ne purent atteindre; mais la victoire le justifia devant Rocroy [2]. L'armée ennemie est plus forte, il est vrai; elle est composée de ces vieilles bandes wallones, italiennes

[1] Les Espagnols vouloient mettre à profit le trouble et la confusion toujours inséparables des premiers jours d'une minorité.

[2] Condé, qui n'étoit alors que duc d'Enghien, avoit reçu, avec la nouvelle de la mort de Louis XIII, l'ordre de ne point hasarder de bataille. Le maréchal de l'Hospital, qui lui avoit été donné pour le conseiller et pour le conduire, secondoit par sa circonspection ces ordres timides. Le prince ne crut ni le maréchal ni la cour; il ne confia son dessein qu'à Gassion, maréchal-de-camp, digne d'être consulté par lui : ils forcèrent le maréchal à trouver la bataille nécessaire... Le vieux comte de Fuentes, qui commandoit l'infanterie espagnole, mourut percé de coups. Condé en l'apprenant, dit « qu'il voudroit être mort comme lui, s'il n'avoit pas vaincu. » (Siècle de Louis XIV, chap. III.) Cette fameuse bataille se donna le 19 mai 1643, cinq jours après la mort de Louis XIII.

et espagnoles qu'on n'avoit pu rompre jusqu'alors ; mais pour combien falloit-il compter le courage qu'inspiroient à nos troupes le besoin pressant de l'état, les avantages passés, et un jeune prince du sang qui portoit la victoire dans ses yeux ! Don Francisco de Mellos l'attend de pied ferme ; et, sans pouvoir reculer, les deux généraux et les deux armées semblent avoir voulu se renfermer dans des bois et dans des marais, pour décider leur querelle comme deux braves, en champ clos. Alors que ne vit-on pas ! Le jeune prince parut un autre homme : touchée d'un si digne objet, sa grande ame se déclara tout entière ; son courage croissoit avec les périls, et ses lumières avec son ardeur. A la nuit qu'il fallut passer en présence des ennemis, comme un vigilant capitaine, il reposa le dernier, mais jamais il ne reposa plus paisiblement. A la veille d'un si grand jour, et dès la première bataille, il est tranquille, tant il se trouve dans son naturel ; et on sait que le lendemain, à l'heure marquée, il fallut réveiller d'un profond sommeil cet autre Alexandre. Le voyez-vous comme il vole, ou à la victoire, ou à la mort ? Aussitôt qu'il eut porté de rang en rang l'ardeur dont il étoit animé, on le vit presque en même temps pousser l'aile droite des ennemis, soutenir la nôtre ébranlée, rallier les François à demi vaincus, mettre en fuite l'Espagnol victorieux, porter partout la terreur, et étonner de ses regards étincelants ceux qui échappoient à ses coups. Restoit cette redoutable infanterie de l'armée d'Espagne, dont les gros bataillons serrés, semblables à autant de tours qui sauroient réparer leurs brèches, demeuroient inébranlables au milieu de tout le reste en déroute, et lançoient des feux de toutes parts. Trois fois le jeune vainqueur s'efforça de rompre ces intrépides combattants, trois fois il fut repoussé par le valeureux comte de Fontaines, qu'on voyoit porté dans sa chaise, et, malgré ses infirmités, montrer qu'une ame guerrière est maîtresse du corps qu'elle anime; mais enfin il faut céder. C'est en vain qu'à travers des bois, avec sa cavalerie toute fraîche, Bek précipite sa marche pour tomber sur nos soldats épuisés; le prince l'a prévenu, les bataillons enfoncés demandent quartier; mais la victoire va devenir plus terrible pour le duc d'Enghien que le combat. Pendant qu'avec un air assuré il s'avance pour recevoir la parole de ces braves gens, ceux-ci, toujours en garde, craignent la surprise de quelque nouvelle attaque; leur effroyable décharge met les nôtres en furie; on ne voit plus que carnage; le sang enivre le soldat, jusqu'à ce que le grand prince, qui ne put voir égorger ces lions comme de timides brebis, calma les courages émus, et joignit au plaisir de vaincre celui de pardonner. Quel fut alors l'étonnement de ces vieilles troupes et de leurs braves officiers, lorsqu'ils virent qu'il n'y avoit plus de salut pour eux qu'entre les bras du vainqueur[1]! De quels yeux regardèrent-ils le jeune prince, dont la victoire avoit relevé la haute contenance[2], à qui la clémence ajoutoit de nouvelles graces! Qu'il eût encore volontiers sauvé la vie au comte de Fontaines! mais il se trouva par terre parmi des milliers de morts dont l'Espagne sent encore la perte. Elle ne savoit pas que le prince qui lui fit perdre tant de ses vieux régiments à la journée de Rocroy en devoit achever les restes dans les plaines de Lens[3]. Ainsi la première victoire fut le gage de beaucoup d'autres. Le prince fléchit le genou, et dans le champ de bataille, il rend au Dieu des armées la gloire qu'il lui envoyoit; là on célébra Rocroy délivré, les menaces d'un redoutable ennemi tournées à sa honte, la régence affermie, la France en repos, et un règne qui devoit être

[1] Le prince, à peine victorieux, arrêta le carnage. Les officiers espagnols se jetoient à ses genoux pour trouver auprès de lui un asile contre la fureur du soldat vainqueur. Le duc d'Enghien eut autant de soin de les épargner, qu'il en avoit pris pour les vaincre. (Siècle de Louis XIV, chap. III.)

[2] Suivant un de ses historiens, Condé avoit une taille au-dessus de la médiocre, aisée, fine, pleine d'élégance et d'agilité; le front large, le nez aquilin, les yeux grands, bleus, extraordinairement perçants, la tête belle, et une forêt de cheveux. Le bas du visage ne répondoit point à la beauté de ses traits: sa bouche étoit grande et ses dents saillantes; mais malgré ces imperfections il y avoit dans son air quelque chose de noble et de fier, tempéré par une politesse pleine de dignité.

[3] Le 20 août 1648. C'étoit pour la troisième fois qu'il donnoit bataille avec le désavantage du nombre. Il dit à ses soldats ces seules paroles: « Amis, souvenez-vous de Rocroy, de Fribourg et de Nordlingue. » (Siècle de Louis XIV, chap. III.)

si beau, commencé par un si heureux présage. L'armée commença l'action de graces; toute la France suivit; on y élevoit jusqu'au ciel le coup d'essai du duc d'Enghien : c'en seroit assez pour illustrer une autre vie que la sienne, mais pour lui c'est le premier pas de sa course.

Dès cette première campagne, après la prise de Thionville [1], digne prix de la victoire de Rocroy, il passa pour un capitaine également redoutable dans les siéges et dans les batailles. Mais voici dans un jeune prince victorieux quelque chose qui n'est pas moins beau que la victoire. La cour, qui lui préparoit à son arrivée les applaudissements qu'il méritoit, fut surprise de la manière dont il les reçut. La reine régente lui a témoigné que le roi étoit content de ses services : c'est dans la bouche du souverain la digne récompense de ses travaux. Si les autres osoient le louer, il repoussoit leurs louanges comme des offenses, et, indocile à la flatterie, il en craignoit jusqu'à l'apparence : telle étoit la délicatesse, ou plutôt telle étoit la solidité de ce prince. Aussi avoit-il pour maxime (écoutez, c'est la maxime qui fait les grands hommes), Que dans les grandes actions il faut uniquement songer à bien faire, et laisser venir la gloire après la vertu : c'est ce qu'il inspiroit aux autres; c'est ce qu'il suivoit lui-même. Ainsi la fausse gloire ne le tentoit pas;

[1] Cette place fut prise le 8 août 1643, selon Voltaire; le 19 du même mois, selon le président Hénault.

tout tendoit au vrai et au grand. De là vient qu'il mettoit sa gloire dans le service du roi et dans le bonheur de l'état; c'étoit là le fond de son cœur; c'étoient ses premières et ses plus chères inclinations. La cour ne le retint guère, quoiqu'il en fût la merveille; il falloit montrer partout, et à l'Allemagne comme à la Flandre, le défenseur intrépide que Dieu nous donnoit. Arrêtez ici vos regards : il se prépare contre le prince quelque chose de plus formidable qu'à Rocroy; et, pour éprouver sa vertu, la guerre va épuiser toutes ses inventions et tous ses efforts. Quel objet se présente à mes yeux? ce n'est pas seulement des hommes à combattre, c'est des montagnes inaccessibles; c'est des ravines et des précipices d'un côté; c'est de l'autre un bois impénétrable dont le fond est un marais, et derrière, des ruisseaux, de prodigieux retranchements; ce sont partout des forts élevés, et des forêts abattues qui traversent des chemins affreux; et au-dedans c'est Merci avec ses braves Bavarois, enflés de tant de succès et de la prise de Fribourg; Merci, qu'on ne vit jamais reculer dans les combats; Merci, que le prince de Condé et le vigilant Turenne n'ont jamais surpris dans un mouvement irrégulier, et à qui ils ont rendu ce grand témoignage, que jamais il n'avoit perdu un seul moment favorable, ni manqué de prévenir leurs desseins, comme s'il eût assisté à leurs conseils. Ici donc durant huit jours, et à quatre attaques différentes, on vit tout ce qu'on peut soutenir et entreprendre à la guerre. Nos troupes semblent rebutées autant par la résistance des ennemis que par l'effroyable disposition des lieux, et le prince se vit quelque temps comme abandonné. Mais, comme un autre Machabée, « son bras ne « l'abandonna pas, et son courage irrité par tant « de périls vint à son secours¹. » On ne l'eut pas plus tôt vu pied à terre forcer le premier ces inaccessibles hauteurs, que son ardeur entraîna tout après elle. Merci voit sa perte assurée; ses meilleurs régiments sont défaits; la nuit sauve les restes de son armée. Mais que des pluies excessives s'y joignent encore, afin que nous ayons à la fois, avec tout le courage et tout l'art, toute la nature à combattre. Quelque avantage que prenne un ennemi habile autant que hardi, et dans quelque affreuse montagne qu'il se retranche de nouveau, poussé de tous côtés, il faut qu'il laisse en proie au duc d'Enghien non seulement son canon et son bagage, mais encore tous les environs du Rhin. Voyez comme tout s'ébranle : Philisbourg est aux abois en dix jours, malgré l'hiver qui approche; Philisbourg, qui tint si long-temps le Rhin captif sous nos lois, et dont le plus grand des rois a si glorieusement réparé la perte. Worms, Spire, Mayence, Landau, vingt autres places de nom ouvrent leurs

---

¹ Salvavit mihi brachium meum, et indignatio mea ipsa auxiliata est mihi. (Isa., c. LXIII, v. 5.)

portes; Merci ne les peut défendre, et ne paroît plus devant son vainqueur : ce n'est pas assez; il faut qu'il tombe à ses pieds, digne victime de sa valeur [1]; Nordlingue en verra la chute; il y sera décidé qu'on ne tient non plus devant les François en Allemagne qu'en Flandre, et on devra tous ces avantages au même prince. Dieu, protecteur de la France et d'un roi qu'il a destiné à ses grands ouvrages, l'ordonne ainsi.

Par ses ordres, tout paroissoit sûr sous la conduite du duc d'Enghien; et, sans vouloir ici achever le jour à vous marquer seulement ses autres exploits, vous savez parmi tant de fortes places attaquées qu'il n'y en eut qu'une seule qui pût échapper à ses mains [2] : encore releva-t-elle la gloire du prince. L'Europe, qui admiroit la divine ardeur dont il étoit animé dans les combats, s'étonna qu'il en fût le maître, et, dès l'âge de vingt-six ans, aussi capable de ménager ses

---

[1] Ce général, regardé comme un des plus grands capitaines, fut enterré près du champ de bataille, et on grava sur sa tombe : *Sta, viator; heroem calcas.* « Arrête, voyageur; tu foules un héros. » Cette bataille mit le comble à la gloire de Condé, et fit celle de Turenne, qui eut l'honneur d'aider puissamment le prince à remporter une victoire dont il pouvoit être humilié. (Siècle de Louis XIV, ch. III.) — Turenne avoit été battu par Merci, quelques mois auparavant, à Mariendal.

[2] Tant de succès et de services, moins récompensés que suspects à la cour, le faisoient craindre du ministère autant que des ennemis. On le tira du théâtre de ses conquêtes et de sa gloire, et on l'envoya en Catalogne avec de mauvaises troupes mal payées; il assiégea Lérida, et fut obligé de lever le siége. On l'accuse, dans quelques livres, de fanfaronnade pour avoir ouvert la tranchée avec des violons; on ne savoit pas que c'étoit l'usage en Espagne. (Siècle de Louis XIV, chap. III.)

troupes que de les pousser dans les hasards, et de céder à la fortune, que de la faire servir à ses desseins. Nous le vîmes partout ailleurs comme un de ces hommes extraordinaires qui forcent tous les obstacles. La promptitude de son action ne donnoit pas le loisir de la traverser; c'est là le caractère des conquérants. Lorsque David, un si grand guerrier, déplora la mort de deux fameux capitaines qu'on venoit de perdre, il leur donna cet éloge : « plus vites que les aigles, plus « courageux que les lions [1]. » C'est l'image du prince que nous regrettons : il paroît en un moment comme un éclair dans les pays les plus éloignés; on le voit en même temps à toutes les attaques, à tous les quartiers. Lorsque occupé d'un côté il envoie reconnoître l'autre, le diligent officier qui porte ses ordres s'étonne d'être prévenu, et trouve déja tout ranimé par la présence du prince : il semble qu'il se multiplie dans une action; ni le fer ni le feu ne l'arrêtent. Il n'a pas besoin d'armer cette tête qu'il expose à tant de périls; Dieu lui est une armure plus assurée; les coups semblent perdre leur force en l'approchant, et laisser seulement sur lui des marques de son courage et de la protection du Ciel [2]. Ne lui dites pas que la vie d'un premier

---

[1] Aquilis velociores, leonibus fortiores. (II REG., c. 1, v. 23.)

[2] Au passage du Rhin, le jeune duc de Longueville, ayant la tête pleine des fumées du vin, tira un coup de pistolet sur les ennemis qui lui demandoient la vie à genoux, en leur criant : Point de quartier pour

prince du sang, si nécessaire à l'état, doit être épargnée; il répond qu'un prince du sang, plus intéressé par sa naissance à la gloire du roi et de la couronne, doit dans le besoin de l'état être dévoué plus que tous les autres pour en relever l'éclat. Après avoir fait sentir aux ennemis, durant tant d'années, l'invincible puissance du roi, s'il fallut agir au-dedans pour la soutenir, je dirai tout en un mot, il fit respecter la régente; et, puisqu'il faut une fois parler de ces choses dont je voudrois pouvoir me taire éternellement, jusqu'à cette fatale prison, il n'avoit pas seulement songé qu'on pût rien attenter contre l'état; et, dans son plus grand crédit, s'il souhaitoit d'obtenir des graces, il souhaitoit encore plus de les mériter. C'est ce qui lui faisoit dire (je puis bien ici répéter devant ces autels les paroles que j'ai recueillies de sa bouche, puisqu'elles marquent si bien le fond de son cœur): il disoit donc, en parlant de cette prison malheureuse, qu'il y étoit entré le plus innocent de tous les hommes, et qu'il en étoit sorti le plus coupable. « Hélas ! « poursuivoit-il, je ne respirois que le service

cette canaille. Il tua du coup un de leurs officiers. L'infanterie hollandoise désespérée reprit à l'instant ses armes, et fit une décharge dont le duc de Longueville fut tué. Un capitaine de cavalerie nommé Ossembrœk, qui ne s'étoit point enfui avec les autres, court au prince de Condé qui montoit alors à cheval en sortant de la rivière, et lui appuie son pistolet à la tête. Le prince, par un mouvement, détourna le coup, qui lui fracassa le poignet. Condé ne reçut jamais que cette blessure dans toutes ses campagnes. (Siècle de Louis XIV, chap. x.)

« du roi et la grandeur de l'état! » On ressentoit dans ses paroles un regret sincère d'avoir été poussé si loin par ses malheurs. Mais, sans vouloir excuser ce qu'il a si hautement condamné lui-même, disons, pour n'en parler jamais, que, comme dans la gloire éternelle, les fautes des saints pénitents, couvertes de ce qu'ils ont fait pour les réparer et de l'éclat infini de la divine miséricorde, ne paroissent plus; ainsi, dans des fautes si sincèrement reconnues, et dans la suite si glorieusement réparées par de fidèles services, il ne faut plus regarder que l'humble reconnoissance du prince qui s'en repentit, et la clémence du grand roi qui les oublia.

Que s'il est enfin entraîné dans ces guerres infortunées, il y aura du moins cette gloire de n'avoir pas laissé avilir la grandeur de sa maison chez les étrangers. Malgré la majesté de l'empire, malgré la fierté de l'Autriche, et les couronnes héréditaires attachées à cette maison, même dans la branche qui domine en Allemagne, réfugié à Namur, soutenu de son seul courage et de sa seule réputation, il porta si loin les avantages d'un prince de France, et de la première maison de l'univers, que tout ce qu'on put obtenir de lui fut qu'il consentît de traiter d'égal avec l'archiduc, quoique frère de l'empereur et fils de tant d'empereurs, à condition qu'en lieu tiers ce prince feroit les honneurs des Pays-Bas. Le même traitement fut assuré au duc d'Enghien, et la maison de France garda son rang sur celle d'Autriche jusque dans Bruxelles. Mais voyez ce que fait faire un vrai courage. Pendant que le prince se soutenoit si hautement avec l'archiduc qui dominoit, il rendoit au roi d'Angleterre et au duc d'Yorck, maintenant un roi si fameux, malheureux alors, tous les honneurs qui leur étoient dus; et il apprit enfin à l'Espagne trop dédaigneuse quelle étoit cette majesté que la mauvaise fortune ne pouvoit ravir à de si grands princes. Le reste de sa conduite ne fut pas moins grand. Parmi les difficultés que ses intérêts apportoient au traité des Pyrénées, écoutez quels furent ses ordres, et voyez si jamais un particulier traita si noblement ses intérêts. Il mande à ses agents dans la conférence qu'il n'est pas juste que la paix de la chrétienté soit retardée davantage à sa considération; qu'on ait soin de ses amis; et, pour lui, qu'on lui laisse suivre sa fortune. Ah! quelle grande victime se sacrifie au bien public! Mais quand les choses changèrent, et que l'Espagne lui voulut donner ou Cambray et ses environs, ou le Luxembourg en pleine souveraineté, il déclara qu'il préféroit à ces avantages, et à tout ce qu'on pouvoit jamais lui accorder de plus grand, quoi? son devoir, et les bonnes graces du roi : c'est ce qu'il avoit toujours dans le cœur; c'est ce qu'il répétoit sans cesse au duc d'Enghien. Le voilà dans son naturel : la France le vit alors accompli par ces derniers traits, et avec ce je ne sais quoi d'achevé que les malheurs ajoutent aux grandes vertus; elle le revit dévoué plus que jamais à l'état et à son roi¹. Mais, dans ses premières guerres, il n'avoit qu'une seule vie à lui offrir; maintenant il en a une autre qui lui est plus chère que la sienne. Après avoir, à son exemple, glorieusement achevé le cours de ses études, le duc d'Enghien est prêt à le suivre dans les combats. Non content de lui enseigner la guerre, comme il a fait jusqu'à la fin par ses discours, le prince le mène aux leçons vivantes et à la pratique. Laissons le passage du Rhin, le prodige de notre siècle et de la vie de Louis-le-

¹ Bossuet avoit un grand écueil à éviter dans l'éloge d'un prince qui avoit bravé l'autorité de son roi jusque dans sa capitale et dans sa cour, qui avoit porté les armes contre la France, et même commandé des armées ennemies. Bossuet ne dissimule aucune des fautes du grand Condé : il a même la hardiesse de le montrer combattant, en présence du roi, les troupes du roi, sous les murs de la ville royale; mais il couvre de tant de gloire ce grand attentat, qu'on ne voit plus que les prodiges de la valeur, et qu'on oublie le prince rebelle. Par une adroite intervention de l'ordre des événements, ce n'est qu'à la suite de cette journée désastreuse qu'il place la victoire de Lens, *nom agréable à la France*. Bossuet va jusqu'à intéresser la fierté de Louis XIV à s'enorgueillir des fautes d'un prince qui *sut garder son rang à la maison d'Autriche* jusque dans Bruxelles même. Enfin, pour achever l'expiation de toutes les erreurs dont l'histoire auroit pu conserver la trace, il montre *cette grande victime se sacrifiant au bien public, et s'oubliant elle-même au traité des Pyrénées pour ne se ressouvenir que de ses amis*. C'est alors que Bossuet ne craint plus de montrer à Louis XIV et à la France le grand Condé, *un prince accompli avec ce je ne sais quoi d'achevé que le malheur ajoute aux grandes vertus, et plus dévoué que jamais à l'état et à son roi*. (Le C^{al} de Bausset.)

Grand [1]. A la journée de Senef, le jeune duc, quoiqu'il commandât, comme il avoit déjà fait en d'autres campagnes, vient, dans les plus rudes épreuves, apprendre la guerre aux côtés du prince son père : au milieu de tant de périls, il voit ce grand prince renversé dans un fossé, sous un cheval tout en sang. Pendant qu'il lui offre le sien, et s'occupe à relever le prince abattu, il est blessé entre les bras d'un père si tendre, sans interrompre ses soins, ravi de satisfaire à la fois à la piété et à la gloire. Que pouvoit penser le prince, si ce n'est que, pour accomplir les plus grandes choses, rien ne manqueroit à ce digne fils que les occasions? Et ses tendresses se redoubloient avec son estime.

Ce n'étoit pas seulement pour un fils, ni pour sa famille, qu'il avoit des sentiments si tendres : je l'ai vu (et ne croyez pas que j'use ici d'exagération), je l'ai vu vivement ému des périls de ses amis; je l'ai vu, simple et naturel, changer de visage au récit de leurs infortunes, entrer avec eux dans les moindres choses comme dans les plus importantes; dans les accommodements,

[1] L'orateur n'a garde de toucher au passage du Rhin, *ce prodige de la vie de Louis-le-Grand.* Il faut laisser au monarque sa gloire entière, car il en est jaloux : l'enthousiasme de Bossuet ne lui fait point oublier la prudence. Il passe donc rapidement sur cette belle période de la vie de Condé; il court à Senef, et là, par un autre artifice non moins ingénieux, c'est le jeune duc qu'il a soin de célébrer pour le faire entrer en partage de la gloire de son père, et pour distraire l'auditeur du reproche que l'histoire fait à Condé d'avoir, dans ce jour fameux, trop peu ménagé la vie des hommes. (L'abbé de VAUXCELLES.)

calmer les esprits aigris avec une patience et une douceur qu'on n'auroit jamais attendue d'une humeur si vive ni d'une si haute élévation. Loin de nous les héros sans humanité! ils pourront bien forcer les respects et ravir l'admiration, comme font tous les objets extraordinaires; mais ils n'auront pas les cœurs. Lorsque Dieu forma le cœur et les entrailles de l'homme, il y mit premièrement la bonté comme le propre caractère de la nature divine, et pour être comme la marque de cette main bienfaisante dont nous sortons. La bonté devoit donc faire comme le fond de notre cœur, et devoit être en même temps le premier attrait que nous aurions en nous-mêmes pour gagner les autres hommes. La grandeur qui vient par-dessus, loin d'affoiblir la bonté, n'est faite que pour l'aider à se communiquer davantage, comme une fontaine publique qu'on élève pour la répandre. Les cœurs sont à ce prix; et les grands dont la bonté n'est pas le partage, par une juste punition de leur dédaigneuse insensibilité, demeureront privés éternellement du grand bien de la vie humaine, c'est-à-dire des douceurs de la société. Jamais homme ne les goûta mieux que le prince dont nous parlons; jamais homme ne craignit moins que la familiarité blessât le respect. Est-ce là celui qui forçoit les villes et qui gagnoit les batailles? Quoi! il semble avoir oublié ce haut rang qu'on lui a vu si bien défendre! Reconnoissez le héros qui, toujours égal à lui-même, sans se hausser pour paroître grand, sans s'abaisser pour être civil et obligeant, se trouve naturellement tout ce qu'il doit être envers tous les hommes : comme un fleuve majestueux et bienfaisant qui porte paisiblement dans les villes l'abondance qu'il a répandue dans les campagnes en les arrosant, qui se donne à tout le monde, et ne s'élève et ne s'enfle que lorsque avec violence on s'oppose à la douce pente qui le porte à continuer son tranquille cours. Telle a été la douceur et telle a été la force du prince de Condé [1]. Avez-vous un secret important, versez-le hardiment dans ce noble cœur : votre affaire devient la sienne par la confiance. Il n'y a rien de plus inviolable pour ce prince que les droits sacrés de l'amitié. Lorsqu'on lui demande une grace, c'est lui qui paroît l'obligé; et jamais on ne vit de joie ni si vive ni si naturelle que celle qu'il ressentoit à faire plaisir. Le premier argent qu'il reçut d'Espagne avec la permission du roi, malgré les nécessités de sa maison épuisée, fut donné à ses amis, encore qu'après la paix il n'eût rien à espérer de leur secours; et quatre cent mille écus distribués par ses ordres firent voir (chose rare dans la vie humaine) la reconnoissance aussi vive dans le

---

[1] Bossuet nous montre son héros tel qu'il étoit, doux, aimable, attachant, séduisant dans le commerce habituel de la vie, bouillant et impétueux lorsque l'injustice et la violence irritoient un naturel prompt à s'enflammer. (Le C^{al} de BAUSSET.)

prince de Condé, que l'espérance d'engager les hommes l'est dans les autres. Avec lui la vertu eut toujours son prix : il la louoit jusque dans ses ennemis. Toutes les fois qu'il avoit à parler de ses actions, et même dans les relations qu'il en envoyoit à la cour, il vantoit les conseils de l'un, la hardiesse de l'autre : chacun avoit son rang dans ses discours; et, parmi ce qu'il donnoit à tout le monde, on ne savoit où placer ce qu'il avoit fait lui-même. Sans envie, sans fard, sans ostentation, toujours grand dans l'action et dans le repos, il parut à Chantilly comme à la tête des troupes. Qu'il embellît cette magnifique et délicieuse maison, ou bien qu'il munît un camp au milieu du pays ennemi, et qu'il fortifiât une place; qu'il marchât avec une armée parmi les périls, ou qu'il conduisît ses amis dans ces superbes allées au bruit de tant de jets d'eau qui ne se taisoient ni jour ni nuit; c'étoit toujours le même homme, et sa gloire le suivoit partout. Qu'il est beau, après les combats et le tumulte des armes, de savoir encore goûter ces vertus paisibles et cette gloire tranquille qu'on n'a point à partager avec le soldat non plus qu'avec la fortune; où tout charme, et rien n'éblouit; qu'on regarde sans être étourdi ni par le son des trompettes, ni par le bruit des canons, ni par les cris des blessés; où l'homme paroît tout seul aussi grand, aussi respecté, que lorsqu'il donne des ordres, et que tout marche à sa parole!

Venons maintenant aux qualités de l'esprit; et puisque, pour notre malheur, ce qu'il y a de plus fatal à la vie humaine, c'est-à-dire l'art militaire, est en même temps ce qu'elle a de plus ingénieux et de plus habile, considérons d'abord par cet endroit le grand génie de notre prince; et, premièrement, quel général porta jamais plus loin sa prévoyance. C'étoit une de ses maximes, qu'il falloit craindre les ennemis de loin pour ne les plus craindre de près, et se réjouir à leur approche. Le voyez-vous comme il considère tous les avantages qu'il peut ou donner ou prendre? Avec quelle vivacité il se met dans l'esprit en un moment les temps, les lieux, les personnes, et non seulement leurs intérêts et leurs talents, mais encore leurs humeurs et leurs caprices! Le voyez-vous comme il compte la cavalerie et l'infanterie des ennemis, par le naturel des pays ou des princes confédérés? Rien n'échappe à sa prévoyance. Avec cette prodigieuse compréhension de tout le détail et du plan universel de la guerre, on le voit toujours attentif à ce qui survient; il tire d'un déserteur, d'un transfuge, d'un prisonnier, d'un passant, ce qu'il veut dire, ce qu'il veut taire, ce qu'il sait, et pour ainsi dire ce qu'il ne sait pas : tant il est sûr dans ses conséquences! Ses partis lui rapportent jusqu'aux moindres choses; on l'éveille à chaque moment; car il tenoit encore pour maxime qu'un habile capitaine peut bien être vaincu, mais qu'il ne lui est pas permis d'être surpris : aussi lui devons-nous cette louange qu'il ne l'a jamais été. A quelque heure et de quelque côté que viennent les ennemis, ils le trouvent toujours sur ses gardes, toujours prêt à fondre sur eux et à prendre ses avantages. Comme une aigle qu'on voit toujours, soit qu'elle vole au milieu des airs, soit qu'elle se pose sur le haut de quelque rocher, porter de tous côtés des regards perçants, et tomber si sûrement sur sa proie qu'on ne peut éviter ses ongles non plus que ses yeux; aussi vifs étoient les regards, aussi vite et impétueuse étoit l'attaque, aussi fortes et inévitables étoient les mains du prince de Condé. En son camp on ne connoît point les vaines terreurs, qui fatiguent et rebutent plus que les véritables : toutes les forces demeurent entières pour les vrais périls; tout est prêt au premier signal; et, comme dit le prophète : « Toutes les flèches sont aiguisées, « et tous les arcs sont tendus [1]. » En attendant on repose d'un sommeil tranquille, comme on feroit sous son toit et dans son enclos. Que dis-je qu'on repose? à Piéton [2], près de ce corps redoutable que trois puissances réunies avoient assemblé, c'étoient dans nos troupes de continuels divertissements : toute l'armée étoit en joie; et jamais elle ne sentit qu'elle fût plus

---

[1] Sagittæ ejus acutæ, et omnes arcus ejus extensi. (Isa., c. v, v. 28.)
[2] Hauteur près de Charleroi.

foible que celle des ennemis. Le prince par son campement avoit mis en sûreté, non seulement toute notre frontière et toutes nos places, mais encore tous nos soldats : il veille, c'est assez. Enfin l'ennemi décampe ; c'est ce que le prince attendoit. Il part à ce premier mouvement : déjà l'armée hollandoise avec ses superbes étendards ne lui échappera pas ; tout nage dans le sang, tout est en proie : mais Dieu sait donner des bornes aux plus beaux desseins. Cependant les ennemis sont poussés partout ; Oudenarde est délivrée de leurs mains : pour les tirer eux-mêmes de celles du prince, le Ciel les couvre d'un brouillard épais ; la terreur et la désertion se mettent dans leurs troupes ; on ne sait plus ce qu'est devenue cette formidable armée. Ce fut alors que Louis, qui, après avoir achevé le rude siége de Besançon, et avoir encore une fois réduit la Franche-Comté avec une rapidité inouïe, étoit revenu tout brillant de gloire pour profiter de l'action de ses armées de Flandre et d'Allemagne, commanda ce détachement qui fit en Alsace les merveilles que vous savez, et parut le plus grand de tous les hommes, tant par les prodiges qu'il avoit faits en personne, que par ceux qu'il fit faire à ses généraux.

Quoique une heureuse naissance eût apporté de si grands dons à notre prince, il ne cessoit de l'enrichir par ses réflexions : les campements de César firent son étude. Je me souviens qu'il nous ravissoit en nous racontant comme en Catalogne, dans les lieux où ce fameux capitaine, par l'avantage des postes, contraignit cinq légions romaines et deux chefs expérimentés à poser les armes sans combat [1], lui-même il avoit été reconnoître les rivières et les montagnes qui servirent à ce grand dessein ; et jamais un si digne maître n'avoit expliqué par de si doctes leçons les Commentaires de César. Les capitaines des siècles futurs lui rendront un honneur semblable. On viendra étudier sur les lieux ce que l'histoire racontera du campement de Piéton, et des merveilles dont il fut suivi. On remarquera dans celui de Châtenoy l'éminence qu'occupa ce grand capitaine, et le ruisseau dont il se couvrit sous le canon du retranchement de Schelestadt : là on lui verra mépriser l'Allemagne conjurée, suivre à son tour les ennemis, quoique plus forts, rendre leurs projets inutiles, et leur faire lever le siége de Saverne, comme il avoit fait un peu auparavant celui de Haguenau. C'est par de semblables coups, dont sa vie est pleine, qu'il a porté si haut sa réputation, que ce sera dans nos jours s'être fait un nom parmi les hommes, et s'être acquis un mérite dans les troupes, d'avoir servi sous le prince de Condé, et comme un titre pour commander, de l'avoir vu faire.

[1] De Bello civili, lib. I.

Mais si jamais il parut un homme extraordinaire, s'il parut être éclairé, et voir tranquillement toutes choses, c'est dans ces rapides moments d'où dépendent les victoires, et dans l'ardeur du combat. Partout ailleurs il délibère; docile, il prête l'oreille à tous les conseils : ici tout se présente à la fois; la multitude des objets ne le confond pas; à l'instant le parti est pris, il commande et il agit tout ensemble, et tout marche en concours et en sûreté. Le dirai-je? mais pourquoi craindre que la gloire d'un si grand homme puisse être diminuée par cet aveu? Ce n'est plus ses promptes saillies, qu'il savoit si vite et si agréablement réparer, mais enfin qu'on lui voyoit quelquefois dans les occasions ordinaires : vous diriez qu'il y a en lui un autre homme à qui sa grande ame abandonne de moindres ouvrages où elle ne daigne se mêler. Dans le feu, dans le choc, dans l'ébranlement, on voit naître tout-à-coup je ne sais quoi de si net, de si posé, de si vif, de si ardent, de si doux, de si agréable pour les siens, de si hautain, et de si menaçant pour les ennemis, qu'on ne sait d'où lui peut venir ce mélange de qualités si contraires. Dans cette terrible journée [1]

---

[1] Il s'agit ici du combat de Saint-Antoine, livré, le 2 juillet 1652, par Condé à Turenne qui commandoit les troupes royales. « Ce fut là, dit l'auteur du *Siècle de Louis XIV*, que le duc de La Rochefoucauld, si illustre par son courage et par son esprit, reçut un coup au-dessus des yeux, qui lui fit perdre la vue pour quelque temps. Un neveu du C^{al} Mazarin y fut tué, et le peuple se crut vengé. On ne voyoit

où, aux portes de la ville, et à la vue de ses citoyens, le Ciel sembla vouloir décider du sort de ce prince; où, avec l'élite des troupes, il avoit en tête un général si pressant, où il se vit plus que jamais exposé aux caprices de la fortune; pendant que les coups venoient de tous côtés, ceux qui combattoient auprès de lui nous ont dit souvent que, si l'on avoit à traiter quelque grande affaire avec ce prince, on eût pu choisir de ces moments où tout étoit en feu autour de lui : tant son esprit s'élevoit alors, tant son ame leur paroissoit éclairée comme d'en-haut en ces terribles rencontres! Semblable à ces hautes montagnes dont la cime, au-dessus des nues et des tempêtes, trouve la sérénité dans sa hauteur, et ne perd aucun rayon de la lumière qui l'environne. Ainsi, dans les plaines de Lens, nom agréable à la France, l'archiduc, contre son dessein, tiré d'un poste invincible par l'appât d'un succès trompeur, par un soudain mouvement du prince, qui lui oppose des

---

que jeunes seigneurs tués ou blessés qu'on rapportoit à la porte Saint-Antoine, qui ne s'ouvroit point. Enfin, Mademoiselle, fille de Gaston, prenant le parti de Condé, que son père n'osa secourir, fit ouvrir les portes aux blessés, et eut la hardiesse de faire tirer sur les troupes du roi le canon de la Bastille. L'armée royale se retira; Condé n'acquit que de la gloire; mais Mademoiselle se perdit pour jamais dans l'esprit du roi, son cousin, par cette action violente, et le C^{al} Mazarin, qui savoit l'extrême envie qu'avoit Mademoiselle d'épouser une tête couronnée, dit alors : Ce canon-là vient de tuer son mari. » (Chap. v.) — L'abbé de Vauxcelles fait remarquer habilement ici que Bossuet n'eût pas osé rappeler ce combat avant d'avoir réintégré Condé dans toute sa gloire.

troupes fraîches à la place des troupes fatiguées, est contraint à prendre la fuite; ses vieilles troupes périssent; son canon, où il avoit mis sa confiance, est entre nos mains; et Bek, qui l'avoit flatté d'une victoire assurée, pris et blessé dans le combat, vient rendre en mourant un triste hommage à son vainqueur par son désespoir. S'agit-il ou de secourir ou de forcer une ville, le prince saura profiter de tous les moments. Ainsi, au premier avis que le hasard lui porta d'un siége important, il traverse trop promptement tout un grand pays, et, d'une première vue, il découvre un passage assuré pour le secours, aux endroits qu'un ennemi vigilant n'a pu encore assez munir. Assiége-t-il quelque place, il invente tous les jours de nouveaux moyens d'en avancer la conquête. On croit qu'il expose les troupes; il les ménage en abrégeant le temps des périls par la vigueur des attaques. Parmi tant de coups surprenants, les gouverneurs les plus courageux ne tiennent pas les promesses qu'ils ont faites à leurs généraux : Dunkerque est pris en treize jours, au milieu des pluies de l'automne; et ces barques si redoutées de nos alliés paroissent tout-à-coup dans tout l'Océan avec nos étendards.

Mais ce qu'un sage général doit le mieux connoître c'est ses soldats et ses chefs, car de là vient ce parfait concert qui fait agir les armées comme un seul corps, ou, pour parler avec l'Écriture, « comme un seul homme : « *Egressus est Israel tanquam vir unus* ¹. Pourquoi comme un seul homme? parce que sous un même chef, qui connoît et les soldats et les chefs comme ses bras et ses mains, tout est également vif et mesuré. C'est ce qui donne la victoire; et j'ai ouï dire à notre grand prince qu'à la journée de Nordlingue, ce qui l'assuroit du succès c'est qu'il connoissoit M. de Turenne, dont l'habileté consommée n'avoit besoin d'aucun ordre pour faire tout ce qu'il falloit. Celui-ci publioit de son côté qu'il agissoit sans inquiétude, parce qu'il connoissoit le prince et ses ordres toujours sûrs : c'est ainsi qu'ils se donnoient mutuellement un repos qui les appliquoit chacun tout entier à son action. Ainsi finit heureusement la bataille la plus hasardeuse et la plus disputée qui fut jamais.

C'a été dans notre siècle un grand spectacle de voir dans le même temps et dans les mêmes campagnes ces deux hommes que la voix commune de toute l'Europe égaloit aux plus grands capitaines des siècles passés, tantôt à la tête de corps séparés, tantôt unis, plus encore par le concours des mêmes pensées que par les ordres que l'inférieur recevoit de l'autre; tantôt opposés front à front, et redoublant l'un dans l'autre l'activité et la vigilance : comme si Dieu,

---

¹ I Reg., c. xi, v. 7.

dont souvent, selon l'Écriture, la sagesse se joue dans l'univers, eût voulu nous les montrer dans toutes les formes, et nous montrer ensemble tout ce qu'il peut faire des hommes! Que de campements, que de belles marches, que de hardiesse, que de précautions, que de périls, que de ressources! Vit-on jamais en deux hommes les mêmes vertus avec des caractères si divers, pour ne pas dire si contraires? L'un paroît agir par des réflexions profondes, et l'autre par de soudaines illuminations [1]; celui-ci par conséquent plus vif, mais sans que son feu eût rien de précipité; celui-là, d'un air plus froid, sans jamais rien avoir de lent, plus hardi à faire qu'à parler, résolu et déterminé au-dedans, lors même qu'il paroissoit embarrassé au-dehors. L'un, dès qu'il parut dans les armées, donne une haute idée de sa valeur et fait attendre quelque chose d'extraordinaire, mais toutefois s'avance par ordre, et vient comme par degrés aux prodiges qui ont fini le cours de sa vie; l'autre, comme un homme inspiré, dès sa première bataille s'égale aux maîtres les plus consommés : l'un,

---

[1] C'est précisément cet heureux contraste qui offre à Bossuet le moyen d'être juste envers Turenne, et de l'élever au plus haut degré de gloire en conservant au grand Condé une sorte d'éclat qui le laisse au premier rang, sans que l'ombre de Turenne puisse s'en offenser. Car, malgré l'exacte impartialité que Bossuet a voulu observer, on s'aperçoit aisément que son cœur et son imagination sont pour le grand Condé, et qu'il lui laisse une sorte de prééminence qu'il craint de s'avouer à lui-même. (Le C^{al} de Bausset.)

par de vifs et continuels efforts, emporte l'admiration du genre humain, et fait taire l'envie; l'autre jette d'abord une si vive lumière qu'elle n'osoit l'attaquer : l'un enfin, par la profondeur de son génie et les incroyables ressources de son courage, s'élève au-dessus des plus grands périls, et sait même profiter de toutes les infidélités de la fortune; l'autre, et par l'avantage d'une si haute naissance, et par ces grandes pensées que le Ciel envoie, et par une espèce d'instinct admirable dont les hommes ne connoissent pas le secret, semble né pour entraîner la fortune dans ses desseins, et forcer les destinées. Et, afin que l'on vît toujours dans ces deux hommes de grands caractères, mais divers, l'un, emporté d'un coup soudain, meurt pour son pays comme un Judas le Machabée; l'armée le pleure comme son père, et la cour et tout le peuple gémit; sa piété est louée comme son courage, et sa mémoire ne se flétrit point par le temps; l'autre, élevé par les armes au comble de la gloire comme un David, comme lui meurt dans son lit en publiant les louanges de Dieu, et instruisant sa famille, et laisse tous les cœurs remplis tant de l'éclat de sa vie que de la douceur de sa mort. Quel spectacle de voir et d'étudier ces deux hommes, et d'apprendre de chacun d'eux toute l'estime que méritoit l'autre! C'est ce qu'a vu notre siècle; et, ce qui est encore plus grand, il a vu un roi se servir de ces deux grands chefs, et profiter du secours du Ciel; et, après qu'il en est privé par la mort de l'un et les maladies de l'autre, concevoir de plus grands desseins, exécuter de plus grandes choses, s'élever au-dessus de lui-même, surpasser et l'espérance des siens, et l'attente de l'univers : tant est haut son courage, tant est vaste son intelligence, tant ses destinées sont glorieuses!

Voilà, Messieurs, les spectacles que Dieu donne à l'univers, et les hommes qu'il y envoie quand il y veut faire éclater, tantôt dans une nation, tantôt dans une autre, selon ses conseils éternels, sa puissance ou sa sagesse; car ces divins attributs paroissent-ils mieux dans les cieux qu'il a formés de ses doigts, que dans ces rares talents qu'il distribue, comme il lui plaît, aux hommes extraordinaires? Quel astre brille davantage dans le firmament que le prince de Condé n'a fait dans l'Europe? Ce n'étoit pas seulement la guerre qui lui donnoit de l'éclat; son grand génie embrassoit tout, l'antique comme le moderne, l'histoire, la philosophie, la théologie la plus sublime, et les arts avec les sciences : il n'y avoit livre qu'il ne lût; il n'y avoit homme excellent, ou dans quelque spéculation, ou dans quelque ouvrage, qu'il n'entretînt; tous sortoient plus éclairés d'avec lui, et rectifioient leurs pensées, ou par ses pénétrantes questions, ou par ses réflexions judicieuses. Aussi sa conversation étoit un charme, parce qu'il savoit parler à chacun selon ses talents; et non seulement aux gens de guerre, de leurs entreprises; aux courtisans, de leurs intérêts; aux politiques, de leurs négociations; mais encore aux voyageurs curieux, de ce qu'ils avoient découvert, ou dans la nature, ou dans le gouvernement, ou dans le commerce; à l'artisan, de ses inventions; et enfin aux savants de toutes les sortes, de ce qu'ils avoient trouvé de plus merveilleux. C'est de Dieu que viennent ces dons; qui en doute? Ces dons sont admirables; qui ne le voit pas? Mais, pour confondre l'esprit humain qui s'enorgueillit de tels dons, Dieu ne craint point d'en faire part à ses ennemis. Saint Augustin considère parmi les païens tant de sages, tant de conquérants, tant de graves législateurs, tant d'excellents citoyens, un Socrate, un Marc-Aurèle, un Scipion, un César, un Alexandre, tous privés de la connoissance de Dieu, et exclus de son royaume éternel. N'est-ce donc pas Dieu qui les a faits? Mais quel autre les pouvoit faire, si ce n'est celui qui fait tout dans le ciel et dans la terre? Mais pourquoi les a-t-il faits? et quels étoient les desseins particuliers de cette sagesse profonde qui jamais ne fait rien en vain? Écoutez la réponse de saint Augustin : « Il les a faits, « nous dit-il, pour orner le siècle présent : » *Ut ordinem sæculi præsentis ornaret*[1]. Il a fait dans

---

[1] Cont. Julian., lib. V, n. 1.

les grands hommes ces rares qualités, comme il a fait le soleil. Qui n'admire ce bel astre? qui n'est ravi de l'éclat de son midi, et de la superbe parure de son lever et de son coucher? Mais, puisque Dieu le fait luire sur les bons et sur les mauvais, ce n'est pas un si bel objet qui nous rend heureux : Dieu l'a fait pour embellir et pour éclairer ce grand théâtre du monde. De même, quand il a fait dans ses ennemis aussi bien que dans ses serviteurs ces belles lumières de l'esprit, ces rayons de son intelligence, ces images de sa bonté; ce n'est pas pour les rendre heureux qu'il leur a fait ces riches présents, c'est une décoration de l'univers, c'est un ornement du siècle présent. Et voyez la malheureuse destinée de ces hommes qu'il a choisis pour être les ornements de leurs siècle : qu'ont-ils voulu ces hommes rares, sinon des louanges et la gloire que les hommes donnent? Peut-être que, pour les confondre, Dieu refusera cette gloire à leurs vains désirs? Non, il les confond mieux en la leur donnant, et même au-delà de leur attente. Cet Alexandre qui ne vouloit que faire du bruit dans le monde y en a fait plus qu'il n'auroit osé espérer; il faut encore qu'il se trouve dans tous nos panégyriques; et il semble, par une espèce de fatalité glorieuse à ce conquérant, qu'aucun prince ne puisse recevoir de louanges qu'il ne les partage. S'il a fallu quelques récompenses à ces grandes actions des Romains,

Dieu leur en a su trouver une convenable à leurs mérites comme à leurs désirs ; il leur donne pour récompense l'empire du monde comme un présent de nul prix. O rois ! confondez-vous dans votre grandeur ; conquérants, ne vantez pas vos victoires. Il leur donne pour récompense la gloire des hommes ; récompense qui ne vient pas jusqu'à eux, qui s'efforce de s'attacher, quoi ? peut-être à leurs médailles ou à leurs statues déterrées, restes des ans et des barbares ; aux ruines de leurs monuments et de leurs ouvrages, qui disputent avec le temps ; ou plutôt à leur idée, à leur ombre, à ce qu'on appelle leur nom : voilà le digne prix de tant de travaux, et, dans le comble de leurs vœux, la conviction de leur erreur. Venez, rassasiez-vous, grands de la terre, saisissez-vous, si vous pouvez, de ce fantôme de gloire, à l'exemple de ces grands hommes que vous admirez. Dieu, qui punit leur orgueil dans les enfers, ne leur a pas envié, dit saint Augustin, cette gloire tant désirée ; « et vains, ils ont reçu « une récompense aussi vaine que leurs désirs ; » *Receperunt mercedem suam, vani vanam* [1].

Il n'en sera pas ainsi de notre grand prince [2] :

---

[1] In psal. cxviii. serm. 12, n. 2.

[2] Sans rabaisser la grandeur des héros de l'antiquité, Bossuet montre la supériorité des héros éclairés de la lumière du christianisme ; il fait plus, il donne encore plus de gloire à Alexandre et aux Romains que ne leur en ont jamais donné leurs historiens ; et, par un prodige de l'art, il fait servir leurs trophées mêmes à orner le char de triomphe du grand Condé. (Le C^{al} de Bausset.)

l'heure de Dieu est venue, heure attendue, heure désirée, heure de miséricorde et de grace. Sans être averti par la maladie, sans être pressé par le temps, il exécute ce qu'il méditoit. Un sage religieux, qu'il appelle exprès, règle les affaires de sa conscience : il obéit, humble chrétien, à sa décision ; et nul n'a jamais douté de sa bonne foi. Dès-lors aussi on le vit toujours sérieusement occupé du soin de se vaincre soi-même, de rendre vaines toutes les attaques de ses insupportables douleurs, d'en faire par sa soumission un continuel sacrifice. Dieu, qu'il invoquoit avec foi, lui donna le goût de son Écriture, et, dans ce livre divin, la solide nourriture de la piété. Ses conseils se régloient plus que jamais par la justice ; on y soulageoit la veuve et l'orphelin, et le pauvre en approchoit avec confiance. Sérieux autant qu'agréable père de famille, dans les douceurs qu'il goûtoit avec ses enfants il ne cessoit de leur inspirer les sentiments de la véritable vertu ; et ce jeune prince, son petit-fils, se sentira éternellement d'avoir été cultivé par de telles mains. Toute sa maison profitoit de son exemple. Plusieurs de ses domestiques avoient été malheureusement nourris dans l'erreur que la France toléroit alors : combien de fois l'a-t-on vu inquiété de leur salut, affligé de leur résistance, consolé par leur conversion ! Avec quelle incomparable netteté d'esprit leur faisoit-il voir l'antiquité et la vérité de la religion catholique ! Ce n'étoit plus cet ardent vainqueur qui sembloit vouloir tout emporter; c'étoit une douceur, une patience, une charité qui songeoit à gagner les cœurs et à guérir des esprits malades. Ce sont, Messieurs, ces choses simples, gouverner sa famille, édifier ses domestiques, faire justice et miséricorde, accomplir le bien que Dieu veut, et souffrir les maux qu'il envoie; ce sont ces communes pratiques de la vie chrétienne que Jésus-Christ louera au dernier jour devant ses saints anges et devant son père céleste : les histoires seront abolies avec les empires, et il ne se parlera plus de tous ces faits éclatants dont elles sont pleines. Pendant qu'il passoit sa vie dans ces occupations, et qu'il portoit au-dessus de ses actions les plus renommées la gloire d'une si belle et si pieuse retraite, la nouvelle de la maladie de la duchesse de Bourbon[1] vint à Chantilly comme un coup de foudre. Qui ne fut frappé de voir éteindre cette lumière naissante? on appréhenda qu'elle n'eût le sort des choses avancées. Quels furent les sentiments du prince de Condé lorsqu'il se vit menacé de perdre ce nouveau lien de sa famille avec la personne du roi ! C'est donc dans cette occasion que devoit mourir ce héros ! celui que tant de siéges et tant de batailles n'ont pu empor-

---

[1] Louise-Françoise, dite Mademoiselle de Nantes, fille légitimée de Louis XIV, épouse de Louis III de Bourbon, petit-fils du grand Condé. Cette princesse étoit alors attaquée de la petite vérole à Fontainebleau.

ter va périr par la tendresse! Pénétré de toutes les inquiétudes que donne un mal affreux, son cœur, qui le soutient seul depuis si long-temps, achève à ce coup de l'accabler, les forces qu'il lui fait trouver l'épuisent. S'il oublie toute sa foiblesse à la vue du roi qui approche de la princesse malade; si, transporté de son zèle, et sans avoir besoin de secours à cette fois, il accourt pour l'avertir de tous les périls que ce grand roi ne craignoit pas, et qu'il l'empêche enfin d'avancer, il va tomber évanoui à quatre pas; et on admire cette nouvelle manière de s'exposer pour son roi. Quoique la duchesse d'Enghien, princesse dont la vertu ne craignit jamais que de manquer à sa famille et à ses devoirs, eût obtenu de demeurer auprès de lui pour le soulager, la vigilance de cette princesse ne calme pas les soins qui le travaillent; et, après que la jeune princesse est hors de péril, la maladie du roi [1] va bien causer d'autres troubles à notre prince. Puis-je ne m'arrêter pas en cet endroit? A voir la sérénité qui reluisoit sur ce front auguste, eût-on soupçonné que ce grand roi, en retournant à Versailles, allât s'exposer à ces cruelles douleurs où l'univers a connu sa piété, sa constance, et tout l'amour de ses peuples? De quels yeux le regardions-nous lorsqu'aux dépens d'une santé qui nous est si chère

[1] Le 6 novembre 1686, Louis XIV subit l'opération de la fistule.

il vouloit bien adoucir nos cruelles inquiétudes par la consolation de le voir, et que, maître de sa douleur comme de tout le reste des choses, nous le voyions tous les jours, non seulement régler ses affaires selon sa coutume, mais encore entretenir sa cour attendrie avec la même tranquillité qu'il lui fait paroître dans ses jardins enchantés! Béni soit-il de Dieu et des hommes, d'unir ainsi toujours la bonté à toutes les autres qualités que nous admirons! Parmi toutes ses douleurs il s'informoit avec soin de l'état du prince de Condé, et il marquoit pour la santé de ce prince une inquiétude qu'il n'avoit pas pour la sienne. Il s'affoiblissoit ce grand prince; mais la mort cachoit ses approches. Lorsqu'on le crut en meilleur état, et que le duc d'Enghien, toujours partagé entre les devoirs de fils et de sujet, étoit retourné par son ordre auprès du roi, tout change en un moment, et on déclare au prince sa mort prochaine. Chrétiens, soyez attentifs, et venez apprendre à mourir, ou plutôt venez apprendre à n'attendre pas la dernière heure pour commencer à bien vivre. Quoi! attendre à commencer une vie nouvelle, lorsque, entre les mains de la mort, glacés sous ses froides mains, vous ne saurez si vous êtes avec les morts ou encore avec les vivants! Ah! prévenez par la pénitence cette heure de troubles et de ténèbres. Par là, sans être étonné de cette dernière sentence qu'on lui prononça, le prince demeure un

moment dans le silence, et tout-à-coup : « O mon
« Dieu ! dit-il, vous le voulez; votre volonté soit
« faite! je me jette entre vos bras, donnez-moi
« la grace de bien mourir. » Que desirez-vous
davantage? Dans cette courte prière vous voyez
la soumission aux ordres de Dieu, l'abandon à
sa providence, la confiance en sa grace, et toute
la piété. Dès-lors aussi, tel qu'on l'avoit vu dans
tous ses combats, résolu, paisible, occupé, sans
inquiétude, de ce qu'il falloit faire pour les
soutenir, tel fut-il à ce dernier choc; et la mort
ne lui parut pas plus affreuse, pâle et languis-
sante, que lorsqu'elle se présente au milieu du
feu sous l'éclat de la victoire, qu'elle montre
seule. Pendant que les sanglots éclatoient de
toutes parts[1], comme si un autre que lui en eût
été le sujet, il continuoit à donner ses ordres;
et s'il défendoit les pleurs, ce n'étoit pas comme
un objet dont il fût troublé, mais comme un
empêchement qui le retardoit. A ce moment il
étend ses soins jusqu'aux moindres de ses domestiques; avec une libéralité digne de sa naissance
et de leurs services, il les laisse comblés de ses
dons, mais encore plus honorés des marques de
son souvenir. Comme il donnoit des ordres particuliers et de la plus haute importance, puis-

---

[1] Quum lachrymarent omnes, ipse (Alexander) non sine lachrymis tantum, verum etiam sine ullo tristioris mentis argumento fuit : adeo sicuti
in hostem, ita et in mortem invictus animus fuit. (JUSTIN., lib. XII,
§ 15.)

qu'il y alloit de sa conscience et de son salut éternel, averti qu'il falloit écrire et ordonner dans les formes; quand je devrois, Monseigneur, renouveler vos douleurs et rouvrir toutes les plaies de votre cœur, je ne tairai pas ces paroles qu'il répéta si souvent: qu'il vous connoissoit; qu'il n'y avoit sans formalités qu'à vous dire ses intentions; que vous iriez encore au-delà, et suppléeriez de vous-même à tout ce qu'il pourroit avoir oublié. Qu'un père vous ait aimé, je ne m'en étonne pas, c'est un sentiment que la nature inspire : mais qu'un père si éclairé vous ait témoigné cette confiance jusqu'au dernier soupir, qu'il se soit reposé sur vous de choses si importantes, et qu'il meure tranquillement sur cette assurance, c'est le plus beau témoignage que votre vertu pouvoit remporter; et, malgré tout votre mérite, votre altesse n'aura de moi aujourd'hui que cette louange.

Ce que le prince commença ensuite pour s'acquitter des devoirs de la religion mériteroit d'être raconté à toute la terre, non à cause qu'il est remarquable, mais à cause pour ainsi dire qu'il ne l'est pas, et qu'un prince si exposé à tout l'univers ne donne rien aux spectateurs. N'attendez donc pas, Messieurs, de ces magnifiques paroles qui ne servent qu'à faire connoître, sinon un orgueil caché, du moins les efforts d'une ame agitée qui combat ou qui dissimule son trouble secret. Le prince de Condé ne sait ce que c'est que de prononcer de ces pompeuses sentences; et, dans la mort comme dans la vie, la vérité fit toujours toute sa grandeur. Sa confession fut humble, pleine de componction et de confiance : il ne lui fallut pas long-temps pour la préparer : la meilleure préparation, pour celle des derniers temps, c'est de ne les attendre pas. Mais, Messieurs, prêtez l'oreille à ce qui va suivre. A la vue du saint viatique, qu'il avoit tant désiré, voyez comme il s'arrête sur ce doux objet. Alors il se souvint des irrévérences dont, hélas! on déshonore ce divin mystère. Les chrétiens ne connoissent plus la sainte frayeur dont on étoit saisi autrefois à la vue du sacrifice; on diroit qu'il eût cessé d'être terrible, comme l'appeloient les saints pères, et que le sang de notre victime n'y coule pas encore aussi véritablement que sur le Calvaire : loin de trembler devant les autels, on méprise Jésus-Christ présent; et, dans un temps où tout un royaume se remue pour la conversion des hérétiques, on ne craint point d'en autoriser les blasphèmes. Gens du monde, vous ne pensez pas à ces horribles profanations, à la mort vous y penserez avec confusion et saisissement. Le prince se ressouvint de toutes les fautes qu'il avoit commises; et, trop foible pour expliquer avec force ce qu'il en sentoit, il emprunta la voix de son confesseur pour en demander pardon au monde, à ses domestiques et à ses amis.

On lui répondit par des sanglots : ah! répondez-lui maintenant en profitant de cet exemple. Les autres devoirs de la religion furent accomplis avec la même piété et la même présence d'esprit. Avec quelle foi et combien de fois pria-t-il le Sauveur des ames, en baisant sa croix, que son sang répandu pour lui ne le fût pas inutilement! C'est ce qui justifie le pécheur, c'est ce qui soutient le juste, c'est ce qui rassure le chrétien. Que dirai-je des saintes prières des agonisants, où, dans les efforts que fait l'Église, on entend ses vœux les plus empressés, et comme les derniers cris par où cette sainte mère achève de nous enfanter à la vie céleste? Il se les fit répéter trois fois, et il y trouva toujours de nouvelles consolations. En remerciant ses médecins : « Voilà, dit-il, maintenant mes vrais « médecins : » il montroit les ecclésiastiques, dont il écoutoit les avis, dont il continuoit les prières, les psaumes toujours à la bouche, la confiance toujours dans le cœur. S'il se plaignit, c'étoit seulement d'avoir si peu à souffrir pour expier ses péchés : sensible jusqu'à la fin à la tendresse des siens, il ne s'y laissa jamais vaincre; et, au contraire, il craignoit toujours de trop donner à la nature. Que dirai-je de ses derniers entretiens avec le duc d'Enghien ? quelles couleurs assez vives pourroient vous représenter et la constance du père et les extrêmes douleurs du fils? D'abord le visage en pleurs,

avec plus de sanglots que de paroles, tantôt
la bouche collée sur ces mains victorieuses, et
maintenant défaillantes, tantôt se jetant entre
ces bras et dans ce sein paternel, il semble, par
tant d'efforts, vouloir retenir ce cher objet de
ses respects et de ses tendresses : les forces lui
manquent, il tombe à ses pieds. Le prince, sans
s'émouvoir, lui laisse reprendre ses esprits; puis
appelant la duchesse sa belle-fille, qu'il voyoit
aussi sans parole et presque sans vie, avec une
tendresse qui n'eut rien de foible il leur donne
ses derniers ordres, où tout respiroit la piété.
Il les finit en les bénissant avec cette foi et avec
ces vœux que Dieu exauce, et en bénissant avec
eux, ainsi qu'un autre Jacob, chacun de leurs
enfants en particulier; et on vit de part et d'autre tout ce qu'on affoiblit en le répétant. Je ne
vous oublierai pas, ô prince [1], son cher neveu,
et comme son second fils, ni le glorieux témoignage qu'il a rendu constamment à votre mérite, ni ses tendres empressements, et la lettre
qu'il écrivit en mourant pour vous rétablir dans
les bonnes graces du roi, le plus cher objet de
vos vœux, ni tant de belles qualités qui vous
ont fait juger digne d'avoir si vivement occupé
les dernières heures d'une si belle vie; je n'oublierai pas non plus les bontés du roi qui pré-

---

[1] François-Louis de Bourbon, prince de Conti, mort le 22 février 1709, à 45 ans.

vinrent les désirs du prince mourant, ni les généreux soins du duc d'Enghien qui ménagea cette grace, ni le gré que lui sut le prince d'avoir été si soigneux, en lui donnant cette joie d'obliger un si cher parent. Pendant que son cœur s'épanche, et que sa voix se ranime en louant le roi, le prince de Conti arrive, pénétré de reconnoissance et de douleur : les tendresses se renouvellent ; les deux princes ouïrent ensemble ce qui ne sortira jamais de leur cœur ; et le prince conclut en leur confirmant qu'ils ne seroient jamais ni grands hommes, ni grands princes, ni honnêtes gens, qu'autant qu'ils seroient gens de bien, fidèles à Dieu et au roi. C'est la dernière parole qu'il laissa gravée dans leur mémoire ; c'est, avec la dernière marque de sa tendresse, l'abrégé de leurs devoirs. Tout retentissoit de cris, tout fondoit en larmes ; le prince seul n'étoit pas ému, et le trouble n'arrivoit pas dans l'asile où il s'étoit mis [1]. O Dieu ! vous étiez sa force, son inébranlable refuge, et, comme disoit

[1] Quel magnifique tableau Bossuet nous trace du calme que la religion répandit sur les derniers moments du prince de Condé, avec une simplicité et une sobriété d'expressions qui pouvoient seules rendre la vérité et la sublimité d'une pareille image ! « Tout retentissoit de cris, tout fondoit en larmes ; le prince seul n'étoit pas ému, et le trouble n'arrivoit pas dans l'asile où il s'étoit mis. » J'augurerois avantageusement du goût d'un jeune candidat de la chaire, qui sentiroit et développeroit de lui-même tout ce qu'il y a d'admirable dans ce contraste d'émotion et de sérénité. (Le C^{al} Maury.)

David[1], ce ferme rocher où s'appuyoit sa constance! Puis-je taire durant ce temps ce qui se faisoit à la cour et en la présence du roi? Lorsqu'il y fit lire la dernière lettre que lui écrivit ce grand homme, et qu'on y vit, dans les trois temps que marquoit le prince, ses services, qu'il y passoit si légèrement au commencement et à la fin de sa vie, et dans le milieu ses fautes, dont il faisoit une si sincère reconnoissance, il n'y eut cœur qui ne s'attendrît à l'entendre parler de lui-même avec tant de modestie; et cette lecture, suivie des larmes du roi, fit voir ce que les héros sentent les uns pour les autres; mais lorsqu'on vint à l'endroit du remerciement où le prince marquoit qu'il mouroit content, et trop heureux d'avoir encore assez de vie pour témoigner au roi sa reconnoissance, son dévouement, et, s'il l'osoit dire, sa tendresse, tout le monde rendit témoignage à la vérité de ses sentiments; et ceux qui l'avoient ouï parler si souvent de ce grand roi dans ses entretiens familiers pouvoient assurer que jamais ils n'avoient rien entendu ni de plus respectueux et de plus tendre pour sa personne sacrée, ni de plus fort pour célébrer ses vertus royales, sa piété, son courage, son grand génie, principalement à la guerre, que ce qu'en disoit ce grand prince avec aussi peu d'exagération que de flatterie.

[1] II Reg., c. xxii, v. 2 et 3.

Pendant qu'on lui rendoit ce beau témoignage, ce grand homme n'étoit plus; tranquille entre les bras de son Dieu où il s'étoit une fois jeté, il attendoit sa miséricorde et imploroit son secours, jusqu'à ce qu'il cessa enfin de respirer et de vivre. C'est ici qu'il faudroit laisser éclater ses justes douleurs à la perte d'un si grand homme; mais, pour l'amour de la vérité, et à la honte de ceux qui la méconnoissent, écoutez encore ce beau témoignage qu'il lui rendit en mourant. Averti par son confesseur que, si notre cœur n'étoit pas encore entièrement selon Dieu, il falloit, en s'adressant à Dieu même, obtenir qu'il nous fît un cœur comme il le vouloit, et lui dire avec David ces tendres paroles : « O Dieu! créez en moi un cœur pur¹; » à ces mots, le prince s'arrête, comme occupé de quelque grande pensée; puis, appelant le saint religieux qui lui avoit inspiré ce beau sentiment : « Je n'ai jamais douté, dit-il, des mys-
« tères de la religion, quoi qu'on ait dit. »
Chrétiens, vous l'en devez croire; et, dans l'état où il est, il ne doit plus rien au monde que la vérité. « Mais, poursuit-il, j'en doute
« moins que jamais. Que ces vérités, conti-
« nuoit-il avec une douceur ravissante, se dé-
« mêlent et s'éclaircissent dans mon esprit!
« Oui, dit-il, nous verrons Dieu comme il est,

---

¹ Cor mundum crea in me, Deus. (PSAL. LI, v. 11.)

« face à face. » Il répétoit en latin avec un goût merveilleux ces grands mots, *Sicuti est, facie ad faciem* [1]; et on ne se lassoit point de le voir dans ce doux transport. Que se faisoit-il dans cette ame? quelle nouvelle lumière lui apparoissoit? quel soudain rayon perçoit la nue, et faisoit comme évanouir en ce moment, avec toutes les ignorances des sens, les ténèbres mêmes, si je l'ose dire, et les saintes obscurités de la foi? Que devinrent alors ces beaux titres dont notre orgueil est flatté? Dans l'approche d'un si beau jour, et dès la première atteinte d'une si vive lumière, combien promptement disparoissent tous les fantômes du monde! que l'éclat de la plus belle victoire paroît sombre! qu'on en méprise la gloire, et qu'on veut de mal à ces foibles yeux qui s'y sont laissé éblouir!

Venez, peuples, venez maintenant; mais venez plutôt, princes et seigneurs, et vous qui jugez la terre, et vous qui ouvrez aux hommes les portes du ciel, et vous, plus que tous les autres, princes et princesses, nobles rejetons de tant de rois, lumières de la France, mais aujourd'hui obscurcies et couvertes de votre douleur comme d'un nuage; venez voir le peu qui nous reste d'une si auguste naissance, de tant de grandeur, de tant de gloire; jetez les yeux de toutes parts: voilà tout ce qu'a pu faire la magnificence et la

[1] I Joan., c. iii, v. 2; I Cor., c. xiii, v. 12.

piété pour honorer un héros; des titres, des inscriptions, vaines marques de ce qui n'est plus; des figures qui semblent pleurer autour d'un tombeau, et de fragiles images d'une douleur que le temps emporte avec tout le reste; des colonnes qui semblent vouloir porter jusqu'au ciel le magnifique témoignage de notre néant, et rien enfin ne manque dans tous ces honneurs que celui à qui on les rend. Pleurez donc sur ces foibles restes de la vie humaine, pleurez sur cette triste immortalité que nous donnons aux héros; mais approchez en particulier, ô vous qui courez avec tant d'ardeur dans la carrière de la gloire, ames guerrières et intrépides; quel autre fut plus digne de vous commander? mais dans quel autre avez-vous trouvé le commandement plus honnête? pleurez donc ce grand capitaine, et dites en gémissant : Voilà celui qui nous menoit dans les hasards; sous lui se sont formés tant de renommés capitaines que ses exemples ont élevés aux premiers honneurs de la guerre; son ombre eût pu encore gagner des batailles, et voilà que dans son silence son nom même nous anime, et ensemble il nous avertit que pour trouver à la mort quelque reste de nos travaux, et n'arriver pas sans ressource à notre éternelle demeure, avec le roi de la terre, il faut encore servir le roi du ciel. Servez donc ce roi immortel et si plein de miséricorde, qui vous comptera un soupir et un verre d'eau donné ¹ en son nom plus que tous les autres ne feront jamais tout votre sang répandu ; et commencez à compter le temps de vos utiles services, du jour que vous vous serez donnés à un maître si bienfaisant. Et vous, ne viendrez-vous pas à ce triste monument, vous, dis-je, qu'il a bien voulu mettre au rang de ses amis ²? Tous ensemble, en quelque degré de sa confiance qu'il vous ait reçus, environnez ce tombeau, versez des larmes avec des prières ; et, admirant dans un si grand prince une amitié si commode et un commerce si doux, conservez le souvenir d'un héros dont la bonté avoit égalé le courage. Ainsi puisse-t-il toujours vous être un cher entretien ! ainsi puissiez-vous profiter de ses vertus ; et que sa mort, que vous dé-

---

¹ Sans m'arrêter à toutes les beautés de cette sublime péroraison, je ne puis m'empêcher du moins d'en observer une qui peut-être n'est pas très frappante par elle-même, mais qui pourtant me paroît digne de remarque par la place où elle est : c'est, je l'avouerai, ce *verre d'eau donné* au pauvre, mis en opposition avec toute la gloire du grand Condé. Jamais, ce me semble, un homme ordinaire n'eût osé risquer, même en chaire, ce contraste hasardeux ; mais Bossuet a senti que cette citation, toute vulgaire qu'elle pouvoit être, étoit non seulement autorisée par l'Évangile, mais encore ennoblie par l'humanité, à qui l'on ne pouvoit rendre un plus bel hommage que de la mettre au-dessus de toute la grandeur de Condé. (La Harpe.)

² Dans l'éloge funèbre de saint Basile, Grégoire de Nazianze, par un mouvement dont s'est souvenu Bossuet, invoque la présence de tous ceux qui connurent le grand homme qui n'est plus, et environne sa tombe de tous les témoins de ses vertus. « Réunissez-vous ici, vous tous, compagnons de Basile, ministres des autels, serviteurs du temple, et les citoyens et les étrangers ; secourez-moi pour achever son éloge. » (M. Villemain.)

plorez, vous serve à la fois de consolation et d'exemple ! Pour moi, s'il m'est permis, après tous les autres, de venir rendre les derniers devoirs à ce tombeau, ô prince, le digne sujet de nos louanges et de nos regrets, vous vivrez éternellement dans ma mémoire [1]; votre image y sera tracée, non point avec cette audace qui promettoit la victoire, non, je ne veux rien voir en vous de ce que la mort y efface; vous aurez dans cette image des traits immortels ; je vous y verrai tel que vous étiez à ce dernier jour sous la main de Dieu, lorsque sa gloire sembla commencer à vous apparoître. C'est là que je vous verrai plus triomphant qu'à Fribourg et à Rocroy ; et, ravi d'un si beau triomphe, je dirai en actions de graces ces belles paroles du bien-aimé disciple [2] : *Et hæc est victoria quæ vincit*

---

[1] La réunion touchante et sublime que présente ce tableau pénètre l'ame d'une mélancolie douce et profonde, en lui faisant envisager avec douleur l'éclat si vain et si fugitif des talents et de la renommée, le malheur de la condition humaine, et celui de s'attacher à une vie si triste et si courte. (D'ALEMBERT.) — Dans cette péroraison touchante, on aime à voir l'orateur paroître et se mêler lui-même sur la scène. L'idée imposante d'un vieillard qui célèbre un grand homme ; ces cheveux blancs, cette voix affoiblie, ce retour sur le passé, ce coup d'œil ferme et triste sur l'avenir, les idées de vertus et de talents, après les idées de grandeur et de gloire; enfin la mort de l'orateur, jetée par lui-même dans le lointain, et comme aperçue par tous les spectateurs, tout cela forme dans l'ame un sentiment profond qui a quelque chose de doux, d'élevé, de mélancolique et de tendre. Il n'y a pas jusqu'à l'harmonie de ce morceau qui n'ajoute au sentiment, et n'invite l'ame à se recueillir et à se reposer sur sa douleur. (THOMAS, *Essai sur les Éloges*, chap. XXIV.)

[2] I JOAN, v. 4.

mundum, fides nostra : « La véritable victoire, « celle qui met sous nos pieds le monde entier, « c'est notre foi. » Jouissez, prince, de cette victoire, jouissez-en éternellement par l'immortelle vertu de ce sacrifice; agréez ces derniers efforts d'une voix qui vous fut connue[1] : vous mettrez fin à tous ces discours. Au lieu de déplorer la mort des autres, grand prince, dorénavant je veux apprendre de vous à rendre la mienne sainte; heureux si, averti par ces cheveux blancs du compte que je dois rendre de mon administration, je réserve au troupeau que je dois nourrir de la parole de vie les restes d'une voix qui tombe, et d'une ardeur qui s'éteint[2].

[1] Saint Grégoire dit de même en s'adressant à Basile : « Reçois cet « hommage d'une voix qui te fut chère. »

[2] Ce fut par ce beau discours que Bossuet termina sa carrière oratoire : il finit par son chef-d'œuvre, comme auroient dû faire beaucoup de grands hommes moins sages ou moins heureux que lui. (D'ALEMBERT.) — L'oraison funèbre du grand Condé excite encore, après plus d'un siècle, l'admiration de tous ceux qui la lisent. C'est la première leçon d'éloquence françoise par laquelle on essaie le goût et les dispositions des générations naissantes. Elle vient se graver d'elle-même dans la mémoire des jeunes gens aussitôt que leur oreille se montre sensible à l'harmonie; elle fait battre de jeunes cœurs étonnés d'une émotion qu'ils n'avoient point encore ressentie; elle fait couler les premières larmes que la puissance du génie arrache à des ames encore neuves. A quelque âge que ce soit, quelque gloire qu'on ait acquise dans la carrière des armes, des lettres, de la magistrature, du barreau, de l'éloquence de la chaire, on se rappelle avec complaisance l'enthousiasme qu'on éprouva dans ses jeunes ans en lisant pour la première fois l'oraison funèbre du grand Condé; et on aime à attribuer au sentiment naissant de tant de beautés l'attrait et le goût qui ont dirigé nos études dans la maturité de

l'âge. Ce que la religion a de plus auguste et de plus sacré, l'histoire de plus imposant, l'éloquence de plus noble et de plus majestueux, la poésie de plus sensible, se trouve réuni dans cette admirable composition; et il faut dire qu'elle est encore plus l'ouvrage du cœur de Bossuet que celui de son génie. (Le C^{al} de Bausset.)

FIN.

TABLE

DES MATIÈRES CONTENUES DANS CE VOLUME.

Essai sur l'Oraison funèbre, par M. Villemain.   **1**
Notice sur Jacques-Bénigne Bossuet.   **73**
Oraison funèbre de la reine de la Grande-Bretagne.   **83**
Notice.   **85**
Oraison funèbre de Henriette-Anne d'Angleterre, duchesse d'Orléans.   **141**
Notice.   **143**
Oraison funèbre de Marie-Thérèse d'Autriche.   **195**
Notice.   **197**
Oraison funèbre d'Anne de Gonzague de Clèves, princesse Palatine.   **255**
Notice.   **257**
Oraison funèbre de Michel Le Tellier, chancelier de France.   **315**
Notice.   **317**
Oraison funèbre de Louis de Bourbon, prince de Condé, premier prince du sang.   **377**
Notice.   **379**

FIN DE LA TABLE DES MATIÈRES.

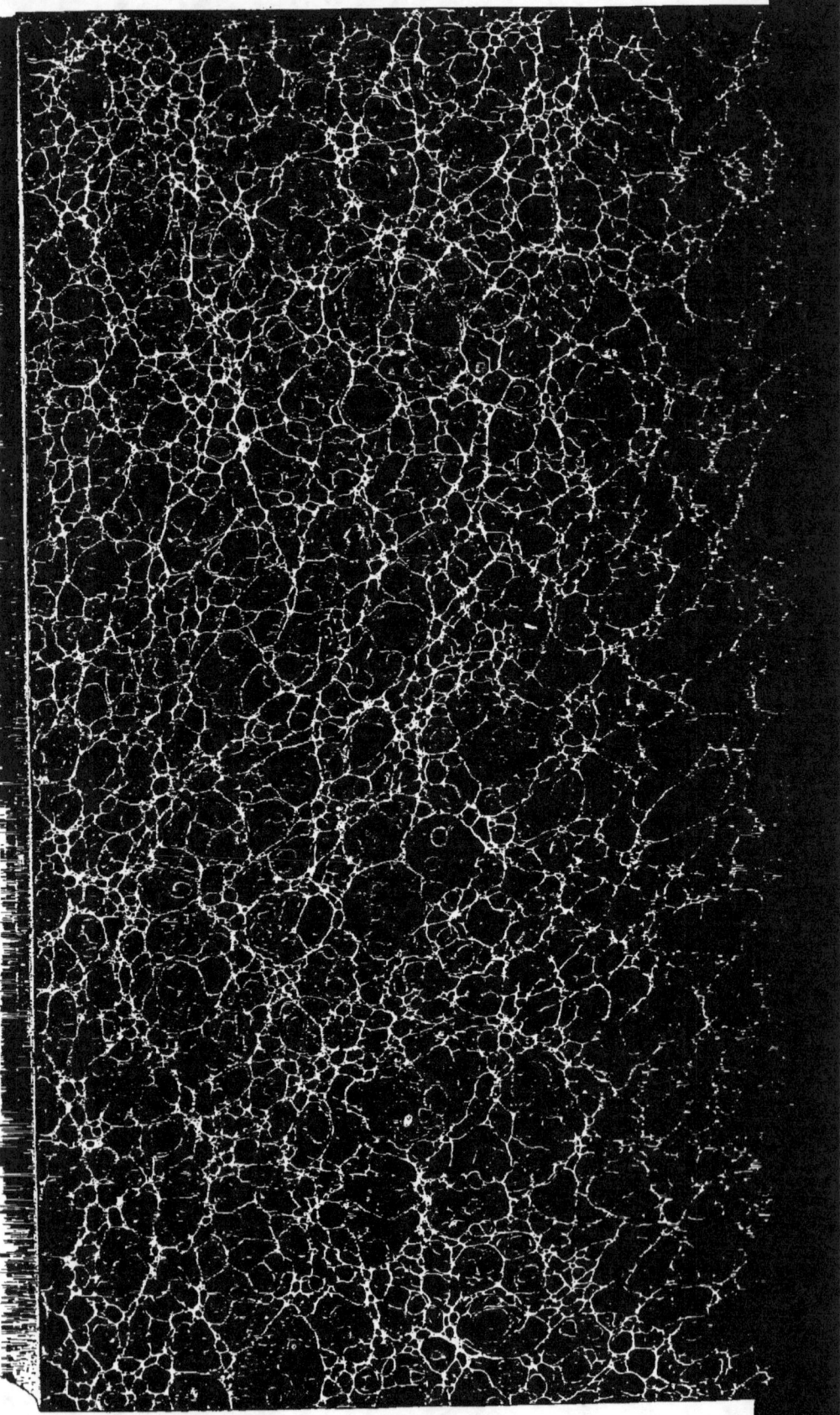

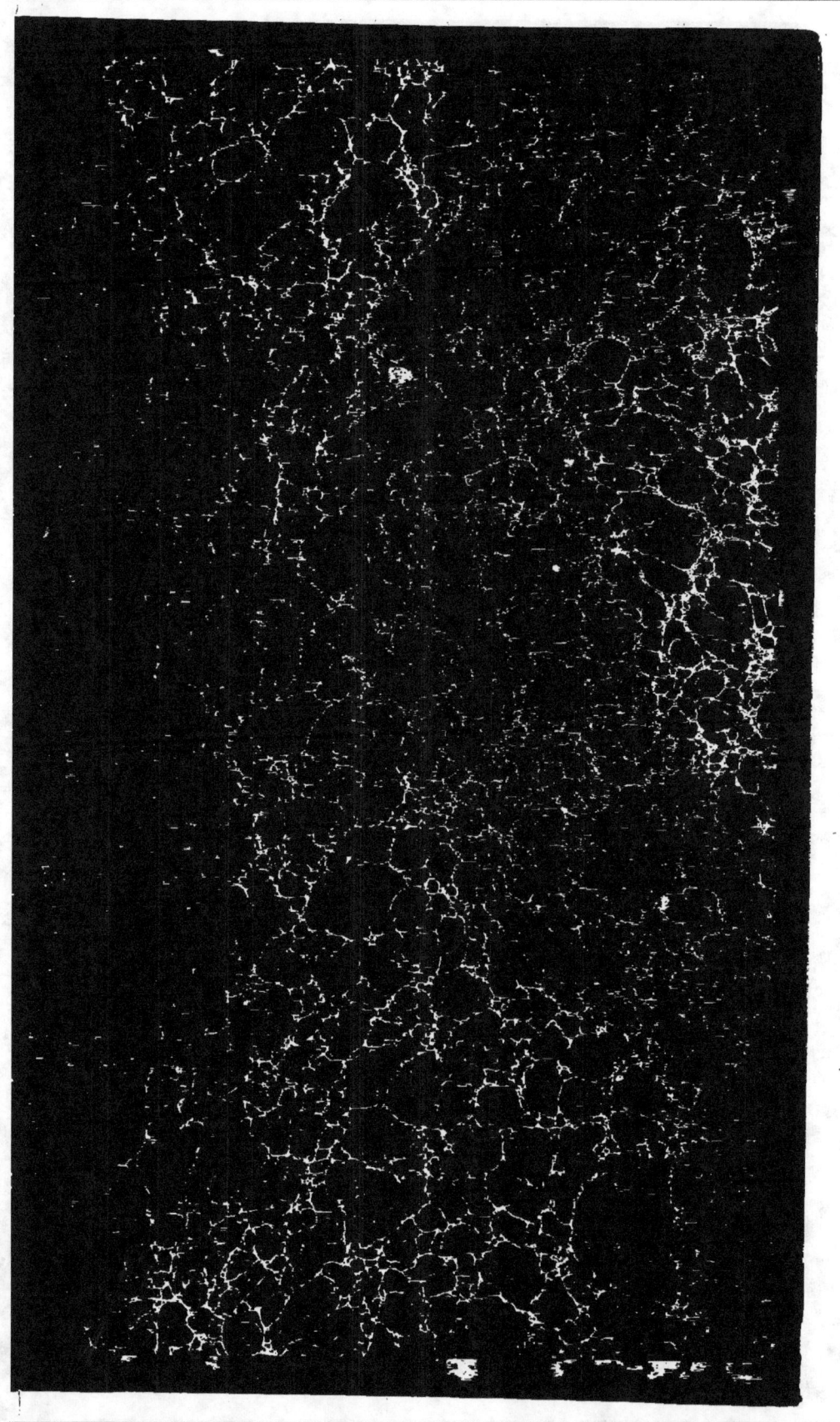